दक्षिण भारतीय मंदिर वास्तुकला

दक्षिण भारतीय मंदिर वास्तुकला

कांचीपुरम स्थित कैलाशनाथ मन्दिर के विशेष सन्दर्भ में

नीति अनिल कुमार

ए. अनिल कुमार

SWATI

स्वाति पब्लिकेशन्स्

दिल्ली

प्रथम संस्करण 2017
ISBN: 978-93-81843-18-5

प्रकाशक:
स्वाति पब्लिकेशन्स्
34, सेन्ट्रल मार्केट, अशोक विहार
दिल्ली–110 052
फोन: 27212195, 65688806–07
फैक्स: 91–11–27212195
ई–मेल: agambooks@gmail.com, agambook@yahoo.com
www.agamkala.com

लेज़र टाइपसेटिंग:
अमन प्रिंटोग्राफिक्स
दिल्ली–110 052
फोन: 9891395309

मुद्रक:
बालाजी ऑफसेट
वजीरपुर गाँव, अशोक विहार
दिल्ली–110 052

श्रृद्धेय माता-पिता

के

चरणों में सादर समर्पित

आमुख

भारतीय मंदिर वास्तुकला के इतिहास में गुप्तयुग शैशव एवं बाल्यकाल है। गुप्तयुग के पश्चात मंदिर वास्तु के इतिहास में क्रान्तिकारी विकास परिलक्षित होता है। पूर्व मध्य युग मंदिर वास्तु का स्वर्णिम युग कहलाता है। कश्मीर से कन्याकुमारी तक मंदिरों का ऐसा क्रम उपलब्ध होता है कि जैसे सम्पूर्ण भारत ही धार्मिक अनुष्ठान का केन्द्र बन गया हो। विविध शैलियों के मंदिर अपनी क्षेत्रीय विशेषताओं के साथ कलाकार की आत्मा को शरीर प्रदान कर रहे है।

मयमत, तन्त्रसमुच्चय, सुप्रभेदाग्म, काश्यपशिल्प, कामिकागम, समरांगणसूत्रधार तथा ईशानशिवगुरूदेवपद्धित इत्यादि शिल्पशास्त्रों में नागर द्रविड एवं बेसर रूपों मे ही मंदिरों का विभाजन किया गया है।

किन्तु शिल्पशास्त्रकार इस तथ्य से पूर्णतः अवगत थे कि कलाकार सौन्दर्य वृद्धि के लिये किसी भी क्षेत्र में किसी भी प्रकार के मन्दिरों का निर्माण कर सकता है। यही कारण है क़ि ऐहोल एवं पट्टदक्कल में नागर एवं द्रविड मन्दिरों का निर्माण बादामी के चालुक्यों के शासन काल में साथ–साथ हुआ। तंजौर का वृहदिश्वर मंदिर गंगैकोंण्डचोलपुरम् मन्दिर आदि चोल शासकों की महानता के परिचायक है। सभी मन्दिरों के सर्वत्र निर्माण की स्वतंत्रता प्रदान की गई।

इस तथ्य को मानस में रखकर लेखकद्वय नें दक्षिण भारत में मंदिर निर्माण के निमित्त प्रयुक्त शैलियों का सांगोपांग अध्ययन प्रस्तुत करने

का प्रयास किया है। जो छात्रोपयोगी तो है ही साथ ही इस क्षेत्र में शोध करने वाले लोगों के लिये भी काफी उपयोगी सिद्ध होगी।

यद्यपि लेखकद्वय का उद्देश्य दक्षिण भारतीय मन्दिर वास्तुकला पर कोई शोध–ग्रन्थ प्रस्तुत करना नही है फिर भी यह निःसन्देह कहा जा सकता है कि पुस्तक बड़े ही मनोयोग और परिश्रम से लिखी गयी है। जिससे इस विषय में रूचि रखने वाले सभी जिज्ञासु लाभान्वित होंगे। कांचीपुरम स्थित कैलाशनाथ मन्दिर की वास्तुकला, मूर्तिकला, चित्रकला, अभिलेखों, कूटबद्ध (Coding System) व्यवस्था का भी विस्तृत अध्ययन प्रस्तुत किया गया है जैसा कि इससे पहले किसी भी ग्रन्थ में नहीं किया गया।

पुस्तक की भाषा और शैली प्रवाहमयी एवं रोचक है, और मेरा विश्वास है कि छात्रों और जिज्ञासु अध्येता और विषय पर शोध करने वाले विचारकों द्वारा प्रस्तुत ग्रन्थ का स्वागत होगा साथ ही यह ग्रन्थ लिखकर लेखकद्वय ने हिन्दी साहित्य कोश को भी समृद्ध किया है, जिसके लिये वह साधुवाद के पात्र है।

अमर नाथ खन्ना

अमर नाथ खन्ना
पुरातत्ववेत्ता एवं संस्कृति लेखक
राष्ट्रपति के पूर्व वरिष्ठ अधिकारी

भूमिका

कला एक प्रकार का नशा है, जिससे जीवन की कठोरताओं से विश्राम मिलता है। शायद यही कारण है कि कला का आरम्भ उसी समय हो गया जब मनुष्य ने अपना प्रथम चरण इस धरती पर रखा और सभ्यता के प्रथम चरण में जब वह घने वनों में निवास कर रहा था उसने प्रकृति के विभिन्न तत्वों में सौन्दर्य की अधिष्ठात्री देवी को अमूर्त रूप में देखा। और अपने चारों और फैले प्राकृतिक सौन्दर्य को अपनी भावनाओं के अनुरूप एवं बौद्धिक क्षमता के मिश्रण से मूर्त रूप देने का प्रयास आरम्भ कर दिया। घने जंगलों से निकल, सरिताओं के किनारे, ग्राम्य जीवन व उत्तरोत्तर नगरीय जीवन की ओर प्रयाण करते उसकी कलात्मक प्रतिभा उसके बौद्धिक विकास के साथ उत्तरोत्तर मुखर होती गयीं इस विकास यात्रा में उसने अपने सम्मुख पड़ने वाले प्रत्येक प्राकृतिक अवयवों यथा– पाषाण, सरिताओं की गीली मिट्टी, गुफाओं–कन्दराओं की भित्ति इत्यादि को अपने बौद्धिक – कलात्मक प्रयोगों की प्रयोगशाला से कालान्तर में अद्भुत स्थापत्य, मूर्ति एवं चित्रकला को जन्म दिया।

प्रस्तुत ग्रंथ की मानस आधारशिला उसी समय रख दी गई थी जब पुरतत्व संस्थान के विद्यार्थी के रूप में लेखकद्वय ने 'भारत अध्ययन यात्रा' के अर्न्तगत कांचीपुरम स्थित कैलाश नाथ मंदिर का भ्रमण किया व उपरोक्त मंदिर के वास्तुगत सौन्दर्य एवं कला के वैभव से अभीभूत इस विषय पर पुस्तक की रचना का निर्णय लिया।

यद्यपि पुस्तक रचना के कार्य में कुछ समय के लिए अवरोध उत्पन्न हुआ किन्तु लेखकद्वय की चेन्नई में नियुक्ति ने प्रस्तुत ग्रन्थ की रचना हेतु प्रमुख पुरास्थलों की यात्रा एवं सूक्ष्म अध्ययन का मार्ग प्रशस्त किया।

प्रस्तुत ग्रन्थ में 5वीं शती के मध्य से 13वी शताब्दी ई0 तक के दक्षिण भारत के प्रमुख राजवंशों के इतिहास पर प्रकाश डाला गया है क्योंकि इतिहास संस्कृति का सहचर है, उनका एक दूसरे के बगैर अस्तित्व ही कहाँ है? किसी भी काल की वास्तुकला को जानने के लिए उस काल के इतिहास को जानना आवश्यक हो जाता है। इसलिए इन 7, 8 शताब्दियों की दीर्घयात्रा में दक्षिण भारतीय वास्तुकला जिन–जिन उतार–चढ़ावों से गुजरी है; इन्हें भी यहाँ भुलाया नहीं गया है वरन् उसकी विस्तृत विवेचना की गई है।

दक्षिण भारतीय वास्तुकला पर कई ग्रन्थ उपलब्ध है किन्तु कांचीपुरम स्थित कैलाशनाथ मंदिर पर समग्र ग्रन्थ का सर्वथा अभाव है। इस दिशा में यह ग्रन्थ एक गंभीर प्रयास है यहाँ इस मन्दिर के किसी विशेष पहलू पर ही प्रकाश न डालकर इस विषय का समन्वित दृष्टिकोण से अध्ययन कर मन्दिर की विस्तृत संरचना और कलागत विशेषताओं और प्रतिमाशास्त्रीय लक्षणों की विवेचना के आधार पर मन्दिर के विविध पहलूओं को समाविष्ट करने का प्रयास किया गया है। व पहली बार इस मन्दिर के प्रत्येक तत्व की कूटबद्ध व्यवस्था (coding system) की गयी है व विस्तृत प्रलेखन किया गया है।

प्रस्तुत है पाषाण–खण्ड़ों में बद्ध इतिहास की तिथियों और संस्कृति की रेखाओं का यह सजीव प्रलेखन!

आभारोक्ति

पुस्तक की रचना हेतु विषय प्रदान करने के लिए सर्वप्रथम पल्लव राजवंश एवं उन अज्ञात व अनाम शिल्पियों के प्रति आभार प्रकट करना हम अपना पुनीत कर्तव्य समझते हैं जिन्होंने पुस्तक में सम्मिलित अद्भुत वास्तुकला का निर्माण किया।

एक विद्यार्थी से पुरातत्वविद् बनने की यात्रा में भारतीय पुरातत्व सर्वेक्षण के योगदान के प्रति हार्दिक आभारी हैं।

डॉ0 विनय कुमार राव, सिलचर विश्वविद्यालय से समय–समय पर महत्वपूर्ण परामर्श प्राप्त हुए है जिसके लिए हम उनके चिर कृतज्ञ है।

हम अपने सभी सहयोगियों एवं शुभचिंतकों को उनके द्वारा प्रदान किए गए सहयोग के लिए धन्यवाद देते है।

श्री अमर नाथ खन्ना जी ने प्रस्तुत पुस्तक में 'आमुख' लिखकर हमारे ऊपर विशेष अनुग्रह किया है, हम उनके हृदय से आभारी है।

हमारे जीवन पर सतत् आशीर्वाद की छाया रखने वाले श्रद्वेय माता एवं पिता जी श्री डी0 अशोक कुमार एवं श्रीमति प्रेमा अशोक कुमार, श्री रवि प्रकाश ग्रोवर एवं श्रीमति पुष्पा ग्रोवर के पावन चरणों में सतत् नतमस्तक हैं।

इस विषय पर कार्य करने के निमित्त हमारे घर की किलकारी श्रेष्ठ एवं त्रिशिता द्वारा त्याग किए गए उनके प्रत्येक पल के लिए हम उनके आजीवन ऋणी हैं।

इस पुस्तक की सम्पूर्ण योजना को सार्थक बनाने में चारु के आद्योपान्त सहयोग के लिए, विशेष रूप से साधुवाद देते है।

पुस्तक के प्रकाशन में डॉ0 अगम प्रसाद, प्रकाशक, स्वाति पब्लिकेशन्स ने बड़ी आत्मीयता का परिचय दिया है। अतः वे साधुवाद के पात्र हैं।

यह पुस्तक मुख्यतः विद्यार्थियों एवं जिज्ञासु पाठकों के लिए तैयार की गयी है, किन्तु विश्वास है कि शोध की दृष्टि से भी इस पुस्तक का उपयोग हो सकेगा। हमारा यह भी विश्वास है कि सुधी पाठक पुस्तक की त्रुटियों की ओर हमारा ध्यान आकृष्ट करने की कृपा करेंगे जिससे भविष्य में संशोधन–परिमार्जन किया जा सके।

नीति अनिल कुमार
ए. अनिल कुमार

रेखांकनो की सूची

फलक सूची

विषय-सूची

अध्याय 1

प्रस्तावना

प्रस्तुत ग्रन्थ में 5वीं शती के मध्यान्ह से 12वीं शती ई0 के मध्य की दक्षिण भारतीय वास्तुकला के विराट रूप के स्पर्श मात्र की चेष्टा की गयी है क्योंकि शताब्दियों के अनुभव और अभिव्यक्ति को केवल कुछ पृष्ठों में पूर्णतः समेट पाना असम्भव है। भारतीय इतिहास का अध्ययन दक्षिण भारतीय इतिहास के सम्यक् अनुशीलन किए बिना अधूरा ही रह जाता है। अधिकांश विश्वविद्यालयों के स्नातक एवं स्नातकोत्तरीय कक्षाओं के पाठ्य विषयों में दक्षिण भारतीय इतिहास एवं संस्कृति को अनिवार्य अध्येय विषय निर्धारित किया गया है। ऐसी स्थिति में प्रस्तुत ग्रंथ छात्रों एवं पाठकों को किंचित तोष दे सकती है, यही हमारे प्रयास की सार्थकता होगी। सरल एवं सुबोध हिन्दी भाषा में नवीनतम् शोध सामग्री तथा अन्य महत्वपूर्ण सूचनाओं का सम्यक् समाहार करते हुए इस ग्रंथ की रचना की गयी है। अध्ययन की दृष्टि से पुस्तक को कुल पाँच अध्यायों में विभक्त किया गया है।

इतिहास का वास्तविक आधार भूगोल है। किसी क्षेत्र अथवा देश की ऐतिहासिक व सांस्कृतिक गतिविधयाँ वहाँ की भौगोलिक परिस्थितियों द्वारा ही निर्धारित होती है। अतः दूसरे अध्याय में दक्षिण भारत की भौगोलिक स्थिति एवं ऐतिहासिक परिचय पर संक्षिप्त प्रकाश डाला गया

है। तीसरे अध्याय में दक्षिण भारतीय इतिहास के स्रोत यथाः भारतीय साहित्य, विदेशी, ग्रन्थ, पुरातात्विक सामग्री, 1.अभिलेख, 2.मुद्रा एवं, 3.अन्य पुरातात्विक साक्ष्यों का सूक्ष्म वर्णन प्रदान किया गया है।

किसी काल की संस्कृति को समझने के लिए उस काल के इतिहास को जानना अत्यावश्यक है अतः चतुर्थ अध्याय में दक्षिण भारत के प्रमुख राजवंशों के इतिहास का विस्तृत विवेचन किया गया है। यह काल क्षेत्रीय शक्तियों के पारस्परिक संघर्ष और समझौतों का काल था। राजनीतिक दृष्टि से विभाजित रहते हुए भी इन राजवंशों ने सांस्कृतिक एकता को बनाए रखा, सभी धर्मों को उन्नति के समान अवसर दिए, साहित्य और कला को पूर्ण उन्नति के साधन और अवसर देकर उनकी वृद्धि की। दक्षिण भारतीय कला राजनीतिक परिवर्तनों से प्रभावित होते हुए भी राजनीतिक, उथल–पुथल से अछूती रह कर सुन्दर से सुन्दरतर और सुन्दरतम होती गयी।

पंचम अध्याय में दक्षिण भारतीय वास्तुकला का विधिवत् अनुशीलन किया गया है। इस युग का स्थापत्य दो प्रकार का है– धार्मिक और लौकिक। लौकिक स्थापत्य में मन्दिर चैत्य और स्तूप आते हैं। यह काल चैत्य और स्तूपों की प्रधानता का नहीं, मन्दिरों की प्रधानता का है। अतः कला तो उन्हीं में देखने को मिलती है। मन्दिर कई प्रकार के मिलते हैं– चट्टान काटकर बनाये हुए, पत्थर या ईंटों को जोड़कर बनाये हुए और गुहा मन्दिर। ये भी चट्टानों को खोदकर बनाये जाते थे। दक्षिण भारतीय मन्दिर विभिन्न राजवंशों से सम्बद्ध है तथा उन्हीं के नामों से इन्हें सम्बोधित भी किया गया है। पल्लवों से होयसलों तक जिन राजवंशों ने मन्दिर वास्तु को प्रश्रय प्रदान किया, उन सभी विभिन्न वास्तुगत शैलियों एवं तत्व समबन्धित मन्दिरों का छायायित्र सहित विवरण प्रस्तुत किया है तथा पल्लव कालीन वास्तुकला, मूर्तिकला तथा अन्य निर्माणों का विशेष रूप से विवरण दिया गया है।

छठें अध्याय में कांचीपुरम स्थित कैलाशनाथ मन्दिर की विस्तृत विवेचना की गयी है। वर्तमान तमिलनाडु का कांजीवरम् नामक जनपद ही प्राचीनकाल में कांची अथवा कांचीपुरम के नाम से विख्यात था। कांची, का महत्व प्राचीन काल से ही अविरल विद्वता सम्पन्न बौद्धिक परम्परा

तथा धार्मिक विरासत को अपने में आत्मसातकर रखने के लिए जाना जाता है।

अपनी इस अविच्छिन्न परम्परा को जीवंत रखने के लिए ही कांची की गणना भारत की सात पवित्र और मोक्षदायिनी नगरियों में की जाती है। विन्ध्य पर्वतमाला के दक्षिण में स्थित एकमात्र पवित्र नगरी होने के कारण इस नगरी का महत्व और विशद् हो जाता है –

अयोध्या मथुरा माया काशी कांची अवन्तिका।
पुरी द्वारावती चैव सप्तैता मोक्षदायिकाः।।

राजनैतिक एवं सांस्कृतिक दोनों ही दृष्टियों से कांची का भारतीय इतिहास में अत्यधिक महत्व है। कांची प्राचीन काल में सुदूर दक्षिण में शासन करने वाले पल्लव राजवंश की राजधानी थी। जिन्हें दक्षिण–पूर्व एशिया में अपनी राजसत्ता की प्रतिष्ठा स्थापित करने का गौरव भी प्राप्त है। अतीत में स्थापित इसी धार्मिक और सांस्कृतिक विरासत के संपोषक के रूप में कांची आज भी उस परम्परा का उद्‌घोष करती है जो राजाओं के राजा की अपार और असीम दिव्य ज्योति को राजप्रसादों के रूप में आज भी प्रतिध्वनित कर रही है।

पल्लव शासकों के काल में कांची ने अपनी प्रतिष्ठा में उत्तरोत्तर विकास किया। सांस्कृतिक और आर्थिक विकास को प्रशस्त करने के लिए यहां अनेक चौड़ी सड़कों, विद्यालयों, मन्दिरों तथा विहारों की स्थापना की गई। यहां स्थापित संस्कृत महाविद्यालय की ख्याति दिशा–दिशान्तर तक थी और इसी कारण, इस संस्था में विद्यार्जन के लिए दूर–दूर से विद्यार्थी आते थे। इसके समीप स्थित मण्डप यहां किए जाने वाले महाभारत के नियमित पाठ के लिए विख्यात थे। कदम्ब नरेश मयूरशर्मा ने इसी संस्था से विद्या ग्रहण की थी ओर कालांतर में नालन्दा विश्वविद्यालय के लब्ध प्रतिष्ठित कुलपति पद पर विराजमान होने वाले धर्मपाल ने भी अपनी शिक्षा यही ग्रहण की थी। चीनी यात्री ह्वेन संग ने भी कांची नगरी की धार्मिक प्रयोजन से यात्रा की थी और वहां कुछ समय के लिए प्रवास भी किया था। उसके द्वारा दिए गए विवरण में कांची में स्थित सौ से अधिक बौद्ध विहारों और उसमें निवास करने वाले दस हजार भिक्षुओं की

दिनचर्या का जीवंत वर्णन किया गया है। कांची को भारवि तथा दण्डी जैसे महाकवियों की सर्जना करने का भी दायित्व प्राप्त है।

मध्यकालीन आक्रामकों की क्रूर दृष्टि से किंचित, वंचित रहने वाला दक्षिण भारत का यह नगर अपने स्वर्णिम अतीत की धरोहर को आज भी सुरक्षित रखे हुए हैं। यहां के शासक राजनीति के साथ संस्कृति के विभिन्न अवयवों के विकास के प्रति भी पूर्ण रूपेण सजग थे। दक्षिण भारत में, गुप्तयुगीन द्विभूमिक मन्दिरों को आधार मानकर स्थानीय कलाकारों ने मन्दिर के वास्तु की जिस पृथक शैली को विकसित किया वह द्रविड़ या दक्षिण भारतीय शैली के नाम से प्रख्यात हैं सौभाग्य से दक्षिण के पुरावास्तु विशारदों द्वारा वास्तुशास्त्रों की रचना बड़ी संख्या में सम्पन्न की गई। दक्षिण भारत के मन्दिर इन वास्तुशास्त्रीय सिद्धान्तों का अनुगमन करते हैं, लेकिन तब भी इनमें कलाकार की अपनी नितांत मौलिक कल्पना एवं प्रतिभा तथा सौन्दर्यवर्धन के लिए विविध अलंकरण विषयक चित्रण में उसकी प्रयोगधर्मिता की यहां उपेक्षा नहीं की जा सकती। कलाकार की प्रतिभा एवं शासक के विपुल वैभव तथा सांस्कृतिक प्रोत्साहन से ही दक्षिण में बड़ी संख्या में मन्दिर नगरों का सृजन सम्पन्न हो सका था। दक्षिण भारतीय मन्दिर विभिन्न राजवंशों से सम्बद्ध है तथा इन्हें उन्हीं के नामों से सम्बोधित भी किया गया है। धर्मानुरागी शासकों ने विजयोपलक्ष्य में जितने मन्दिरों का निर्माण करवाया, उत्तर भारत में वह आवृत्ति दुर्लभ हैं।

कांचीपुरम की गणना भी दक्षिण के प्रसिद्ध मन्दिर नगरों में की जाती है। हिन्दू धर्म के विविध मतों के साथ ही यहाँ जैन और बौद्ध धर्म भी साथ–साथ पल्लवित हुए। पल्लवों ने अपनी राजधानी बनाकर कांचीपुरम के गौरव में जो विस्तार किया वह चोल विजयनगर और नायक शासकों के अधीन भी यथावत रहा।

हिन्दू मन्दिर स्थापत्य के महत्वपूर्ण उदाहरण जो कि एक हजार वर्ष की समय सीमा में निर्मित हुए आज भी कांचीपुरम में सुरक्षित खड़े हैं। इस स्थापत्यजन्य विरासत को तीन विभिन्न क्षेत्रों में विभाजित किया गया है शिवायतन समूह, उत्तरीय उपनगर में स्थित है। महत्वपूर्ण वैष्णव समूह, नगर के पूर्वी छोर पर स्थित है। नदी के पार दक्षिण में जैन समूह के स्थापत्यजन्य स्मारक अवस्थित थे। शिवकांची, के अन्तर्गत कैलाशनाथ

मन्दिर, **एरावतेश्वर मन्दिर**, **मतंगेश्वर** और **मुक्तेश्वर**, **वैकुण्ड पेरुमल**, **जवाहरेश्वर, एकाम्बेश्वर, कामाक्षी मन्दिर** आदि आते हैं। विष्णुकांची के अंतर्गत **वरदराज मन्दिर** प्रमुख है और जैन समूह के अन्तर्गत **वर्धमान मन्दिर** एवं गोमतेश्वर मूर्ति व चतुर्मुख बस्ती उल्लेखनीय है।

दक्षिण भारत में द्रविड़ शैली का जन्मदाता के रूप में पल्लवों को स्वीकार किया जाता है। पल्लवों ने ही सर्वप्रथम उस वास्तु परम्परा का श्री गणेश किया जिससे परवर्ती युग में विशिष्ट द्रविड़ शैली का विकास हुआ। सातवीं से नौंवी शताब्दी तक पल्लवों ने आधुनिक तमिलनाडु के अधिकांश भूभाग पर शासन किया। इनकी राजधानी कांची से इनके द्वारा प्रदत्त कलागत प्रश्रय के निमित्त बनी बहुसंख्यक कलाकृतियां उपलब्ध होती हैं। इन्होंने अपनी अमर कृतियों से सागरतट को भी आकर्षक बनाया।

लगभग तीन शताब्दियों में पल्लव वास्तु को रचना की दृष्टि से तीन वर्गों में विभाजित किया गया है–

1. पूर्ण शैलोत्कीर्ण वास्तुकला
2. पूर्ण शैलात्खनित वास्तुकला
3. पूर्ण संरचनात्मक मन्दिर

615 ई0 में राजसिंह के कांची के सिंहासन पर आरूढ़ होते ही पल्लव वास्तुकला में क्रान्तिकारी परिवर्तनों का सूत्रपात्र हुआ। मण्डपों तथा एकाश्मिय रथों के स्थान पर संरचनात्मक मन्दिरों का उदय हुआ। पहले कलाकार को अधिक श्रम एवं समय की आवश्यकता होती थी। लेकिन अब कलाकार उस श्रम एवं समय की बचत करते हुए पाषाणखण्डों से निर्मित मन्दिरों में अपनी कलात्मक प्रतिभा एवं सौन्दर्य ज्ञान के प्रयोग के लिए पूर्ण स्वतंत्र हो गया। वास्तव में कलाकारों के लिए इस विद्या ने प्रतिभा प्रदर्शन का क्षेत्र और अधिक विस्तृत एवं परिमार्जित कर दिया। राजसिंह कालीन मन्दिरों में मामल्लपुरम स्थित शोर मन्दिर, ईश्वर मन्दिर तथा मुकुन्दपुर मन्दिर, दक्षिण आर्काट में पनमल का मन्दिर एवं कांची का कैलाशनाथ मन्दिर प्रमुख हैं।

कैलाशनाथ या राजसिंहेश्वर मन्दिर द्रविड़ वास्तु का एक स्पष्ट एवं उत्कृष्ट उदाहरण है। इस मन्दिर का निर्माण राजसिंह के काल में द्रुत गति से प्रारम्भ हुआ जो उसके पुत्र महेन्द्रवर्मन द्वितीय के युग में सम्पूर्ण हुआ। दीवार कक्षों से युक्त प्रांगण, विमान, मण्डप एवं गोपुरम् का जो रूप कैलाशनाथ मन्दिर में प्रतिष्ठित हुआ वह परवर्ती द्रविड़ मन्दिरों के लिए कालांतर में एक स्थापित कलात्मक मानदण्ड बन गया।

वस्तुतः कैलाशनाथ मन्दिर द्रविड़ वास्तु के विकसित स्वरूप को सशक्त रूप से प्रकट करने में सक्षम है एवं मन्दिर वास्तु का अत्यन्त उत्कृष्ट उदाहरण प्रस्तुत करता है। कैलाशनाथ मन्दिर की गणना कला के क्षेत्र में एक अविस्मरणीय कलात्मक कृति के रूप में होती है। इस मन्दिर को देखते ही इसके निर्माण के निमित्त आरम्भ से लेकर अंत तक प्रत्येक स्तर पर वास्तुकारों और मूर्तिकारों द्वारा कलात्मक रूप से किए गए परिपक्व और अथक परिश्रमपूर्ण प्रयासों की झलक देखने को मिल जाती है। यह मन्दिर वस्तुतः आज भी दर्शकों को अपनी ओर एकटक देखने के लिए बाध्य कर देता है जिसे देखकर निर्माण के तुरन्त बाद के इस मन्दिर के वैभव का सहज आकलन किया जा सकता है। इस मन्दिर के सौन्दर्य और कलात्मक आकर्षण का आकलन इस बात से ही लगाया जा सकता है क्यों पल्लवों के गौरव का नाश करने का संकल्प लेने वाले चालुक्य राज ने इसे देखकर न केवल इस मन्दिर और कांची के मानमर्दन का विचार त्याग दिया वरन् इस मन्दिर की व्यवस्था और देखरेख के लिए अपनी ओर से अनुदान की व्यवस्था भी की? इस मन्दिर ने न केवल चालुक्य राजा को ही अपनी ओर आकर्षित किया बल्कि एक राष्ट्रकूट शासक को भी इसकी अनुकृति स्वरूप एलोरा में एक मन्दिर का निर्माण करने के लिए प्रेरित किया।

इस मन्दिर को देखकर यह स्पष्ट हो जाता है कि इस मन्दिर को वैभव के इस चरमोत्कर्ष तक पहुँचाने वाले वास्तुकार और मूर्तिकार कला–कौशल में कितनी उच्च स्तरीय महारत रखते थे। इस मन्दिर को देखकर यह आभास हो जाता है कि वास्तुकारों को कला के साथ शैलों की रचना और प्रकृति का तथा मूर्तिकारों को मानवीय भावनाओं के विविध आयामों का कितना तर्कसंगत ज्ञान था।

ग्रेनाइट जैसे ठोस पाषाण का उपयोग अधिष्ठान, उपान और पट्टिका के निर्माण में किया जाता था जो भवन को दृढ़ता प्रदान करने के साथ प्राकृतिक अपक्षय से उन्हें सुरक्षा भी प्रदान करते थे। ग्रेनाइट का प्रयोग भवन निर्माण में करते हुए वास्तुकार ने 'महापाषाण' की स्थानीय शवाधान परम्परा को भी ध्यान में रखा इसी कारण इसे मन्दिर के ऊपरी भाग में प्रयुक्त करने से संकोच किया। यह संभवतः ग्रेनाइट पत्थर के स्थाईत्व के सन्दर्भ में उनके परिपक्व ज्ञान का ही परिचायक है कि उन्होंने अभिलेखों के लेखांकन के लिए भी इसी पत्थर के प्रयोग को प्रश्रय दिया जो आज भी सुरक्षित बने हुए हैं।

राजसिंह ने इस मन्दिर में कला के क्षेत्र में कई तरह के प्रयोग किए जिनके अनुकूल प्रभाव भी मन्दिर में देखने को मिले। इनमें से कतिपय प्रयोगों का निम्वत् उल्लेख किया जा रहा है–

1. इस मन्दिर के दक्षिण, पश्चिमी और उत्तरी भाग में द्वारशालाओं के आद्य रूप को जीवंत किया गया।
2. उत्तर या दक्षिण की ओर बिना अभिमुख किए प्राकार भित्ति के चारों ओर देवकुलिकाओं का निर्माण किया गया।
3. मुख्य मन्दिर के साथ, पूर्व और पश्चिम की ओर अभिमुखी कई लघु मन्दिरों का परिष्कार किया गया।

मन्दिर को सान्धार आयाम प्रदान करते हुए प्रदक्षिणा पथ के विस्तारीकरण पर बल दिया गया।

इस तरह स्पष्ट है कि कैलाशनाथ मन्दिर में मुख्य परिसर और संलग्न अंगों, दोनों में कतिपय परिवर्तन किए गए। लेकिन महेन्द्र के मन्दिर की मुख्य प्रवेशमार्ग पर अवस्थिति को देखकर निर्माताओ के विचारों पर एक पल के लिए संशय हो जाता है क्योंकि इस तरह प्रवेश मार्ग को भव्यता प्रदान करने के उनके प्रयास को विराम मिल गया प्रतीत होता है। इसके साथ ही प्रवेश के एक ओर छह ओर दूसरी ओर केवल दो लघु मन्दिरों को देखकर भी कुछ निराशा होती है। सार रूप में मन्दिर के उन्नयन की दिशा में किए गए राजसिंह के प्रयास सार्थक प्रतीत होते

हैं लेकिन कालांतर मे उसकी रानियों और पुत्रों द्वारा किए गए कार्यों की अपूर्णता उदास करती है।

यद्यपि राजसिंह ने मूर्तिकला के प्रति मामल्लपुरम में ही अपनी निष्ठा प्रकट कर दी थी तथापि इस दिशा में उसकी कल्पना को साकार रूप कैलाशनाथ मन्दिर में ही मिला। उसने न केवल इस मन्दिर में कलात्मक रूप से उत्कृष्ट मूर्तियों का निर्माण करवाया अपितु चित्रकला को भी नए आयाम के साथ आर्विभूत किया। इन मूर्तियों में से अधिकांश मूर्तियाँ आज पलस्तर और रंगों से लेपित हैं जिस कारण से इनका सौन्दर्य निखर कर सामने नहीं आ पाता लेकिन फिर भी जहाँ कहीं भी ये लेपन जीर्ण हो गए हैं वहां इन मूर्तियों की सुन्दरता देखते ही बनती है।

दक्षिण भारत में चित्रकला को प्रस्तावित करने का मुख्य श्रेय पल्लवों को ही जाता है। हालांकि कैलाशनाथ मन्दिर में आज चित्रकला के साक्ष्य प्रचुर मात्रा में उपलब्ध नहीं है तथापि इनके बचे अवशेष, कलात्मक परिकल्पना और रंगों के सुन्दर नियोजन के विराट वैभव की अतीतकालीन उपलब्धि का भान करा देते हैं। शिव के बड़ी मात्रा में विविध आयामी अंकनों के कारण यह मन्दिर दक्षिण में शैव मत के विकास के इतिहास को जानने में महत्वपूर्ण स्रोत के रूप में अपनी भूमिका को प्रशस्त करता है। इस सन्दर्भ में यदि इसे शैव मूर्तिकला का विश्वकोश कहा जाए तो इसमें कोई विवाद नहीं होना चाहिए। शिव की विभिन्न मुद्राओं, रूपों और भावभंगिमाओं को अपने में समेटे हुए यह मन्दिर इस क्षेत्र में अद्वितीय है।

मन्दिर की अन्य विशेषता इसमें अनेक अभिलेखों का अंकन होना है जो काल के इतिहास के पुर्ननिर्माण में उल्लेखनीय भूमिका का निर्वहन करता है। अन्त में निष्कर्ष के स्वरूप यह कहा जा सकता है कि राजसिंह ने अपनी आकांक्षाओं के अनुरूप कैलाशनाथ में एक ऐसे भव्य मन्दिर का निर्माण करवाया जो अपने वैभव, स्वरुप, संरचना और अवयवों के कारण प्राचीन धार्मिक ग्रन्थों के अनुरूप वास्तव में शिव का निवास होने का दावा करता था।

अध्याय 2

दक्षिण भारत का भौगोलिक परिचय

दक्षिण भारत भौगोलिक स्थिति :

दक्षिण भारत की भौगोलिक सीमा विन्ध्य पर्वत और दक्षिण समुद्र के बीच अनुरेखित की जा सकती है जिसका उल्लेख भरतमुनि ने अपने सुप्रसिद्ध ग्रन्थ "नाट्यशास्त्र" में किया है (दक्षिणस्य समुद्रस्य तथा विन्ध्यस्य चान्तरे) वस्तुतः बहुशः प्रयुत दक्कन शब्द संस्कृत शब्द दक्षिण का अपभ्रंश है, जिसे दक्षिण 'दिशा' के अर्थ में स्वीकार किया जा सकता है।

उत्तर भारत के ऐतिहासिक क्रियाकलापों के संचालन एवं नियंत्रण में जो भूमिका नागाधिराज हिमालय की रही है उससे कथमपि कम महत्वपूर्ण भूमिका पश्चिमी एवं पूर्वी घाट की पहाड़ियों सहित विन्ध्य पर्वत श्रेणियों की नहीं है। दक्षिण भारत अपनी बनावट में यूरोपस्थ दक्षिणी इटली की भांति अपने में स्वतंत्र भौगोलिक इकाई प्रतीत होती है। इसके उत्तरी भाग में विन्ध्य एवं सतपुड़ा की सघन कालान्तर श्रेणियाँ, पूर्व में बंगाल की खाड़ी, पश्चिम में अरब सागर एवं दक्षिण में हिन्द महासागर की प्राकृतिक अवस्थिति इसके सामाजिक, आर्थिक, धार्मिक, राजनीतिक एवं सांस्कृतिक विकास को उत्तर भारत की अपेक्षा किंचित भिन्न प्रकृति प्रदान करने में महत्वपूर्ण स्थान रखती है। परन्तु उपर्युक्त भौगोलिक अवस्थिति से दक्षिण

एवं उत्तर भारत की सांस्कृतिक धारा में सहजतः विद्यमान एकरूपता में कोई अंतर नहीं आया। प्रागैतिहासिक काल से लेकर आज तक कभी भी ऐसा युग नहीं आया जब दोनों क्षेत्रों ने राजनीतिक और सांस्कृतिक रूप से एक दूसरे को प्रभावित नहीं किया हो। इतना ही नहीं, ब्रिटिश शासन के आगमन से पहले कम से कम तीन बार इतिहास में ऐसा समय आया जब उत्तर और दक्षिण लगभग एक ही साम्राज्य के अंग थे तथा उस साम्राज्य का विस्तार सम्पूर्ण भारत पर था।

उत्तर एवं दक्षिण के इस परस्पर प्रभाव का प्रधान कारण रहे हैं विन्ध्य एवं सतपुड़ा पर्वतों के मध्य विद्यमान अनेक प्राचीन दुर्गम मार्ग, जिन्हें क्रमशः दोनों भागों के उत्साही विजेताओं, विचारकों व्यापारियों तथा प्रचारकों आदि ने समय–समय पर साहस के साथ उपयोग में लाया था। सम्पूर्ण भारत के विभिन्न भू–भागों एवं प्रदेशों को जोड़ने में प्राचीन भारतीय व्यापारिक मार्गों की भूमिका विशेष उल्लेखनीय है। उत्तर भारत को दक्षिण भारत से जोड़ने वाला प्रथम प्रमुख राजमार्ग प्रतिष्ठान से श्रावस्ती आता था। इस राजमार्ग पर पड़ने वाले प्रमुख व्यापारिक नगरों में उज्जयिनी, माहिष्मती, जोनद्ध, विदिशा वनसमय, कौशाम्बी तथा साकेत आदि परिगणित किए जा सकते हैं। इसी मार्ग से कुशीनगर, पावा, वैशाली तथा पाटलीपुत्र भी जुड़ते थे। उक्त राजमार्ग की एक शाखा उज्जयिनी से दक्षिण पश्चिमी भारत के प्रमुख व्यापारिक केन्द्रों, यथा– प्रतिष्ठान तथा भृगुकच्छ आदि को जोड़ती थी। भृगुकच्छ को जोड़ने वाले अनेक उपराजमार्ग तगर और इन्द्रलोक जैसे नगरों से जुड़े हुए थे। दूसरा महत्वपूर्ण राजमार्ग भृगुकच्छ से कौशाम्बी होता हूआ ताम्रलिप्ति पहुँचता था, जिसके फलस्वरूप दक्षिण पश्चिम भारत एवं दक्षिण–पूर्वी भारतीय भू–भाग जुड़ते थे । पेरिप्लस के अनुसार ईसा की प्रारम्भिक सदियो में भृगुकच्छ दक्षिणापथ के पश्चिमी तट पर सर्वाधिक महत्वपूर्ण बन्दरगाह था। विदेशी व्यापार की दृष्टि से दक्षिण भारत की स्थिति विशेष महत्वपूर्ण रही है। पश्चिम में यूरेशियाई देशों भू–मध्य सागर, अफ्रीका तथा पूर्व में इण्डोनेशिया एवं चीन के मध्य स्थित होने के कारण भृगुकच्छ, कोचीन, कोपिक–कोड गोआ बम्बई, अरिकामेडु, महाबलिपुरम और कावेरीपत्तनम् आदि बन्दरगाह दक्षिण भारत के विशेष विकसित केन्द्र बन गए थे।

दक्षिण भारत : भौतिक रचना

दक्षिण का पठार :

भारत के उत्तरी विशाल मैदान के दक्षिण में त्रिभुजाकार पठारी प्रायद्वीप है। इसकी चौड़ाई दक्षिण की ओर क्रमशः कम होती गई है। अरब सागर और बंगाल की खाड़ी के बीच भारत महासागर में इस प्रायद्वीप का कोना निकलता है और कन्याकुमारी अन्तरीप पर वह बिल्कुल सिकुड़ जाता है।

यह भारत का सबसे प्राचीन भूखण्ड है, जो कठोर चट्टानों से निर्मित है। ऋतु अपक्षय से यह अब घिस–घिसकर बहुत नीचा हो गया है। इस पठारी क्षेत्र में अनेक छोटी–छोटी पहाड़ियाँ एंव ऊबड़–खाबड़ भूमि विद्यमान है। इसकी औसत ऊँचाई 300 से 900 मीटर के मध्य है। इस त्रिभुजाकार पठार का आधार उत्तर में तथा शीर्ष दक्षिण की ओर लम्बित है। इसके उत्तरी भाग में अरावली, विन्ध्याचल और सतपुड़ा की पहाड़ियाँ है। इसके पूर्व तथा पश्चिम में क्रमशः पूर्वी घाट और पश्चिमी घाट की पर्वत श्रेणियाँ विराजमान है। पश्चिमी घाट उत्तर से दक्षिण एक समुन्त दीवार के सदृश खड़ा है। इसका विस्तार लगभग 1500 किलोमीटर है तथा अरब सागर से इसकी दूरी यत्र तत्र 30 किलोमीटर से लेकर 120 किलोमीटर तक परिमेय है। प्राचीन भारतीय ग्रन्थों में इन घाटों के उत्तरी भाग को सहयाद्रि और दक्षिणी भाग को मयल पर्वत कहा गया है। इसमें उत्तर से दक्षिण क्रमशः थालघाट, भोरघाट तथा पालघाट के दर्रे हैं जिनसे होकर पश्चिमी तट के लिए रेल मार्ग जाते है। सहयाद्रि पर्वत शिखरों को यथास्थान काटकर अब दर्रों के सहारे उन्हें यातायात के लिए सुगम बना लिया गया है। पूर्वी में घाट किंचित नीचा पश्चिमी घाट की अपेक्षा है तथा समुद्र तट से अपेक्षाकृत सन्निकट भी हैं यह घाट बंगाल की खाड़ी के समानान्तर लगभग 80 किलोमीटर की दूरी रखते हुए उड़ीसा प्रान्त के वर्तमान गंजाम पर्वत में महेन्द्रगिरी से प्रारम्भ होकर धुरदक्षिण में तिरूनेलवेलि जनपद के कुलक्काल क्षेत्र तक विस्तृत है। इसकी ऊँचाई कम है तथा जगह–जगह टूटने के कारण यह पठारी भूखण्ड यातायात के लिये अपेक्षाकृत सुगम भी है। इस पर बहने वाली

अधिकांश नदियों का उद्‌गम पश्चिमी घाट की पहाड़ियों से जुड़ा हुआ है जो भू–भाग को काटती हुई बंगाल की खाड़ी में गिरती है। महानदी, गोदावरी, कृष्णा, पन्ना तथा कावेरी नदियाँ इसी घाट को काटती हुई बहती हैं। नर्मदा और ताप्ती ही ऐसी दो नदियाँ हैं जो इस पठारी भाग से निकल कर पश्चिमी घाट को काटती हुई अरब सागर इसके मुहाने अपेक्षाकृत चौड़े हैं, जिन्हें एश्चुअरी कहा जाता है। छोटी नदियों में पेन्नेर, पालार पेन्नार तथा ताम्रपर्णी के नाम उल्लेखनीय है। इन सभी नदियों पर बाँध डाल दिए गए हैं और उनके पानी का सिंचाई के लिए उपयोग किया जा रहा है। गोदावरी, कृष्णा और कावेरी नदियों के मुहानों के पास सुविस्तृत क्षेत्र में सिंचाई पर आधारित फसलें खड़ी हैं।

उत्तर में मालवा तथा दक्षिण में दक्षिण का मुख्य पठार स्थित है। नर्मदा के उत्तर विन्ध्य पर्वत की श्रेणियाँ हैं। मालदीव का पठार क्रमशः उत्तर में फैलता हुआ राजस्थान के मरूस्थल से मिल जाता है। चम्बल वेतवा तथा केन आदि नदियाँ इसी पठार से निकल कर क्रमशः उत्तर–पूर्व की ओर बहती हुई अंततः यमुना नदी में मिल जाती हैं।

दक्षिणी पठारी प्रदेश के उत्तरी भू–भाग में महादेव और मैकाल की पर्वत श्रेणियाँ स्थित हैं, जो क्रमशः उत्तर में छोटा नागपुर के पठार तक विस्तृत है। नर्मदा एवं ताप्ती नदियों के मध्य सतपुड़ा पर्वत श्रेणियाँ है। चित्रकला के लिए विश्वविख्यात अजन्ता की पर्वत श्रेणियाँ ताप्ती नदी के दक्षिण में स्थित हैं। पश्चिमी घाट तथा पूर्वी घाट दक्षिण में नीलगिरी पर्वत से परस्पर जुड़ जाते हैं। नीलगिरी का सर्वोच्च शिखर दोदा वेटा, 2637 मीटर ऊँचा है। कार्डेमन की पहाड़ियाँ इलायची उत्पादन के लिए विश्वविख्यात है। दक्षिणी पठार अपनी खनिज एवं वन–सम्पदा के लिए विशेष उल्लेखनीय है। इसी प्रकार उत्तर पश्चिम की लावा मिट्‌टी कपास–उत्पादन के लिए अतीव उपयुक्त है। शेष भाग में मिट्‌टी की परत गहरी न होने के कारण अधिक उपजाऊ नहीं है।

समुद्रतटीय मैदान :

दक्षिण भारत के पठार भू–भाग के पूर्व और पश्चिम में अरब सागर (पश्चिमी समुद्र) एवं हिन्द महासागर (पूर्वी समुद्र) के किनारे किनारे लम्बा

एवं संकरा समुद्रतटी उपजाऊ मैदान उत्तर में कच्छ की खाड़ी से लेकर दक्षिण में कन्याकुमारी तक विस्तृत है। उत्तर मे गुजरात के पास यह सबसे अधिक चौड़ा तथा शेष पश्चिमी समुद्रतट पर वह अपेक्षाकृत संकरा है। इस तट का उत्तरी भाग, जो गुजरात के दक्षिण में है, कोंकण कहा जाता है। इसके दक्षिण में मालाबार तट है। सम्पूर्ण पश्चिमी तट प्रायः सपाट है, अतः यहाँ उत्तम प्राकृतिक पतनों बन्दरगाहों का प्रायः अभाव है। अथापि इस तट पर सूपरिक (सोपरा), कांदला, बम्बई, भृगुकच्छ (भडौच), कल्याणी (कल्याण), मारमागोआ, कोचीन आदि उत्तम प्राकृतिक पत्तन (बन्दरगाह) स्थित है। इस तट के मैदानी भू–भागों में अधिकतर काजू, ताड़, नारियल तथा सुपाड़ी की पैदावार होती है।

पूर्वी समुद्रतटीय मैदान उत्तर में महानदी की घाटी से दक्षिण में कन्याकुमारी तक विस्तृत है। यह तटीय भू–भाग पश्चिमी समुद्रतटीय मैदान की अपेक्षा अधिक चौड़ा है। इसका उत्तरी भाग उत्तरी सरकार तथा दक्षिणी भाग कोरोमण्डल तट के नाम से प्रसिद्ध है। इस तट पर महानदी, गोदावरी, कृष्णा, कावेरी तथा वेगाई आदि नदियों के डेल्टे स्थित हैं। कावेरीपट्टिनम् कोरकै तथा मद्रास इस तट के प्रसिद्ध बन्दरगाह है।

अध्याय 3

दक्षिण भारतीय इतिहास के स्रोत

दक्षिण भारत के इतिहास जानने के स्रोत तीन प्रकार के हैं : (1) स्वदेशी साहित्य, (2) विदेशी ग्रन्थ, तथा (3) पुरातात्विक सामग्री।

भारतीय साहित्य :

भारत का प्राचीनतम ग्रन्थ 'ऋग्वेद' है। इसके एक मन्त्र से प्रतीत होता है कि जिस व्यक्ति का आर्य संस्कृति से बहिष्कार कर दिया जाता था, वह दक्षिण की ओर चला जाता था। यहाँ पर दक्षिण के लिये प्रयुक्त शब्द को विभिन्न विद्वानों ने दक्षिणापथ, दक्षिणपदा तथा दक्षिणापदा पढ़ा है। 'ऐतरेय ब्राह्मण' में विदर्भ राज्य (सम्प्रति महाराष्ट्र में) तथा इसके राजा भीम का उल्लेख हुआ है। इस ग्रन्थ में भोज, आन्ध्र, शबर और पुलिन्द आदि जनजातियाँ भी चर्चित हैं। स्पष्टतः इस ग्रन्थ की रचना होने तक आर्य जन दक्षिण में कम से कम विदर्भ प्रदेश से परिचित हो गये थे। 'शतपथ ब्राह्मण' में आए शब्द 'रेवोत्तरस' का अर्थ कुछ विद्वानों ने 'रेवा अर्थात् नर्मदा के उत्तरी क्षेत्र का निवासी' माना है। परतु यह विवादास्पद है। 'ऐतरेय आरण्यक' में चेरपादा : का उल्लेख है। उसके विषय में बताया गया है कि वे इन तीन जनजातियों में से एक थे जिन्होंने आर्य संस्कृति और

परम्पराओं का उल्लंघन किया था। 'बृहदारण्यक उपनिषद्' में विदर्भ राज्य के अध्यापकों के लिए 'कौडिन्य' के शब्द प्रयुक्त है। 'कौशीतकि उपनिषद्' में वर्णित दक्षिण पर्वत को कुछ विद्वानों ने विन्ध्य पर्वत माना है। वेदोत्तर काल में पाणिनि के व्याकरण ग्रन्थ 'अष्टाध्यायी' (पाँचवीं शताब्दी ई0पू0) में अश्मक एवं कलिंग जनपदों का उल्लेख है। पाणिनी ने 'दक्षिणात्य' शब्द का प्रयोग किया है जिसका अर्थ है 'दक्षिणापथ या दक्षिण भारत से सम्बन्धित'। अश्मक राज्य (गोदावरी का निकटवर्ती क्षेत्र) को बौद्ध ग्रन्थ 'अंगुत्तर निकाय' में 16 महाजनपदों में शामिल किया गया है। बौधायन धर्म सूत्र (लगभग चतुर्थ शताब्दी ई0पू0) उन पाँच रीति–रिवाजों का वर्णन करता है। जिनका प्रचलन दक्षिण के लोगों में था। ये रिवाज थे जिनका यज्ञोपवीत न हुआ हो उसके साथ भोजन करना, पत्नी के साथ भोजन बासी अन्न का भोजन तथा मामा एवं बुआ की पुत्री के साथ विवाह करना। अष्टाध्यायी के भाष्यकार कात्यायन (चौथी शती ई0पू0) के 'वार्तिक' में नासिक नगर तथा दक्षिण के पाण्ड्य, चोल और केरल राज्य उल्लिखित हैं। कोटिल्य के 'अर्थशास्त्र' में पाण्ड्य राज्य की राजधानी मदुरा के प्रसिद्ध वस्त्रों तथा इस जनपद में उत्पन्न होने वाले उत्कृष्ट मोतियों के व्यापार का उल्लेख किया गया है। इस ग्रन्थ में कावेरी नदी तथा मलय पर्वत भी वर्णित है। अशोक के शिलालेखों में सुदूर दक्षिण के चोल, पाण्ड्य, केरल तथा सत्यपुत्र नामक राज्यों का उल्लेख है। पतंजलि, के 'महाभाष्य' (द्वितीय शताब्दी ई0पू0) में काँची एवं केरल राज्य की चर्चा है।

रामायण' में गोदावरी, कृष्णवेणा (कृष्णा), कावेरी तथ ताम्रवर्णी नदियाँ, मलय एवं महेन्द्र पर्वत तथा विदर्भ, दण्डकारण्य, जनस्थान (महाराष्ट्र में), कलिंग, आन्ध्र, चोल, पाण्ड्य, माहिषक (दक्षिणी कर्णाटक) तथा केरल राज्यों के उल्लेख मिलते हैं। 'महाभारत' में दक्षिण भारत की अधिकांश नदियों, जनपदों एवं पर्वतों आदि की यत्र–तत्र चर्चा है। 'रामायण' तथा 'महाभारत' में अगस्त्य ऋषि द्वारा आर्य संस्कृति को दक्षिण में प्रसारित करने से सम्बन्धित कथानक मिलते हैं तथा चेर, चोल एवं पाण्ड्य राज्यों के प्रारम्भिक इतिहास के विषय में महत्वपूर्ण सूचनाएँ प्राप्त होती हैं।

पाँचवी शताब्दी, ई0 के उत्तरार्ध से दक्षिण भारत के राजवंशों के इतिहास के लिए कुछ महत्वपूर्ण ग्रन्थ, उपलब्ध होने लगते हैं। पल्लवों के

इतिहास के लिए 'लोकविभंग', 'मत्तविलासप्रहसन', 'अवन्तिसुन्दरीकथासार', 'महावंस' एवं 'नन्दिक्कलम्बकम्' उपयोगी हैं। जैनग्रन्थ 'लोकविभंग' पल्लव शासक सिंहवर्मा के राज्यकाल के विषय में सूचना देता है। श्रीलंका का बौद्ध ग्रन्थ महावंस पल्लवों का तिथिक्रम निर्धारित करने में सहायक होता है तथा कुछ राजाओं की विजयों तथा अन्य उपलब्धियों पर प्रकाश देता है। दण्डी द्वारा विरचित 'अवन्तिसुन्दरीकथासार' सिंहविष्णु के राज्यकाल के विषय में सूचना देता है। इस ग्रन्थ में सिंहविष्णु के कुछ समकालीन शासकों के भी उल्लेख हैं तथा इस समय की सांस्कृतिक अवस्था का चित्रण है। प्रथम महेन्द्रवर्मा के 'मत्तविलासप्रहसन' में शैवधर्म के कापालिक सम्प्रदाय तथा इसकी बुराईयों का विवरण है। तमिल ग्रन्थ नन्दिक्कलम्बकम् में पल्लव राजा तृतीय नन्दिवर्मा के जीवन एवं उपलब्धियों पर प्रकाश डाला गया है और पल्लव राजधानी कांची का वैभव वर्णित है।

पाण्ड्य वंश के इतिहास के लिए स्थानीय अनुश्रुतियों के संग्रह काफी महत्वपूर्ण हैं। स्थल–पुराणों में पाण्ड्यों के विषय में सामग्री मिलती है, किन्तु इसमें वर्णित पाण्ड्य शासकों के वंशानुक्रम की पुष्टि प्रामाणिक ऐतिहासिक साक्ष्य से नहीं होती। 'तिरूविलैमाडल' नामक पुराण में सात पाण्ड्य राजाओं के विषय में सूचना मिलती है। यह ग्रन्थ अन्य स्थल–पुराणों की अपेक्षा अधिक प्रामाणिक है। पांडिककोवै में कुछ पाण्ड्य शासकों के युद्धों आदि की चर्चा है।

तमिल देश के प्रारम्भिक इतिहास पर सर्वाधिक प्रकाश संगम–साहित्य से प्राप्त होता है। 'संगम' अथवा 'संघम्' प्राचीन तमिल शब्द है, जिसे सामान्यतः 'गोष्ठी', 'परिषद्', और 'संस्थान' आदि अर्थों में प्रयुक्त किया गया है। रामशरण शर्मा के अनुसार 'संगम तमिल कवियों तथा विद्वानों की सुव्यवस्थित परिषदें थीं जिनमें मुख्यतः बुद्धिजीवी ब्राह्मण–कवियों का वर्चस्व था। इन परिषदों अथवा संगमों (संघों) का आयोजन सर्वप्रथम पाण्ड्य राजाओं के राजकीय संरक्षण में किया गया था। संगम से सम्बद्ध बुद्धिजीवी सदस्यों (कवियों) को पाण्ड्य शासक सम्मान और प्रचुर पारितोषिक प्रदान करते थे। चोल शासक करिकाल ने ऐसे ही एक कवि को 16,00,000 स्वर्ण मुद्रायें प्रदान की थी। संगम–कालीन कवियों को समय–समय पर भू–खण्डों, अश्वों, गजों, तथा रथों आदि उपहारों से भी

सम्मानित किया जाता था। संगमों का प्रमुख उद्देश्य तमिल देश के प्रसिद्ध कवियों एवं विद्वानों को एक मंच पर एकत्र कर उन्हें विभिन्न–विषयों से सम्बन्धित उत्कृष्ट तथा मानक साहित्य की रचना के लिये सुअवसर प्रदान करना था। केवल उत्कृष्ट कृतियों को ही संगम द्वारा मान्यता दी जाती थी। इस तरह संगम एक प्रकार की उच्चस्तरीय अकादमी थी जिसकी स्थापना एवं संरक्षता पाण्ड्य नृपतियों ने की थी। प्रारम्भ में इन परिषदों के लिए संगम के बजाय तमिल शब्द कूडल, तोगे तथा अवैयम प्रयुक्त होते थे। दक्षिण में संस्कृत भाषा के लोकप्रिय एवं प्रतिष्ठित हो जाने पर उपर्युक्त तमिल शब्दों के स्थान पर संगम शब्द का प्रयोग होने लगा था। कवियों या विद्वानों की परिषद् के अर्थ में संगम शब्द का प्रयोग सर्वप्रथम सम्भवतः शैव संत नायनार ने 7वीं शताब्दी के प्रारम्भ में किया।

संगमों की कुल संख्या कितनी थी, कहना कठिन है। तमिल अनुश्रुतियों से पता चलता है कि पाण्ड्य शासकों के काल में कम से कम तीन संगमों का आयोजन राजधानी मदुरै तथा कपाटपुरम नगरों में किया गया था। प्रथम संगम का आयोजन पाण्ड्यों की राजधानी तेन–मदुरै में हुआ था जो 4400 वर्षों तक चला। अगान्तिमनार (अगस्त्य ऋषि) ने इनकी अध्यक्षता की थी। इसमें भाग लेने वाले अन्य प्रमुख विद्वान मुरूगवल, मुदिनागरायर तथा कुन्नमेरिंद थे।

मदुरै नगर के बाढ़ से नष्ट हो जाने के कारण द्वितीय संगम का आयोजन कपाटपुरम में हुआ। इसकी अध्यक्षता क्रमशः अगस्त्य तथा इनके शिष्य तोल्काप्पियर ने की थी। यह 3700 वर्षों तक चला, इसमें कुल 3700 कवियों ने भाग लिया और 59 पाण्ड्य राजाओं ने इसे संरक्षण दिया। इस संगम में रचित ग्रन्थों की संख्या 8149 मानी गई है।

तृतीय संगम वैगई के तटवर्ती मुदरै नगर में (जो सम्भवतः प्रथम संगम की मदुरै से भिन्न था) आयोजित हुआ। इसका अधिवेशन 1850 वर्षों तक चला, इसमें 449 कवियों ने अपनी रचनायें प्रस्तुत की और 49 पाण्ड्य राजाओं से इसे संरक्षण मिला। इसकी अध्यक्षता नक्किसर नामक महाकवि ने की थी।

आठवीं शताब्दी ई0 के लेखक इरैयनार अगप्पोरूल के भाष्य के अनुसार तीनों संगमों की कुल कालावधि 9990 वर्ष तथा इसमें भाग लेने

वाले कवियों तथा इन्हें संरक्षण प्रदान करने वाले पांड्य शासकों की संख्यायें क्रमशः 8598 और 197 थीं। यह विवरण स्पष्टतः अनैतिहासिक है। परन्तु यह सर्वस्वीकार्य है कि संगमों की परम्परा प्राचीन भी थी और दीर्घजीवी भी।

प्रथम संगम का कोई भी ग्रन्थ उपलब्ध नहीं है और द्वितीय संगम की रचनाओं में केवल व्याकरण ग्रन्थ 'तोल्काप्पियम्' प्राप्य है। परन्तु वास्तव में यह ग्रन्थ भी अपने वर्तमान रूप में संगम युग से बहुत बाद का है। शेष उपलब्ध ग्रन्थ तृतीय संगम के हैं।

संगम साहित्य अपने वर्तमान रूप में 9 संग्रह–ग्रन्थों में संकलित मिलता है, जिनके नाम हैं :

1. नट्रिणै, 2. कुरंदोगै, 3. ऐंगुरूनूर, 4. पदिट्रपत्तु, 5. परिपाडल, 6. कलित्तोगै, 7. अहनानुरू, 8. पुरनानुरू तथा 9. पत्तुप्पाटटु। इन संग्रहों में 2279 कविताओं तथा 102 अनाम लेखों को संकलित किया गया है। इसकी रचना जिन विद्वान् कवियों तथा कवियित्रियों ने की, उनकी संख्या लगभग 473 है। इन कविताओं में न्यूनतम पाँच पंक्तियों तथा अधिकतम आठ सौ तक मिलती है। इन कविताओं के अन्त में प्रायः कवि का नाम, रचना अवसर तथा स्थान विशेष को भी निर्दिष्ट किया गया है। ये पाद–टिप्पणियाँ सम्भवतः संपादकों ने तैयार की थी।

संगम साहित्य का रचनाकाल विवादास्पद है। इस विषय में साहित्यिक अनुश्रुतियों में स्पष्टतः घोर अतिरंजना है। इस साहित्य में प्रयुक्त तमिल भाषा की विकसित अवस्था, तमिल समाज और संस्कृति का व्यवस्थित रूप, शेगुट्टुवन और लंका–नरेश प्रथम गजबाहु की समकालीनता, इस साहित्य में यूनानी रोमन जगत के साथ व्यापार की चर्चा और ईसा की प्रथम शताब्दियों के रोमन सिक्कों की भारत से उपलब्धि से स्पष्ट है कि यह साहित्य ईसा की प्रारम्भिक शताब्दियों की स्थितियों का वर्णन करता है। इसलिए के0ए0एन0 शास्त्री ने इसका रचनाकाल 100 ई0 से 300ई0 के मध्य माना है। उनका यह कहना है कि इस साहित्य में वर्णित घटनाएँ मात्र चार–पाँच पीढ़ियों में अर्थात् 120 से 150 वर्ष के बीच घटी होगी। लेकिन श्रीनिवास आयंगर की धारणा है। कि संगम साहित्य 500 ई0पू0 से 500 ई0 के अन्तराल में विरचित हुआ।

संगम युग की अधिकांश प्रमुख घटनायें प्रथम तथा चतुर्थ शताब्दियों के बीच घटी थी। अतः मोटे तौर पर इसकी यही कालावधि माननां तर्कसंगत है। स्मरणीय है कि संगम युग की परिसमाप्ति पाण्ड्य कडुंगोन (590–620 ई0) तथा पल्लव सिंहविष्णु (575–600 ई0) के राज्यकाल के प्रारम्भ होने के पहले ही हो गई थी।

'शिलप्पदिकारम' तमिल भाषा का प्रथम महत्वूर्ण काव्य है। इसका लेखक इंलगो अदिगल चेर राजा शेगुट्टुवन का भाई था। इसकी घटनाओं के केन्द्र पुहार (कावेरीपट्टनम), मदुरै तथा वंजिनगर थे। इसमें तीन सर्ग तथा 30 अध्याय हैं। 'शिलप्पदिकारम' में पतिव्रत धर्म की देवी कण्णगी की कथा है। कण्णगी कोवलन नामक एक धनाढ्य वणिक–पुत्र की पत्नी थी। इसके पति को नेडुंजेलियन अपनी रानी के नुपूर चुराने के झूठे आरोप में मृत्युदण्ड देता है। कण्णगी अपने पति को निर्दोष सिद्ध करके सती हो जाती है और उसकी सपत्नी माधवी बौद्ध भिक्षुणी बन जाती है। नेडुंजेलियन को अपने अपराध से असह्य वेदना होती है और वह आत्महत्या कर लेता है।

मणिमेखलै के रचयिता सात्तनार को न केवल इलंगो अदिगल का समकालीन बतलाया गया है अपितु यह बात भी कही गई है कि सात्तनार के आग्रह पर ही उसने शिलप्पदिकारम् की रचना की थी। मणिमेखलै में 'शिळप्पदिकारम' के कथानक को आगे बढ़ाया गया है। इसकी नायिका मणिमेखलै माधवी की पुत्री थी। माधवी की भांति वह भी सांसारिक जीवन से विरक्त होकर बौद्ध भिक्षुणी हो गई थी। ये दोनों प्राचीनतम तथा श्रेष्ठतम तमिल काव्य हैं। इनकी तुलना 'रामायण' एवं 'महाभारत' तथा होमर द्वारा विरचित 'इलियड' और 'ओडेसी' से की गई है। यद्यपि दोनों काव्यों को समकालिक दर्शाया गया है, किन्तु वास्तव में ऐसा नहीं है। दोनों के मुख्य प्रतिपाद्य तथा इनमें वर्णित सांस्कृतिक और सामाजिक जीवन में भिन्नतायें स्पष्टतः द्रष्टव्य हैं। आजकल प्रायः स्वीकृत मतानुसार 'शिलप्पदिकारम्' को तीसरी–चौथी शताब्दी में और 'मणिमेखलै' को छठी शती में रखना अधिक उचित होगा।

विदेशी ग्रन्थ :

चन्द्रगुप्त मौर्य की राजसभा में सेल्युकस के दूत के रूप में आने वाला मेगास्थेनिज सम्भवतः प्रथम विदेशी लेखक हैं जो सुदूर दक्षिण के इतिहास पर कुछ प्रकाश डालता है। उसकी 'इण्डिका' में बतलाया गया है कि उसके काल में हेराक्लिज की पुत्री पाण्ड्य वहाँ शासन कर रही थी। वह एक कुशल प्रशासिका थी और उसके राज्य में 365 गाँव थे जिसके निवासी उसे नियमित रूप से कर एवं भेंटे देते थे।

मेगास्थेनिज के पश्चात् स्ट्रैबो (प्रथम शताब्दी ई0पू0) प्लिनी (प्रथम शताब्दी ई0) 'पेरिप्लस' नामक ग्रन्थ का अज्ञात लेखक (लग 100–150 ई0) तथा टालेमी उल्लेखनीय है। ये लेखक दक्षिण भारत के मिस्र, यूनान, रोम तथा अन्य देशों के साथ व्यापारिक सम्बन्धों पर महत्वपूर्ण प्रकाश देते हैं। पेरिप्लस का लेखक मिस्र का एक नाविक था। उसने स्वयं व्यापार के सिलसिले में अनेक देशों की सामुद्रिक यात्राएँ की थी। जिनमें भारत भी शामिल था। उसका विवरण व्यक्तिगत अनुभवों पर आधारित होने के कारण दक्षिण भारत के आर्थिक और भौगोलिक इतिहास के लिए बहुत प्रामाणिक है। किन्तु इस प्रदेश के राजनीतिक एवं सांस्कृतिक इतिहास के विषय में इस ग्रन्थ में कोई उल्लेखनीय सूचना नहीं मिलती। टालेमी (लग. 150 ई0) भी मिस्र का रहने वाला था। उसके 'भूगोल' नामक ग्रन्थ में प्रदत्त भारत विवरण व्यापारियों नाविको तथा यात्रियों से प्राप्त सूचनाओं एवं पूर्ववर्ती ळेखको के ग्रन्थों पर आधारित था। उसने भारत के पूर्वी तथा पश्चिमी समुद्र तटों के अनेक बंदरगाहों, व्यापारिक केन्द्रों तथा नगरों आदि का वर्णन किया है। 'पेरिप्लस' तथा 'भूगोल' की रचना के समय दक्षिण भारत में सातवाहन राजवंश शासन कर रहा था। ये दोनों ग्रन्थ सिद्ध करते हैं कि उस काल में दक्षिण भारत का पश्चिमी देशों, विशेष रूप से रोम के साथ व्यापार उन्नत अवस्था में था।

चन्द्रगुप्त विक्रमादित्य के शासनकाल में चीनी यात्री फाहियान भारत आया था। उसने तुश्सिन के नाम से दक्षिणापथ का उल्लेख मात्र किया है, दक्षिण भारत के विषय में कोई उल्लेखनीय सूचना नहीं दी है। कॉसमॉस की 'क्रिश्चियन टोपोग्रेफी' (छठी शताब्दी ई0 का पूर्वार्द्ध) भारत

के पश्चिमी समुद्र तट से होने वाले व्यापार के विवरण के लिये उपयोगी है। शुआन–च्वांग (सातवीं शताब्दी का पूर्वार्द्ध) ने बादामी, कांची तथा महाबलिपुरम् में कई महीने बिताये थे। उसने महाराष्ट्र के शासक द्वितीय पुलकेशी तथा पल्लव राजा प्रथम नरसिंहवर्मा, कांची तथा महाबलिपुरम् आदि के विषय में महत्वपूर्ण सूचनाएँ दी हैं। उसके उपरांत आने वाला चीनी यात्री इत्सिंग 671–72 से 695 ई0 तक भारत में रहा। उसने 60 बौद्ध भिक्षुओं के जीवन–चरित लिखे। इनसे प्रसंगवशत् दक्षिण भारत के विषय में भी कुछ तथ्य मिल जाते हैं। मा–त्वा लिन का विवरण चालुक्य शासक विनयादित्य एवं विजयादित्य के चीन के साथ सम्बन्धों पर प्रकाश डालता है। द्वितीय नरसिंहवर्मा पल्लव (लगभग 695 से 722 ई0) के शासनकाल में चीन के सम्राट् ने एक दूतमंडल पल्लव राज्य में भेजा था जिसके बदले में पल्लव शासक ने भी अपना दूतमंडल चीन भेजा। इन दूतमंडलों के विवरण चीनी साक्ष्य से मिलते हैं।

पुरातात्विक सामग्री :

(i) **अभिलेख** : उत्तर भारत की अपेक्षा दक्षिण भारत के विभिन्न भागों से प्राप्त अभिलेखों की संख्या बहुत अधिक है। ये अभिलेख गुफाओं, स्तूपों, मन्दिरों की दीवारों, प्रस्तर–स्तम्भों, फलकों ताम्रपत्रों, सिक्कों, मुद्राओं, मृद्भाण्डों तथा अन्य वस्तुओं पर उत्कीर्ण हैं। डेरेट के अनुमान के अनुसार 400 तथा 1600 ई0 के बीच के दक्षिण भारत के शासकों के 50 हजार से भी अधिक अभिलेख प्रस्तर–खण्डों, स्तम्भों, मन्दिरों, गुफाओं, मृद्भाण्डों, ताम्रपत्रों, सिक्कों मुद्राओं तथा अन्य उपकरणों आदि पर उत्कीर्ण मिलते हैं। अब तो यह संख्या बहुत अधिक हो गई होगी।

अभिलेखों के कई प्रकार हैं। प्रशस्ति वर्ग के तथा अन्य बड़े अभिलेखों में सम्बन्धित राजवंश के शासकों का वंशानुक्रम, उनकी उपाधियों तथा उपलब्धियों आदि का विवरण मिलता है। वीरगलों में अंकित लेखों में युद्ध में मारे गये योद्धा तथा उनके समकालीन शासकों के नाम एवं कभी–कभी तिथि, युद्धस्थल एवं युद्ध के कारण आदि की चर्चा मिलती है। सती–अभिलेखों में सती होने वाली स्त्रियों के नाम आदि का विवरण

प्राप्त होता है। संकल्पित अभिलेख धार्मिक विश्वासों पर प्रकाश डालते हैं। संक्षेप मे अभिलेख राजनीतिक इतिहास ही नहीं प्रशासन व्यवस्था, धार्मिक, सामाजिक, आर्थिक, जीवन के अनेक पहलुओं तथा कला आदि के विषय में विस्तृत एवं प्रामाणिक सामग्री प्रस्तुत करते हैं।

अभिलेखों का आन्तरिक साक्ष्य तथा उनके प्राप्तिस्थल तथा दानपात्रों में वर्णित भूमि अथवा ग्राम आदि की भौगोलिक स्थिति सम्बन्धित शासकों के राज्यों की सीमाओं पर प्रकाश डालते हैं। बड़े अभिलेखों में अधिकांश का प्रारम्भ प्रायः देव स्तुति से होता है। ये स्तुतियाँ अभिलेख उत्कीर्ण कराने वाले शासकों के धर्म के विषय में सूचना देती है। दानशासकों में प्रायः दान पाने वाले का नाम, जाति, गोत्र तथा उसकी शैक्षिक योग्यताओं का भी वर्णन होता था। दान में दी गई भूमि सामान्यतः अनेक करों से मुक्त होती थी। इन तथ्यों से भूमि की नाप–जोख की इकाइयों, विभिन्न प्रकार की भूमियों के मूल्य तथा कतिपय करों आदि की जानकारी हो जाती है। कई अभिलेखों में व्यावसायिक श्रेणियों के अधिकारियों एवं कर्मचारियों आदि के उल्लेख मिलते हैं। तिथियुक्त अभिलेखों में या तो किसी संवत् के वर्ष का उल्लेख मिलता है या सम्बन्धित राजा के शासन के वर्ष का। अतैथिक अभिलेखों की लिपि के आधार पर इन्हें जारी करने वाले शासक का समय मोटे तौर पर निर्धारित किया जा सकता है। दक्षिण भारत के प्रारम्भिक अभिलेखों में किसी संवत् का प्रयोग नहीं मिलता। दक्षिण से प्राप्त सम्पूर्ण भारत के सन्दर्भ में अब शक संवत् की प्राचीनतम तिथि महाराष्ट्र के वाल नामक स्थान से मौर्य सुकेतुवर्मा के एक अभिलेख में मिलती है। यह अभिलेख शक संवत् 322 का है। वाकाटक देवसेन के शासनकाल का हिस्से–बोराला से प्राप्त अभिलेख शक संवत् 380 का है। वाकाटकों के इतिहास में सुनिश्चित रूप से ज्ञात यही एकमात्र तिथि है।

दक्षिण भारत से उपलब्ध प्राचीनतम अभिलेख अशोक मौर्य के हैं जो उड़ीसा, महाराष्ट्र, आन्ध्र तथा कर्नाटक राज्यों के कई स्थानों पर मिले हैं। ये अभिलेख उपर्युक्त राज्यों का अशोक के साम्राज्य में शामिल होना प्रमाणित करते हैं। अशोक के एक शिलालेख में चोल, पाण्ड्य, सत्यपुत्र

तथा केरलपुत्र का उल्लेख है और इन्हें उसके साम्राज्य की दक्षिणी सीमा पर स्थित बतलाया गया है।

दक्षिणापथ में सर्वप्रथम सातवाहनों ने एक विशाल साम्राज्य का निर्माण किया था। इस वंश के शासकों के अभिलेख तत्कालीन प्रशासन व्यवस्था, सामाजिक, जीवन, धर्म तथा कला आदि पर प्रकाश डालते है। इनमें बौद्ध सम्प्रदायों, वैदिक यज्ञों, भूमिदानों भूमि मापक इकाइयों तथा सिक्कों पर भी चर्चा है। सर्वप्रथम शकों तथा सातवाहनों के लेखों में ही अनेक करों एवं अधिकांश राज्याधिकारों से मुक्त भूमि ब्राह्मणों को दान में दिये जाने की बात कही गई है। राजनीतिक इतिहास की दृष्टि से गौतमी बालश्री की नासिक प्रशस्ति सर्वाधिक महत्वपूर्ण है। इसमें गौतमीपुत्र शातकर्णि की विजयों के प्रसंग में दक्षिणापथ एवं सुदूर दक्षिण के अनेक राज्यों, जातियों एवं पर्वतों आदि का उल्लेख है। कलिंग के शासक खारवेल का हाथिगुम्फा अभिलेख उड़ीसा के प्रारम्भिक इतिहास के लिए उपयोगी होने के साथ–साथ नंदों के विषय में भी महत्वपूर्ण सूचना देता है। उपर्युक्त नासिक तथा हाथिगुम्फा अभिलेख प्रशस्ति अभिलेखों का प्रारम्भिक रूप है।

सातवाहन साम्राज्य के पतन के पश्चात् वाकाटकों, पल्लवों, इक्ष्वाकुओं, शालंकायनों, विष्णुकुंडियों एवं पूर्वी चालुक्यों ने राज्य किया। इन राजवंशों का इतिहास भी हमें प्रायः अभिलेखों से ही ज्ञात होता है। वाकाटक इतिहास का ज्ञान तो मुख्यतः उनके दानपत्रों से ही होता है। वातापी के चालुक्यों के इतिहास के लिए मंगलेश, द्वितीय पुलिकेशी तथा द्वितीय विक्रमादित्य के राज्यकाल में क्रमशः महाकूट, ऐहोले एवं कांची के अभिलेख बहुत महत्वपूर्ण है। इनमें से प्रथम दो प्रशस्ति लेख हैं। महाकूट अभिलेख वातापी के चालुक्यों के प्रारम्भिक इतिहास के लिए अपरिहार्य हैं। ऐहोले प्रशस्ति में द्वितीय पुलिकेशी तक चालुक्य नरेशों के क्रम एवं उपलब्धियों आदि पर प्रकाश डाला गया है और द्वितीय पुलिकेशी की दिग्विजय का विस्तृत एवं क्रमबद्ध वर्णन है। इसमें प्रदत्त हर्ष–पुलिकेशी युद्ध चर्चा विशेषतः रोचक है। पूर्वी चालुक्य वंश के प्रारम्भिक इतिहास के लिए विष्णुवर्धन का सतारा अभिलेख महत्वपूर्ण है।

कदम्ब शासक काकुत्स्थवर्मा की तालगुंड प्रशस्ति इस वंश के इतिहास के लिए बहुत उपयोगी है। पल्लव वंश के प्रारम्भिक इतिहास के लिए प्राकृत में लिखित शिवस्कन्दवर्मा के शासन काल के मयिडावोलु तथा हिरहदगल्ली अभिलेख उल्लेखनीय है। साम्राज्यवादी पल्लवों के इतिहास के लिए प्रथम परमेश्वरवर्मा का कूरम अभिलेख, द्वितीय नन्दिवर्मा के कशाकुडी एवं उदयेन्दिरम् अभिलेख, तृतीय नन्दिवर्मा का वेलूपराल्यम् अभिलेख और नृपतुंगवर्मा का बाहुर अभिलेख अधिक महत्वपूर्ण है। पाण्ड्यों के प्रारम्भिक इतिहास के लिये बहुत कम अभिलेख उपलब्ध है।

दक्षिणापथ के प्राचीनतम अभिलेखों में प्राकृत भाषा प्रयुक्त है। चतुर्थ शताब्दी के उत्तरार्द्ध से लेकर सातवीं शताब्दी के लगभग मध्य तक पल्लवों, कदम्बों, चालुक्यों तथा गंगों आदि के अभिलेखों में संस्कृत भाषा प्रयुक्त हुई हैं। इसके बाद के अभिलेख द्विभाषी हैं जिनमें ळेख के प्रारम्भिक एवं अन्तिम भाग संस्कृत में और मुख्य भाग क्षेत्रीय भाषाओं – कन्नड़, तमिल या तेलुगू में लिखें गये हैं।

पल्लव शासक सिंहवर्मा (छठी शताब्दी का उत्तरार्द्ध) ने अपने राज्यकाल के पल्लवनकोविल अभिलेख में अपने वंश को पौराणिक वंशावली से जोड़ने की परम्परा का आरम्भ किया। पौराणिक वंशावली सम्बन्धित राजवंश की वास्तविक वंशावली से पहले लिखी जाती थी। अनैतिहासिक पौराणिक शासकों से सम्बन्ध जोड़ने का उद्‌देश्य अपने वंश की प्रचीनता तथा महत्ता प्रमाणित करना था।

मुद्रा :

सिक्कों की धातुयें, प्रकार–भेद, प्राप्तिस्थल एवं उन पर उत्कीर्ण राजाओं के नाम, विरूद और तिथियों आदि से महत्वपूर्ण सूचनाएँ मिलती हैं। अधिक मूल्यवान तथा शुद्ध धातुओं के सिक्कों का बड़े पैमाने पर प्रचलन उनको चलाने वाले वंश की आर्थिक समृद्धि का परिचायक माना जाता है। किसी राजा के सिक्कों के प्राप्ति स्थान यद्यपि निःसंदिग्ध रूप से उन स्थानों का उसके राज्य में शामिल होना प्रमाणित नहीं करते, परन्तु वे अन्य साक्ष्यों से प्राप्त सूचना की पुष्टि करते हैं तथा व्यापार पर प्रकाश डालते हैं। लेख–युक्त सिक्के–विशेष रूप से महत्वपूर्ण होते हैं।[1]

उत्तर भारत की भांति दक्षिणी भारत के भी प्राचीनतम सिक्के 'आहत सिक्के' थे जिनका सबसे बड़ा ढेर आन्ध्र राज्य के गुंटूर जिले में अमरावती से प्राप्त हुआ है। इस निधि में कुल 7668 सिक्के थे। ईसा की प्रारम्भिक शताब्दियों में व्यापार के माध्यम से रोमन साम्राज्य से बहुत बड़ी संख्या में सोने तथा चाँदी के सिक्के दक्षिण भारत आये। ई0जे0 रेप्सन के अनुसार सम्भवतः रोमन सिक्कों की उपलब्धि के कारण इस काल में दक्षिण भारत में स्वदेशी सिक्के बहुत कम तैयार किये गये। परन्तु यह मत तर्कसंगत नहीं लगता।

दक्षिण भारत के राजवंशों में सर्वप्रथम सातवाहनों ने बड़ी संख्या में पोटिन (तांबे एवं टिन का मिश्रण), चाँदी एवं तांबे के सिक्के चलाए। सातवाहन शासकों के सिक्कों पर अंकित चिन्हों में हाथी, घोड़ा, सिंह, मानव आकृतियाँ, धनुष–बाण, तीन मेहराब वाली पहाड़ी, चैत्य तथा उज्जयिनी चिन्ह प्रमुख हैं। पश्चिमी भारत के शक–क्षत्रपों की भांति सातवाहनों ने सिक्का जारी करने वाले शासक के नाम के साथ उसके पिता के नाम का उल्लेख नहीं किया। चूंकि सातवाहन वंश में एक ही नाम के एक से अधिक राजा हुए, इसलिए कभी–कभी उनकी पहचान में कठिनाई होती है। गौतमीपुत्र शातकर्णि ने बड़ी संख्या में सिक्के जारी किए जिनमें से अधिकांश पोटिन के हैं। 1906 ई. में नासिक के निकट जोगलथम्बी नामक स्थान से प्राप्त चांदी के 13,250 (कुछ विद्वानों के अनुसार 13,270) सिक्कों की निधि में नहपान के 9,270 सिक्कों पर गौतमीपुत्र का नाम पुनः अंकित किया गया है। इससे सिद्ध है कि इस सातवाहन शासक ने नहपान को पराजित कर उसके सिक्कों को अपने नाम से पुर्नमुद्रित किया था। वासिष्ठीपुत्र पुलुमावि ने भी बड़ी संख्या में सिक्के जारी किए। यज्ञश्री शातकर्णि के कुछ सिक्कों के पुरोभाग पर दो मस्तूलों वाला जहाज एवं पृष्ठभाग पर उज्जयिनी चिन्ह अंकित है। ये सिक्के उसकी नौ शक्ति एवं उसके राज्यकाल में होने वाले सामुद्रिक व्यापार पर प्रकाश डालते हैं।

आन्ध्र के इक्ष्वाकु शासकों ने मुख्यतः सातवाहनों के सिक्को का ही अनुसरण किया। इक्ष्वाकुओं ने अधिकतर सीसे के सिक्के जारी किये जिनके पुरोभाग पर सूंड उठाये हाथी एवं पृष्ठभाग पर उज्जयिनी–चिन्ह

अंकित है। यह आश्चर्यजनक है कि वाकाटक जैसी शक्तिशाली राजवंश के शासकों ने सिक्के नहीं चलाए, यद्यपि अजयमित्र शास्त्री ने कुछ ऐसे सिक्के प्रकाशित किए हैं जिन्हें वे वाकाटकों का बताते हैं।[2] वातापी के चालुक्यों के सिक्के भी अत्यन्त अल्प संख्या में मिले है। सर्व– प्रथम। वातापी के चालुक्यों ने ही पुरोभाग पर अंकित वराह की आकृति युक्त सिक्के जारी किये थे। कालान्तर में इस प्रकार के सोने के सिक्के वराह नाम से प्रसिद्ध हो गये।

पल्लवों के सिक्कों को रैप्सन ने दो मुख्य वर्गों में विभाजित किया है : एक, दूसरी–तीसरी शताब्दी के तांबे के सिक्के जिनके पृष्ठभाग पर जहाज की आकृति है। ये सिक्के यज्ञश्री शातकर्णि के सिक्कों से प्रभावित हैं। दो, परवर्ती काल के सोने एवं चांदी के सिक्के जिन पर पल्लवों का राजचिन्ह सिंह और कन्नड भाषा में लेख अंकित है।

अन्य पुरातात्विक साक्ष्य :

अभिलेखों एवं सिक्कों के अतिरिक्त पुरातात्विक साक्ष्यों में स्मारक तथा उत्खनन और सतह से प्राप्त मूर्तियाँ, विभिन्न प्रकार के बर्तन, औजार, अस्त्र–शस्त्र एवं उपकरण शामिल होते हैं। दक्षिणापथ के प्राचीनतम स्मारक तृतीय–द्वितीय शती ई0 पू0 शताब्दी के चैत्य एवं विहार हैं जो मुख्यतः पश्चिमी दक्षिणापथ में मिले हैं इसके अंतिम उदाहरण एलोरा के आठवीं–नवीं सदियों के स्मारक हैं। दक्षिण भारत के छठी शती तक के स्मारकों में से अधिकांश बौद्ध हैं। छठी–सातवीं शती तथा इससे बाद में बने मन्दिरों में से अधिकांश विष्णु एवं शिव के हैं। इनके पश्चात् जैन स्मारकों का स्थान है।

दक्षिण भारत की चित्रकला में अजन्ता के भित्तिचित्र सर्वाधिक विख्यात हैं। अजन्ता की गुफा संख्या– 9, 10, 1, 2, 16 तथा 17 के चित्र अन्य गुफाओं की अपेक्षा अधिक सुरक्षित अवस्था में हैं। ये चित्र द्वितीय शताब्दी ई0पू0 से लेकर लगभग सातवीं शताब्दी, के मध्य तक के दक्षिण भारत के सांस्कृतिक जीवन के विषय में प्रभूत सामग्री प्रस्तुत करते हैं। कभी–कभी इनसे राजनीतिक महत्व की सूचना भी मिल जाती है। उदाहरण के लिए अजन्ता से प्राप्त एकचित्र में द्वितीय पुलिकेशी के पास

आए ईरानी दूतमंडल का अंकन माना जाता है जो उस युग में दक्षिण भारत और ईरान के दौत्य–सम्बन्ध पर प्रकाश देता है।[3]

सन्दर्भ :

1. दक्षिण भारतीय सिक्कों के अध्ययन के लिए दे, गोयल, श्रीराम, दि डायनेस्टिक क्वायन्स ऑव एन्श्येण्ट ईण्ड्या, जोधपुर, 1995, अध्याय 51।
2. दे, शास्त्री, अजयमित्र (सम्पा), दि एज ऑव दि वाकाटकाज, 1993, पृ0 285–94; वाकाटकाज : सोर्सिज़ एण्ड हिस्ट्री, नई दिल्ली, 1997, पृ0 136–46।
3. दे, गोयल, शंकर, हिस्ट्री एण्ड हिस्टोरियोग्रेफी ऑव दि एज ऑव हर्ष, जोधपुर, 1992, पृ0 236–37।

अध्याय 4

दक्षिण भारत के प्रमुख राजवंशों का इतिहास

बादामी के पूर्वकालीन पश्चिमी चालुक्य :

विभिन्न साक्ष्यों से ज्ञात होता है कि इस वंश का प्रारम्भिक शासक जयसिंह था। यह एक युद्धप्रिय व्यक्ति था। अतः इसने राष्ट्रकूटों को पराजित कर उनसे महाराष्ट्र का क्षेत्र प्राप्त किया। इसके बाद इनका पुत्र रणराज गद्दी पर बैठा, परन्तु इन दोनों शासकों के विषय में हमें अत्यल्प जानकारी प्राप्त हो सकी है। उल्लेखनीय है कि 535ई0 से बादामी के चालुक्यों का क्रमिक इतिहास हमें ज्ञात है जिसमें सर्वप्रथम पुलकेशिन प्रथम का नाम उल्लेखनीय है।

पुलकेशिन प्रथम (535 से 566 ई0) रणराज का पुत्र था। इसने चालुक्य वंश की राजसत्ता स्थापित की और बीजापुर जिले में स्वयं को स्वतंत्र घोषित कर दिया। बीजापुर में ही इसने बादामी (वातापी) के दुर्ग का निर्माण किया। और अश्वमेध हिरण्यगर्भ, वाजपेय यज्ञ सम्पादित किये। उसने अनेक उपाधियाँ धारण की जिनमें रणविक्रम, सतीआश्रय और श्रीपृथ्वीवल्लभ महत्वपूर्ण हैं। शक्ति और पौरूष के क्षेत्र में इसकी तुलना

पौराणिक शासक ययाति और दिलीप से की गयी है। पुलकेशिन विद्वानों का संरक्षक और मानव धर्म, पुराण, रामायण, महाभारत और इतिहास का ज्ञाता था।

इसकी मृत्यु के बाद कीर्तिवर्मन प्रथम जो कि इसका पुत्र था, गद्दी पर बैठा। अपने पिता के राज्य को और अधिक विस्तृत किया। चालुक्य अभिलेखों से ज्ञात होता है कि कीर्तिवर्मन ने बंग, अंग, कलिंग, मगध, मद्रक, केरल, गंग, मूशक, पाण्ड्य, द्रमिल, चोलीय, वैजयन्ती, नल, मौर्य, कदम्ब आदि वंशों पर विजय प्राप्त की परन्तु अधिकांश इतिहासकार मानते हैं कि अभिलेखों का यह वृत्तान्त काल्पनिक और अतिश्योक्तिपूर्ण है। अधिकतर यह माना गया है कि उसने दक्षिणापथ में ही अपने साम्राज्य का विस्तार किया और पड़ोसी राज्यों को परास्त करके दक्षिणी महाराष्ट्र मैसूर और मद्रास के राज्यों पर नियन्त्रण स्थापित कर लिया। यह प्रमाणित हो चुका है कि कदम्ब, मौर्य (कोंकण प्रदेश) और नल (बस्तर प्रदेश) उससे पराजित हुए थे। कीर्तिवर्मन ने बहुसुवर्ण और अग्निष्टोम यज्ञ सम्पादित किये और अनेक उपाधियाँ धारण कीं। अपने राज्य की राजधानी को नवीन मन्दिरों और भवनों से सुसज्जित किया।

कीर्तिवर्मन प्रथम के पश्चात् उसका भाई मंगलेश शासक बना। इस समय कल्चुरी वंश का बुद्धराज नामक शासक अत्यन्त शक्तिशाली हो रहा था। गुजरात, खानदेश और मालवा के प्रदेश उसके राज्य में शामिल थे। यही कारण है कि मंगलेश को काफी समय तक बुद्धराज के साथ संघर्ष करना पड़ा। अन्ततः मंगलेश सफल हुआ और उसने खानदेश तथा उसके आस पास के प्रदेश प्राप्त किए । मंगलेश ने अपने जीवन काल में ही अपने पुत्र सत्याश्रय ध्रुवराज इन्द्रवर्मन को अपना उत्तराधिकारी बनाया परन्तु उसके इस व्यवहार से मंगलेश के बड़े भाई कीर्तिवर्मन का पुत्र पुलकेशिन द्वितीय असन्तुष्ट हो गया। राज्य प्राप्ति के लिए उसने मंगलेश के विरूद्ध विद्रोह कर दिया। मंगलेश की मृत्यु हो गयी और 609 ई0 के लगभग पुलकेशिन द्वितीय चालुक्य वंश का शासक बना।

जिस समय पुलकेशिन द्वितीय गद्दी पर बैठा, उस समय उसे अत्यन्त संघर्षपूर्ण स्थितियों का सामना करना पड़ा क्योंकि चालुक्य वंश में हुए गृहयुद्ध का लाभ उठाकर उसके अधीनस्थ अनेक प्रान्तों ने अपनी

स्वतंत्रता की घोषणा कर दी थी और चालुक्यों की प्रशासनिक अव्यवस्था का लाभ उठाकर अनेक निकटवर्ती राज्य चालुक्यों पर आक्रमण करने की योजना बना रहे थे। ऐहोल अभिलेख में इस स्थिति का वास्तविक वर्णन प्रस्तुत किया गया है। पुलकेशिन द्वितीय चालुक्य वंश का एक योग्यतम शासक था। यही कारण कि उसने इस संकटपूर्ण स्थिति का धैर्यपूर्वक सामना किया और राज्य को संगठित और सुव्यवस्थित करने के साथ–साथ शान्ति भी प्रदान की। सबसे पहले उसे विद्रोही गोविन्द अप्पायिक का सामना करना पड़ा।ये दोनों विद्रोही उसके साम्राज्य पर आक्रमण करते हुए भीमा नदी तक आ पहुंचे थे। पुलकेशिन ने ऐसी स्थिति में कूटनीति का सहारा लिया और गोविन्द को अपना सहयोगी बनाकर आप्पायिक को हराने में सफलता पाई।

इसके बाद पुलकेशिन ने कदम्ब वंश की राजधानी वनवासी पर आक्रमण किया और उस पर अपना नियंत्रण स्थापित कर लिया। दक्षिणी कनारा के आलुप और मैसूर के गंग कदम्ब वंश के सहयोगी थे। यही कारण है कि पुलकेशिन द्वितीय ने इन दोनों पर भी आक्रमण किया और आत्म समर्पण पर मजबूर किया। इसी समय गंग नरेश ने अपनी एक पुत्री का विवाह पुलकेशिन के साथ सम्पन्न कर दिया। इसके बाद पुलकेशिन ने उत्तरी कोकण की राजधानी पुरी पर आक्रमण किया। यहां पर मौर्य शासक राज्य कर रहे थे। इन्होंने पराजित होकर शीघ्र ही पुलकेशिन की आधीनता स्वीकार कर ली। जिस समय पुलकेशिन दक्षिणापथ के राज्यों को आतंकित कर रहा था, उसी समय उत्तरापथ में हर्षवर्धन नामक एक महत्वाकांक्षी और वीर सम्राट का अभ्युदय हुआ। लाट, मालव और गुर्जर हर्ष की शीघ्रता से बढ़ती हुई शक्ति से भयभीत हो उठे और उन्होंने आत्मरक्षा के लिए पुलकेशिन द्वितीय की अधीनता स्वीकार कर ली।

इस समय उत्तर भारत हर्षवर्धन के नेतृत्व में और दक्षिण भारत पुलकेशिन द्वितीय के नेतृत्व में संगठित हो चुका था। ये दोनों ही शासक सम्पूर्ण भारत पर अपना एकछत्र साम्राज्य स्थापित करना चाहते थे। ऐसी स्थिति में इन दोनों में संघर्ष अनिवार्य हो गया। इस युद्ध का कोई निश्चित कारण सामने नहीं आ पाया है, परन्तु विद्वानों का मत है कि इन दोनों शासकों की साम्राज्य विस्तार की आकांक्षा ने ही इस युद्ध को

उत्पन्न किया। सम्भव है कि युद्ध के तात्कालिक कारण के रूप में वल्लभी राज्य ने महत्वपूर्ण भूमिका निभाई हो। हर्ष वल्लभी पर विजय प्राप्त करके उसे अपने साम्राज्य का अंग बनाना चाहता था और दूसरी और चालुक्य सामन्त गुर्जर नरेश दद्द द्वितीय ने हर्ष के विरूद्ध इस युद्ध में वल्लभी के शासक राजा ध्रुवसेन द्वितीय की सहायता की। अन्य पश्चिमी शक्तियां जिनमें लाट और मालव शामिल थे, हर्ष के विरूद्ध वल्लभी के साथ हो गयी। यह वास्तव में वल्लभी के प्रश्न पर उत्तर और दक्षिण भारत के दो शक्तिशाली सम्राटों का संघर्ष था जो अन्ततः प्रत्यक्ष रूप में नर्मदा नदी के तट पर हुआ। इस युद्ध में पुलकेशिन विजयी हुआ। ऐहोल अभिलेख में उसकी इस विजय का आलंकारिक वर्णन प्रस्तुत किया गया है। ह्वेनसांग के वृत्तान्त से भी इसकी जानकारी मिलती है। यद्यपि इस युद्ध की तिथि प्रमाणित नहीं हो पाई है परन्तु विभिन्न साक्ष्यों के आधार पर यह अनुमान लगाया गया है कि यह युद्ध 630 ईस्वी से 634 ईस्वी के बीच कभी हुआ होगा। पुलकेशिन द्वितीय ने पूर्वी दक्षिणापथ की ओर भी अपने साम्राज्य का विस्तार प्रारम्भ किया। ऐहोल अभिलेख से ज्ञात होता है कि उसने कौशल और कलिंग के शासकों का दमन किया, पिष्टपुर के शाासक को परास्त किया और अपने भाई विष्णुवर्द्धन को वहाँ का शासक बनाया। इस प्रकार पूर्वी चालुक्य वंश स्थापित हुआ।

इस समय पल्लव वंश में महेन्द्रवर्मन प्रथम शासन कर रहा था जिसका राज्य उत्तर में कृष्णा नदी के तट तक विस्तृत था। पुलकेशिन द्वितीय ने इसे अपना प्रतिद्वन्द्वी मानकर इस पर आक्रमण कर दिया और वह पल्लव राज्य के भीतर आगे बढ़ता हुआ पुल्ललूर तक चला गया। पुलकेशिन द्वितीय पल्लव राजधानी कांची पर विजय नहीं पा सका परन्तु इतना निश्चित है कि उसने अपने इस विजय अभियान के द्वारा अनेक पल्लव क्षेत्रों पर नियन्त्रण स्थापित किया। पल्लवों की शक्ति को नियन्त्रित करने के लिए उसने चोलों और पाण्ड्यों से भी मैत्री सम्बन्ध स्थापित किये। 630 ईस्वी के लोहनेर अभिलेख में पुलकेशिन को पूर्वी और पश्चिम समुद्रों का स्वामी बताया गया है। इससे स्पष्ट होता है कि उसने 630 ईस्वी से पूर्व ही यह दिग्विजय की होगी।

630 ईस्वी में पल्लव वंश में महेन्द्रवर्मन का पुत्र नरसिंहवर्मन शासक बना। इस समय पुलकेशिन ने एक बार फिर पल्लवों पर आक्रमण कर दिया। लंका के राजकुमार मानवर्मा ने इस समय नरसिंहवर्मन को सहयोग दिया परिणामतः नरसिंहवर्मन ने पुलकेशिन को हराने में सफलता पाई। अपनी सफलता से उत्साहित होकर उसने पुकेशिन के राज्य पर आक्रमण कर दिया और उसकी राजधानी बादामी पर नियन्त्रण स्थापित करने में सफलता पाई। पुलकेशिन वीर गति को प्राप्त हुआ। नरसिंहवर्मा ने इस सफलता के बाद वातापी कौंड उपाधि धारण की । इस प्रकार पुलकेशिन द्वितीय का देहान्त हुआ और दक्षिण भारत की एक सर्वोच्च शक्ति समाप्त हो गयी।

पुलकेशिन द्वितीय चालुक्य वंश का एक सर्वशक्तिमान शासक सिद्ध हुआ। वह एक महान विजेता, एक योग्य सेनानायक और उच्चकोटि का राजनीतिज्ञ था।[1] उसने विदेशी शासकों के साथ कूटनीतिक सम्बन्ध स्थापित किये। अरब लेखक तबरी के विवरण से ज्ञात होता है कि 625 ई0 के लगभग पुलकेशिन द्वितीय ने फारस के शासक खुसरो द्वितीय के दरबार में अपने एक राजदूत के साथ मैत्रीपत्र और उपहार आदि भेजे थे। उसकी इस नीति का खुसरो द्वितीय ने भी सद्भावना पूर्ण उत्तर भेजा। अजन्ता की एक गुफा के चित्र की पहचान इतिहासकारों ने खुसरो के द्वारा पुलकेशिन के राजदूत का स्वागत की घटना से की है परन्तु स्टेनकोनो इससे असहमत है। ह्वेनसांग ने इसके व्यक्तित्व के विषय में लिखा है– "वह क्षत्रिय जाति का था और पड़ोस के राजाओं को घृणा की दृष्टि से देखता था। उसके विचार उदार और गम्भीर थे। उसकी सहानुभूति और उसके शुभ कृत्यों का क्षेत्र व्यापक था। उसकी प्रजा पूर्ण श्रद्धा के साथ उसकी सेवा करती थी और उसका राज्य दूर–दूर तक फैला था।" इस कथन से स्पष्ट होता है कि पुलकेशिन निःसंदेह ही चालुक्य वंश का एक महत्वपूर्ण शासक हुआ। डी0सी0 सरकार ने इसके विषय में लिखा है कि "इसमें संदेह नहीं कि पुलकेशिन द्वितीय बादामी के चालुक्य वंश का सबसे बड़ा सम्राट था और प्राचीन भारत के महान सम्राटों में एक था।"

पुलकेशिन की मृत्यु के बाद साम्राज्य में अराजकता फैल गयी। बादामी पर पल्लवों का नियंत्रण स्थापित हो गया। सामन्तों ने स्वतंत्रता

की घोषणा कर दी और राज परिवार में उत्तराधिकार का संघर्ष शुरू हो गया। 642 से 655 ई0 के मध्य चालुक्य साम्राज्य के शासन की बागडोर किसके हाथ में थी, इस विषय में कुछ भी नहीं कहा जा सकता। सम्भव है कि इस समय यहां पल्लवों का आधिपत्य स्थापित हो। अन्ततः पुलकेशिन द्वितीय के छोटे पुत्र विक्रमादित्य प्रथम ने अपने गंग नरेश के सहयोग से पल्लवों को अपने साम्राज्य से निष्कासित किया और बादामी में पुनः चालुक्यों की स्थापना की। अपने प्रतिद्वन्दियों को पराजित कर उसने सम्पूर्ण चालुक्य राज्य पर एकछत्र नियंत्रण कायम किया। संकटपूर्ण स्थितियों में जयसिंह ने अपने भाई विक्रमादित्य की अत्यधिक सहायता की थी इससे प्रसन्न होकर विक्रमादित्य ने उसे लाट का शासक बना दिया। जयसिंह ने वल्लभी नरेश शिलादित्य को पराजित किया। कुछ समय बाद विक्रमादित्य ने अपनी स्थिति मजबूत कर ली और वह पुनः अपने पूर्वजों के छिन्न–भिन्न राज्य को संगठित और सुव्यवस्थित करने में सफल हुआ। उसने रणरसिक, श्रीपृथ्वीवल्लभ, भट्टारक और महाराजाधिराज आदि उपाधियाँ ग्रहण कीं। उसके समय में चालुक्य पल्लव संघर्ष चलता रहा। पल्लव नरेश महेन्द्रवर्मन द्वितीय पराजित हुआ परन्तु महेन्द्रवर्मन के उत्तराधिकारी परमेश्वरवर्मन से उसे पराजित होना पड़ा।

विक्रमादित्य के बाद उसके पुत्र विनयादित्य ने 681 ये 696 ई0 तक शासन किया। अभिलेखों में उसे अनेक राज्यों का विजेता कहा गया है। यहां पर यह भी कहा गया हैं कि उसने कावेरी घाटी, फारस और सिंहल राजाओं से कर प्राप्त किये। उसने उत्तर भारत के सकलोततरापथनाथ को ठहराया। इस सकलोत्तरापथनाथ की पहचान नहीं हो पाई है। विनयादित्य के बाद 696 ई0 से 773 ई0 तक उसके पुत्र विजयादित्य ने शासन भार संभाला। उसने पल्लव राजधानी कांची पर आक्रमण किया और शासक परमेश्वरवर्मन को कर देने के लिए विवश किया। इसके शासनकाल में बीजापुर में शिवमन्दिर, लक्ष्मीश्वर में जैन मन्दिर बनवाया गया। ऐसा प्रतीत होता है कि यह शासक जैन धर्मानुयायी था क्योंकि उसने अनेक जैन आचार्यों को ग्रामदान भी दिये थे।

734 से 745 ईस्वी तक चालुक्य राजगद्दी पर विक्रमादित्य द्वितीय आसीन रहा इसके समय में अरबों का आक्रमण हुआ और उन्होंने

सिन्धु तथा उसके आस–पास के क्षेत्रों पर नियंत्रण स्थापित करके दक्षिण की ओर बढ़ना प्रारम्भ किया। परन्तु विक्रमादित्य द्वितीय ने उन्हें सफलतापूर्वक रोका। उसने पल्लव शासक नन्दी वर्मन को पराजित किया। वहां की राजधानी कांची को नष्ट–भ्रष्ट किया ओर जनता में अपार सम्पत्ति बांटकर अपनी राजधानी वापिस आ गया। ऐसा माना जाता है कि विक्रमादित्य ने पाण्ड्य, चोल, केरल और कलभ्रों का भी दमन किया।

इसके बाद धीरे–धीरे चालुक्य वंश पतन की ओर अग्रसर होने लगा। यद्यपि पुलकेशिन द्वितीय के बाद ही यह पतन की प्रक्रिया प्रारम्भ हो चुकी थी, इस समय चालुक्य शासक कीर्तिवर्मन द्वितीय (746 ईस्वी से 757 ई0) पाण्ड्य शासक मारवर्मन राजसिंह प्रथम से वेणवयी के युद्ध मे पराजित हुआ। इसी समय उसके सामन्त दन्तिदुर्ग ने उसके विरूद्ध विद्रोह किया और स्वयं को एक स्वतंत्र शासक घोषित किया। कीर्तिवर्मन के बाद बादामी के चालूक्यों का पूर्ण पतन हो गया।

कल्याणी के उत्तरकालीन पश्चिमी चालुक्य :

तैलप द्वितीय पश्चिमी चालुक्यों का संस्थापक माना गया है, परन्तु इसके पूर्वजों के विषय में निश्चित रूप से कुछ भी ज्ञात नहीं हैं । एक मत में कहा गया है कि तैलप बादामी के अन्तिम शासक कीर्तिवर्मन द्वितीय के चाचा का वंशज था। कीर्तिवर्मन के उत्तराधिकारियों की क्रमिक जानकारी उपलब्ध नहीं होती, परन्तु इनमें से जयसिंह नामक एक उत्तराधिकारी का उल्लेख मिलता है जो अपने राज्य के पतन के बाद गुजरात की ओर भाग गया और उसने अनहिलवाड़ा में शरण ली। कालान्तर में अनहिलवाड़ा के शासक की पुत्री के साथ उसके पुत्र मूलराज से विवाह सम्पन्न किया और वह गुजरात का प्रथम चालुक्य शासक बना। तैलप ने इस वंश की प्रतिष्ठा में वृद्धि की। इस विचार से पुष्ट होता है कि कल्याणी के चालुक्य बादामी के चालुक्यों की ही एक शाखा के वंशज थे, परन्तु अन्य विद्वानों ने इस मत को स्वीकार नहीं किया है।

तैलप द्वितीय को इस वंश का संस्थापक माना गया है जो संभवतः अपने राजवंश की स्थापना करने से पहले राष्ट्रकूट शासकों के आधीन एक सामन्त की हैसियत से काम करता था। डॉ0 अल्तेकर ने कहा है

कि इस समय हैदराबाद राज्य के उत्तरी भाग में उसका निवास था और जिस समय परमार वंश की सेनाओं ने राष्ट्रकूट राज्य पर आक्रमण किया और यहां की राजधानी मान्यखेत को तहस–नहस कर दिया, उसी समय अवसर का लाभ उठाकर तैलप द्वितीय ने राष्ट्रकूट शासक कर्क द्वितीय की हत्या कर दी और राष्ट्रकूटों के राज्य पर अपना अधिकार स्थापित कर लिया इसके बाद उसने दक्षिणी गुजरात (लाट) पर आक्रमण किया। बारप्पा को वहां का प्रान्तीय शासक बनाया उसने कुन्तल प्रदेश पर अपना अधिकार जमाया, चेदी और चोल राज्यों पर विजय प्राप्त की परमार नरेश वाग्पति मुंज के साथ उसका संघर्ष काफी लम्बे समय तक चलता रहा। वह परमार शासक से लगभग छः बार पराजित हुआ परन्तु अन्ततः उसने मुंज को बंदी बनाने में सफलता पाई और उसका सिर कटवा दिया।

तैलप के बाद 997 ई0 में उसका पुत्र सत्याश्रय सत्ता में आया जिसने 1008 ईस्वी तक राज्य किया। अपने शासनकाल में सत्याश्रय ने उत्तरी कोंकण के स्वतंत्र राज्य पर आक्रमण कर उसे अपने अधीनस्थ राज्य के रूप में स्थापित किया। उसने गुर्जर नरेश चामुण्डराज को पराजित कर अपनी प्रतिष्ठा में अभूतपूर्व वृद्धि की। परन्तु दुर्भाग्यवश परमार शासक सिद्धराज के साथ युद्ध में वह सफल न हो सका। तैलप द्वितीय ने परमारों से जो क्षेत्र प्राप्त किये थे, वे पुनः परमारों के अधिकार में चले गये। सत्याश्रय को चोलों के साथ भयंकर संघर्ष करना पड़ा। इस समय चोलवंश में राजराज चोल नामक एक शक्तिशाली शासक राज्य कर रहा था। इस समय वेंगी के पूर्वी चालुक्य भी उसके नियन्त्रण में थे। यह स्थिति सत्याश्रय के लिए असहनीय थी इसलिए उसने 1006 ई0 में वेंगी पर आक्रमण कर दिया। राजराज ने अपने पुत्र राजेन्द्र प्रथम को पश्चिमी चालुक्य राज्य पर आक्रमण करने के लिए भेजा। राजेन्द्र ने सम्पूर्ण चालुक्य साम्राज्य को रौंद डाला। भयानक हत्याकाण्ड किये। ऐसी स्थिति में सत्याश्रय को विवश होकर अपनी सेनाएं वेंगी से वापिस बुलानी पड़ी, परन्तु अपने अथक प्रयासों से सत्याश्रय राजराज को पराजित करने और तुन्गभद्रा तक के प्रदेश पर अपना नियन्त्रण स्थापित करने में सफल हो सका।

सत्याश्रय की मृत्यु के बाद उसका भतीजा विक्रमादित्य पंचम शासक बना। इसने 1008 से 1014 ई0 तक राज्य किया। दक्षिण कौशल की विजय इसके शासनकाल की एक महत्वपूर्ण उपलब्धि मानी गयी है। इस समय यहां पर महाभवगुप्त द्वितीय शासक बना हुआ था। एक अभिलेख से जानकारी मिलती है कि विक्रमादित्य से सेनापति के विजय ने दक्षिणी कौशल पर विजय पाई।

विक्रमादित्य के बाद लगभग एक वर्ष तक उसके छोटे भाई अययण ने शासन किया। 1015 में विक्रमादित्य का सबसे छोटा भाई जयसिंह द्वितीय गद्दी पर बैठा। उसके शासनकाल में परमार नरेश भोज ने चालुक्यों पर आक्रमण किया और लाट तथा उत्तरी कोंकण के प्रदेशों पर अधिकार कर लिया। कुछ समय बाद जयसिंह ने अपने खोये हुए प्रदेश पुनः प्राप्त किये। जयसिंह को राजेन्द्र चोल से भी संघर्ष करना पड़ा। वह वेंगी के चालुक्य वंश पर से चोल प्रभाव को समाप्त करना चाहता था। यही कारण है कि उसने विजयादित्य सप्तम् को वेंगी का शासक बनाने की योजना बनाई। दूसरी ओर राजेन्द्र चोल किसी भी स्थिति में वेंगी के चालुक्यों पर से अपने प्रभाव को समाप्त नहीं होने देना चाहता था। इसलिए उसने जयसिंह द्वितीय के विरूद्ध राजराज का पक्ष लिया। जयसिंह ने तगुंभद्रा नदी को पार कर चोल राज्य पर आक्रमण किया। बेलोरी और गंगवाड़ी के प्रदेश उसके अधिकार में आ गये। दूसरी ओर जयसिंह के प्रत्याशी विजयादित्य सप्तम् ने वेंगी पर आक्रमण कर दिया और विजयवाड़ा का कुछ भाग अपने अधिकार में ले लिया। इससे असन्तुष्ट होकर राजेन्द्र चोल ने मासकी के युद्ध में जयसिंह को हराया और तुंगभद्रा नदी तक का सम्पूर्ण क्षेत्र उससे प्राप्त किया। इसके बाद राजराज वेंगी का शासक बना। जयसिंह द्वितीय के शासनकाल में शत्रुओं ने भी अनेक विद्रोह किये परन्तु उसने इन विद्रोही सामन्तों का दमन करने में पूर्ण सफलता प्राप्त की।

इसके बाद सोमेश्वर द्वितीय कल्याणी के सिंहासन पर बैठा। इसने एक हजार तयालीस ईस्वी से एक हजार अड़सठ ईस्वी तक राज्य किया। उसके सम्पूर्ण राज्यकाल में वह संघर्षरत रहा सर्वप्रथम उसने मालवा के परमार वंश के शासक भोज पर आक्रमण करके उसे आत्मसमर्पण के

लिए विवश किया। इस घटना के कुछ समय बाद पूर्वी चालुक्य नरेश भीम और कलचुरीशासक कर्ण ने मालवा पर संयुक्त आक्रमण किया और अधिकार स्थापित कर लिया तब सोमेश्वर प्रथम ने भोज की सहायता के लिए अपने पुत्र विक्रमादित्य षष्ठ को एक विशाल सेना के सथ मालवा भेजा। कल्चुरी और पूर्वी चालुक्य शासक पराजित हुए और भोज के उत्तराधिकारी जयसिंह का मालवा के शासक के रूप में अभिषेक हुआ। सोमेश्वर ने लाट और गुजरात के शासकों पर आक्रमण कर उन्हें अपने आधीन स्थापित किया। इसके बाद इसका ध्यान मध्य भारत की ओर गया और उसने निश्चय किया कि वह मध्य भारत तक अपने साम्राज्य का विस्तार करेगा। इसके परिणामस्वरूप विदर्भ, मध्य प्रदेश के कुछ भाग, कौशल और कलिंग इसके द्वारा जीत लिए गए और यहां पर सोमेश्वर प्रथम का नियंत्रण स्थापित हो गया। उसने चित्रकूट के शाासक धारावर्ष को अपनी आधीनता मानने के लिए विवश किया।

सोमेश्वर प्रथम के शासनकाल में भी चोलों और चालुक्यों के बीच परम्परागत शासन–संघर्ष चलता रहा। वेंगी के चालुक्य राज्य में इन दोनों राजवंशों को संघर्ष का कारण प्रदान किया। उल्लेखनीय है कि वेंगी के उत्तराधिकार के प्रश्न को लेकर ये दोनों राजवंश परस्पर संघर्षरत हो गये क्योंकि ये दोनों ही वेंगी पर अपने समर्थक को नियुक्त कर अपने–अपने प्रभाव क्षेत्र को बढ़ाना चाहते थे। सोमेश्वर प्रथम ने अपने पूर्वजों के समान विजयादित्य सप्तम् का समर्थन किया और राजराज को पद से हटाकर विजयादित्य को सिंहासन पर बिठाने के लिए एक शक्तिशाली सेना वेंगी की ओर रवाना कर दी। चोल नरेश राजेन्द्र प्रथम उसकी इस कार्यवाही से क्रोधित हो उठा। उसने भी राजराज का समर्थन किया और अपने पुत्र राजाधिराज को एक विशाल सेना के साथ वेंगी की ओर रवाना किया युद्ध के दौरान राजेन्द्र प्रथम वीरगति को प्राप्त हुआ और उसका पुत्र राजाधिराज शासक बना। इसने भी चालुक्यों के साथ संघर्ष जारी रखा और धान्यकटक के युद्ध में सोमेश्वर के पुत्र विक्रमादित्य को पराजित कर वेंगी से उसके प्रत्याशी विजयादित्य को भगा दिया। इस विजय के बाद राजाधिराज ने सोमेश्वर के राज्य पर आक्रमण किया। अनेक युद्धों में उसे पराजित करके उसने कोल्लीपाक्कई दुर्ग और काम्पीली के राजप्रासाद

को नष्ट कर दिया। चोल सेना ने चालुक्य राजधानी कल्याणी को भी अपने नियंत्रण में ले लिया परन्तु चोलों की यह सफलता क्षणिक स्थाई हुई। सोमेश्वर ने कुछ समय बाद एक बार फिर चोलों पर आक्रमण कर उन्हें अपने राज्य से बाहर निकालने में सफलता प्राप्त की। उसने वेंगी पर आक्रमण किया और वहां के शासक राजराज को अपनी अधीनता स्वीकार करने को विवश किया। सोमेश्वर ने न केवल चोलों का दमन किया अपितु उनकी राजधानी कांची पर भी आक्रमण किया।

चोल नरेश राजाधिराज और युवराज राजेन्द्र द्वितीय ने अपनी पराजयों का बदला लेने के लिए सोमेश्वर के विरूद्ध युद्ध किया। यह युद्ध कोप्पम नामक स्थान पर हुआ जिसमें राजाधिराज की मृत्यु हुई और विजय राजेन्द्र द्वितीय को मिली। राजराज की मृत्यु के बाद (वेंगी शासक) सोमेश्वर ने एक बार फिर अपने समर्थक विजयादित्य सप्तम के पुत्र शक्तिवर्मन को वेंगी का सिंहासन दिलवा दिया । उसकी सुरक्षा और सहायता के लिए चामुण्डराज को भेजा गया। ऐसी स्थिति में राजेन्द्र द्वितीय चुप न रह सका। उसकी सेनाओं ने चामुण्डराज और शक्तिवर्मन की हत्या कर दी। चोल सेना ने पुनः गंगवाड़ी पर अपना नियंत्रण स्थापित किया। वेंगी के समान राजेन्द्र प्रथम ने उत्तरी कोंकण के उत्तराधिकार के युद्ध में भी हस्तक्षेप किया और अपने प्रत्याशी को गद्दी दिलवाने में सफलता पाई, परन्तु उसकी यह विजय क्षणिक सिद्ध हुई। कुछ समय बाद ही अनन्तपाल नामक राजकुमार ने यहां से चालुक्यों के प्रभाव का उन्मूलन करके अपने राज्य की स्वतंत्रता घोषित कर दी। सोमेश्वर ने अपने पूर्वज चालुक्यों की राजधानी मान्यखेत को त्याग दिया और कल्याणी को अपने राज्य की नयी राजधानी बनाया। उसने अपनी इस राजधानी को अपनी अद्भुत कला प्रियता के कारण अनेक प्रकार से सुसज्जित कराया। 1068 ई0 में दीर्घकालीन अस्वस्थता की स्थिति से परेशान होकर उसने आत्महत्या कर ली।

निःसन्देह सोमेश्वर प्रथम चालुक्य वंश का एक महत्वपूर्ण शासक हुआ। भयंकर संकट के समय में भी उसने धैर्य से काम लिया और अन्ततः सफलता प्राप्त की। दक्षिण भारत के अलावा उत्तर भारत के विजय अभियानों में भी वह सफल रहा। उसके सन्दर्भ में शास्त्री ने लिखा है

कि इस प्रकार चालुक्य वंश के एक महानतम शासक का अन्त हो गया।[2] वस्तुतः अपने सम्पूर्ण शासनकाल में वह वेंगी पर अपना नियन्त्रण रखने में सफल सिद्ध हुआ और उत्तर भारत की महान शक्तियों परमारों, गुर्जर और प्रतिहारों को भी कुछ काल तक अपनी आधीनता में रखा। यद्यपि उसे अनेक बार अपने मुंह की खानी पड़ी परन्तु वह जीवन पर्यन्त अनवरत प्रयासो के साथ चोलों के विरूद्ध युद्ध करता रहा। वह जितना बड़ा वीर योद्धा था, उससे बड़ा कूटनीतिज्ञ था, क्योंकि यदि वह ऐसा न होता तो वह इतने अधिक राज्यों पर इतने अधिक समय तक अपना प्रभाव न जमा सकता और उसने ऐसी सैनिक सफलता का परिचय न दिया होता जिसका चमत्कार अद्वितीय था।

सोमेश्वर प्रथम के बाद उसका बड़ा पुत्र सोमेश्वर द्वितीय गद्दी पर बैठा। विक्रमादित्य षष्टम ने इसके राज्यारोहण का विरोध किया ओर अपनी स्थिति को मजबूत करने के लिए उसने चोल शासक वीर राजेन्द्र की पुत्री के साथ विवाह कर लिया। परिणामतः राजेन्द्र प्रथम का समर्थन उसे प्राप्त हो गया। उसने शीघ्र ही सोमेश्वर द्वितीय पर आक्रमण करके विक्रमादित्य षष्टम को एक स्वतंत्र शासक बनाया परन्तु कुछ समय बाद चोल साम्राज्य में ही राजेन्द्र की मृत्यु के बाद आन्तरिक कलह का युग प्रारम्भ हुआ। इस युद्ध में विक्रमादित्य षष्टम ने अधिराजेन्द्र का समर्थन किया और उसे सिंहासन प्रदान किया परन्तु कुछ समय बाद ही जनता के विद्रोह के अन्तर्गत अधिराजेन्द्र मारा गया। 1070 ई0 में राजेन्द्र द्वितीय सिंहासनासीन हुआ और कुल्लोत्तुंग के नाम से राज्य संचालन करने लगा। सोमेश्वर द्वितीय ने अवसर का लाभ–उठाकर अपने भाई विक्रमादित्य की शक्ति को क्षीण करने के लिए कुल्लोत्तुंग से मैत्री सम्बन्ध स्थापित किये इसके परिणामस्वरूप कुल्लोत्तुंग ने गंगवाडि के क्षेत्रों पर नियन्त्रण स्थापित किया। परन्तु कुछ समय बाद ही विक्रमादित्य ने सोमेश्वर द्वितीय को पराजित करके स्वयं को चालुक्य शासक बना दिया।

इस प्रकार सोमेश्वर द्वितीय के बाद विक्रमादित्य षष्टम्, सोमेश्वर तृतीय, जगदेकमल्ल द्वितीय, तैल तृतीय और सोमेश्वर चतुर्थ क्रमशः चालुक्य वंश के शासक बने। 1190 ई0 में सोमेश्वर चतुर्थ की मृत्यु के बाद कल्याणी के पश्चिमी चालुक्य वंश की शक्ति क्षीण हो गई।

वेंगी के पूर्वी चालुक्य

चालुक्य वंश की तीसरी शाखा वेंगी के पूर्वी चालुक्यों के रूप में प्रसिद्ध है। उल्लेखनीय है कि बादामी के पश्चिमी चालुक्य नरेश पुलकेशिन द्वितीय ने जिस समय पिष्टपुर के शासक को हराकर वहां पर अपने भाई विष्णुवर्द्धन को सामन्त के रूप में नियुक्त किया था, उसी समय इन पूर्वी चालुक्यों की तीसरी शाखा का उदय हुआ। कुछ समय बाद विष्णुवर्द्धन ने आन्ध्रप्रदेश में ही अपने स्वतंत्र राजवंश की स्थापना की और वेंगी को अपनी राजधानी के रूप में स्थापित कर वह शासन का संचालन करने लगा। वेंगी के पूर्वी चालुक्यों ने लगभग 500 वर्षों तक दक्षिणापथ का राज्य किया।

वेंगी के चालुक्यवंश की समुचित स्थापना का कार्य विष्णुवर्धन ने सम्पन्न किया। इसने 621 ई0 से लेकर 643 ई0 तक वेंगी के शासक के रूप में कार्य किया। विष्णुवर्धन के बाद उसका पुत्र महाराज जयसिंह प्रथम गद्दी पर बैठा। इसी के राज्यकाल के दौरान बादामी की मूल चालुक्य शाखा पर पल्लव शासक नरसिंहवर्मन प्रथम का आक्रमण हुआ। युद्ध में चालुक्य नरेश पुलकेशिन द्वितीय वीरगति को प्राप्त हुआ और बादामी की गद्दी पल्लव वंश के हाथों में चली गयी। जयसिंह ने पृथ्वीवल्लभ, पृथ्वीजयसिंह और सर्वासिद्धि नामक उपाधियां धारण की।

जयसिंह प्रथम के बाद उसका भाई इन्द्रवर्मन जिसे इन्द्रराज, इन्द्रभट्ट्राज, इन्द्रमहाराज या इन्दुराज भी कहा गया है वेंगी की गद्दी पर बैठा। उसने सिंहविक्रम और त्यागधेनु उपाधियां धारण की परन्तु दुर्भाग्यवश वह केवल एक सप्ताह तक शासन कर सका। इसके बाद इन्द्रवर्मन का पुत्र विष्णुवर्धन द्वितीय शासक बना। उसने 662 से 671 ई0 तक राज्य किया और प्रलयादित्य विषमसिद्धि तथा मकरध्वज जैसी उपाधियां धारण कीं। 672 से 696 के बीच वेंगी की गद्दी पर मंगि युवराज बैठा जो विष्णुवर्धन द्वितीय का पुत्र था। इसने सर्व लोकाश्रय और विजयसिद्धि उपाधियां धारण की। 696 में जयसिंह द्वितीय अपने पिता की ही उपाधियों के साथ वेंगी की गद्दी पर बैठा। इसके शासनकाल में इसका भाई विजयादित्यवर्मन मध्यम कलिंग में प्रान्तपति के रूप में कार्य

कर रहा था, परन्तु कुछ समय बाद ही उसने जयसिंह द्वितीय के विरूद्ध अपनी स्वतंत्रता घोषित कर दी।

709 ई0 में जयसिंह द्वितीय का सौतेला भाई कोक्किल्ल–विक्रमादित्य शाासक बना। यह विजयसिद्धि के नाम से भी प्रसिद्ध है। इसका शासनकाल केवल 6 माह तक कायम रह सका। कोक्किल्ल विक्रमादित्य के बड़े भाई विष्णुवर्द्धन तृतीय ने उसके विरूद्ध विद्रोह कर दिया और उससे राज्य छीन लिया। विष्णुवर्द्धन तृतीय ने 709 से 746 ई0 के बीच राज्य किया और स्वयं को समस्त भुवनाश्रय, त्रिभुवनांकुश और विषमसिद्धि जैसी उपाधियों से अलंकृत किया। इसके राज्य का कुछ भाग निशाधराज पृथ्वीव्याघ्र के हाथों में चला गया परन्तु शीघ्र ही उसके सेनापति उदयचन्द्र ने इस प्रदेश को फिर से प्राप्त करने में सफलता पाई।

विष्णुवर्द्धन तृतीय के बाद उसका पुत्र वियादित्य प्रथम 746 से 764 ई0 वेंगी के राजसिंहासन पर प्रतिष्ठित हुआ। इसके शासनकाल में बादामी के चालुक्यों पर राष्ट्रकूट के शासक दन्तिदुर्ग तथा उसके चाचा कृष्ण प्रथम ने आक्रमण किये जिससे बादामी की चालुक्य शाखा का अन्त हो गया और राष्ट्रकूटों के स्वतंत्र वंश का उदय हुआ।

विष्णुवर्द्धन चतुर्थ 764 से 799 ई0 के बीच वेंगी में शासन कर रहा था। राष्ट्रकूट शासक कृष्णप्रथम ने अपने पुत्र गोविन्द द्वितीय के नेतृत्व में एक सेना वेंगी पर आक्रमण करने के लिए भेजी। विष्णुवर्द्धन चतुर्थ हार गया और उसने राष्ट्रकूटों के समक्ष समर्पण कर दिया। इसी समय राष्ट्रकूट वंश में गोविन्द द्वितीय और उसके छोटे भाई ध्रुव के बीच उत्तराधिकार का संघर्ष हुआ। विष्णुवर्द्धन ने गोविन्द द्वितीय का पक्ष लिया। परन्तु युद्ध में गोविन्द परास्त हुआ। विजय प्राप्त करने के बाद ध्रुव ने अपने विरोधी भाई के सहयेागी होने के कारण विष्णुवर्द्धन पर आक्रमण किया। शीघ्र ही विष्णुवर्द्धन ने उसकी आधीनता स्वीकार कर ली। और अपनी पुत्री शीलमहादेवी का विवाह उसके साथ सम्पन्न कर दिया।

इसके बाद विजयादित्य द्वितीय का राज्याभिषेक हुआ परन्तु उसके अभिषेक के तुरन्त बाद उसके भाई भीमसालुक्कि ने उसके विरूद्ध विद्रोह उत्पन्न किया। राष्ट्रकूट शासक गोविन्द तृतीय ने भीमसालुक्कि का पक्ष लिया। परिणामस्वरूप विजयादित्य हार गया और उसके स्थान

पर भीमसालुक्कि वेंगी का शासक बना, परन्तु 814 ई० के लगभग जब गोविन्द तृतीय की मृत्यु हो गई और उसका पुत्र अमोघवर्ष राष्ट्रकूटों की गद्दी पर बैठा तब उसकी अल्पवयस्कता के कारण राष्ट्रकूट राज्य में सर्वत्र अव्यवस्था फैल गयी। विजयादित्य द्वितीय ने अराजकता के इस युग में भीमसालुक्कि से वेंगी का राज्य पुनः छीन लिया इसके बाद उसने राष्ट्रकूट राज्य पर आक्रमण करके स्तम्भ नगरको समाप्त कर दिया। कुछ समय बाद अपनी शक्ति को संगठित करने के बाद अमोघवर्ष ने अपने सामन्त गुजरात के गवर्नर कर्क की सहायता से चालुक्यों को विंगवल्ली के युद्ध में हराकर अपने राज्य से बाहर निष्कासित कर दिया। ऐसा अनुमान है कि विजयादित्य को नागभट्ट द्वितीय नामक एक शासक से भी संघर्ष करना पड़ा जो कि गुर्जर प्रतिहार वंश का शासक था।

विजयादित्य द्वितीय की मृत्यु के बाद 843 से 844 के बीच वेंगी के राज सिंहासन पर विष्णुवर्द्धन पंचम बैठा। इसका शासन डेढ़ वर्ष तक ही कायम रह सका। 844 ई० में विजयादित्य तृतीय का राज्याभिषेक हुआ। यह वेंगी के चालुक्य वंश का एक योग्यतम शासक सिद्ध हुआ। इसने पल्लवों को हराकर नेल्लूर नगर पर नियंत्रण स्थापित किया पाण्ड्यों पर विजय प्राप्त की और नालम्ब राज्य (मैसूर) के राजा मगि को हराकर उसे मौत के घाट उतार दिया। उसने गंगबाड़ी पर आक्रमण करके वहां के शासक नीतीमार को मैत्रीपूर्ण संधि के लिए बाध्य किया। यहां तक कि राष्ट्रकूट नरेश कृष्ण द्वितीय भी उसका सामना नहीं कर सका। किरणपुर के युद्ध में कृष्ण द्वितीय विजयादित्य तृतीय से पराजित हुआ। इस विजय के परिणामस्वरूप विजयादित्य ने अचलपुर नगर को जो कि राष्ट्रकूट राज्य का अंग था, पूरी तरह से भस्म कर दिया। परिणामतः राष्ट्रकूट शासक कृष्ण द्वितीय ने भाग कर कल्चुरी नरेश शंकरगन के यहां आश्रय लिया। इसने चालुक्य सामन्त बड्डेग को भी हराया और दक्षिणी कौशल के राजा को हराकर उससे अनेक हाथी प्राप्त किये। इस प्रकार विजयादित्य वेंगी की चालुक्य शाखा का एक महान योद्धा सिद्ध हुआ।

888 ई० में विजयादित्य का भतीजा भीम प्रथम शासक बना। इसके शासन–काल में कृष्ण द्वितीय ने वेगी के विशाल क्षेत्र पर अपना नियंत्रण स्थापित करने में सफलता पाई। युद्ध में भीम को बंदी बना लिया गया।

परन्तु शीघ्र ही उसे छोड़ भी दिया गया। स्वतंत्र होते ही भीम ने राष्ट्रकूटों के विरूद्ध पुनः युद्ध छेड़ दिया और सफलता पाई। भीम ने निर्वध्यपुर और पेरूवंगूरू के युद्धों में कृष्ण द्वितीय को हराया। इसने सर्वलोकाश्रय, त्रिभुवनांकुश और परमब्रह्मण्य जैसी उपाधियां स्वीकार की। इसने 918 ई0 तक राज्य किया।

भीम प्रथम की मृत्यु के बाद उसका पुत्र विजयादित्य चतुर्थ शासक बना। उसने छः माह तक शासन किया और बिरजापुरी के युद्ध में राष्ट्रकूटों से संघर्ष करता हुआ वीरगति को प्राप्त हुआ।

इसके बाद 919 से 926 के बीच अम्म, 926 में विजयादित्य पंचम और ताल प्रथम, 927 और 928 में विक्रमादित्य द्वितीय, 928 में भोज द्वितीय 929 से 935 तक युद्धमल्ल द्वितीय 931 से 946 तक भीम तृतीय, 946 से 956 तक अम्म द्वितीय आदि शासक वेंगी की राजगद्दी पर बैठे। इनमें से कोई भी शासक अधिक योग्य नहीं था और न ही अधिक समय तक शासन कर सका। जल्दी जल्दी सत्ता में परिवर्तन होने के कारण वेंगी के पूर्वी चालुकयों की शाखा तेजी से पतन की ओर बढ़ने लगी। अम्म द्वितीय के बाद बादक, ताल द्वितीय, अम्म द्वितीय, डानाईव, चोड़भीम और शक्तिवर्मन आदि ने लगभग 1011 ई0 तक वेंगी पर राज्य किया। 1063 ई0 में जब कुल्लोतुंग चोल वेंगी की गद्दी पर बैठा उस समय चोल और चालुक्य राज्यों को परस्पर मिला लिया गया क्योंकि कुल्लोतुंग चोल और चालुक्य विवाह के परिणामस्वरूप उत्पन्न हुआ, ऐसा शासक था जिसमें चोल रक्त की प्रधानता थी। यही कारण है कि इसने स्वयं को चोल शासक के रूप में घोषित किया।

दक्षिण भारत का इतिहास

बादामी के चालुक्य

- जयसिंह प्रथम
  - रणराज
    - पुलकेशिन प्रथम 543/4–566
      - कीर्तिवर्मन प्रथम 566/7–597/8
        - पुलकेशिन द्वितीय 601/10–642
          - चन्द्रादित्य
          - आदित्यवर्मा
          - विक्रमादित्य 654/5–681
            - विनयादित्य 681–696
              - विजयादित्य 696–733/34
                - विक्रमादित्य द्वितीय 733/4–744/45
                  - कीर्तिवर्मन द्वितीय744/5–755
          - जयसिंह
          - अम्बेरा
        - विष्णुवर्द्धन
        - जयसिंह
      - मंगलेश517/8–601/10

तीन राज्यों का संघर्ष

दक्षिण भारत का इतिहास

कल्याणी के चालुक्य

1. तैल द्वितीय विवाह गोन्थादेवी (973–997ई0)

2. सत्याश्रय इरिववेडग (997–1008 ई0)

दशवर्मन विवाह भाग्यवती

महादेवी वि0 इडिवनोलम्बादिराज

3. विक्रमादित्य पंचम (1008–15 ई0)

4. आय्यन (1015 ई0)

अक्कादेवी

5. जयसिंह द्वितीय (1015–42 ई0)

6. सोमेश्वर प्रथम (1042–1068 ई0)

7. अवल्लदेवी वि0 सेजना भिल्लम तृतीय

8.सोमेश्वर द्वितीय (1068–76 ई0)

9. विक्रमादित्य (1076–1126 ई0)

10. जयसिंह तृतीय

11. जयकर्ण

12. सोमेश्वर तृतीय (1926–38 ई0)

13. पेरमा जगदेकमल्ल द्वितीय (1138–55ई0)

14. तैलप तृतीय (1949/50–63ई0)

15. जगदेकमल्ल तृतीय (1163–83 ई0)

16 सोमेश्वर चतुर्थ (1184–1200ई0)

पूर्वी चालुक्य

1. कुंज विष्णुवर्धन (624–641)

2. जयसिंह प्रथम

3. इन्द्र भट्टारक (673 ई0)

4. विष्णुवर्धन द्वितीय (673–682ई0)

5. भंगी युवराज (682–706 ई0)

6. जयसिंह द्वितीय (706–718 ई0)

8. विष्णुवर्धन तृतीय (719–755)

7. कोक्किली (719 ई0)

9. विजयादित्य प्रथम (755–72)

10. विष्णुवर्धन चतुर्थ (772–808)

11. विजयादित्य द्वितीय (808–847)

भीमसलुकी

नप रूद्र

12. कलि विष्णुवर्धन पंचम (847–849)

13. गुणग विजयादित्य तृतीय (841–92)

विक्रमादित्य प्रथम

युद्धमल्ल प्रथम

14. चालुक्य भीम प्रथम (892–921 ई0)

16. तैल प्रथम (927 ई0)

15. विजयादित्य चतुर्थ (921 ई0)

17. विक्रमादित्य द्वितीय (927–28 : 11महीने)

बादप

24. तैल द्वितीय

पूर्वी चालुक्य

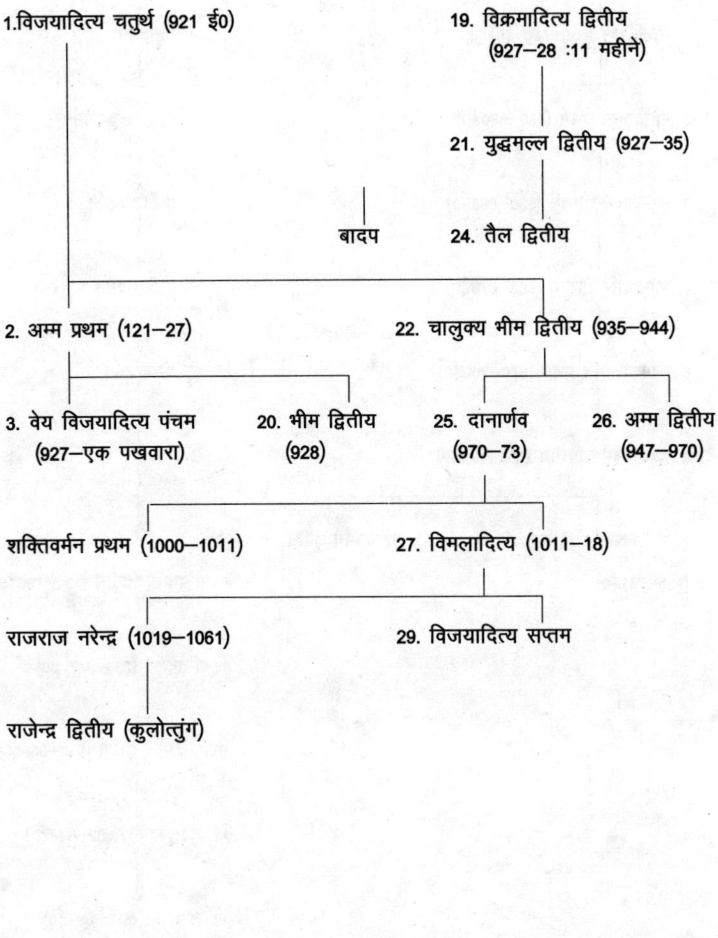
1.विजयादित्य चतुर्थ (921 ई0)
19. विक्रमादित्य द्वितीय (927–28 :11 महीने)
21. युद्धमल्ल द्वितीय (927–35)
बादप
24. तैल द्वितीय
2. अम्म प्रथम (121–27)
22. चालुक्य भीम द्वितीय (935–944)
3. वेय विजयादित्य पंचम (927–एक पखवारा)
20. भीम द्वितीय (928)
25. दानार्णव (970–73)
26. अम्म द्वितीय (947–970)
शक्तिवर्मन प्रथम (1000–1011)
27. विमलादित्य (1011–18)
राजराज नरेन्द्र (1019–1061)
29. विजयादित्य सप्तम
राजेन्द्र द्वितीय (कुलोत्तुंग)

पल्लव

सिंहवर्मन(550–660 ई0)

1. सिंहविष्णु (560–580 ई0)
2. महेन्द्रवर्मन प्रथम (580–630ई0)
3. नरसिंहवर्मन प्रथम (630–668ई0)
4. महेन्द्रवर्मन द्वितीय (668–670ई0)
5. परमेश्वरवर्मन प्रथम (670–700ई0)
6. नरसिंहवर्मन द्वितीय (700–728ई0)
7. परमेश्वरवर्मन द्वितीय (728–731ई0)

महेन्द्रवर्मन तृतीय

भीमवर्मन

बुद्धवर्मन

आदितयवर्मन

गोविन्दवर्मन

हिरण्यवर्मन

8. नन्दिवर्मन द्वितीय (731–796ई0)
9. दन्तिवर्मन (796–847 ई0)
10. नन्दिवर्मन तृतीय (846–869ई0)
11. नृपतुपंवर्मन (869–896ई0)
12. कंपवर्मन (870–897ई0)
13. अपराजित (885–903ई0)

पल्लव वंश

दक्षिण भारत की संस्कृति और इतिहास में छठी शती ई0 के उत्तरार्द्ध से लेकर दसवीं शती ई0 के पूर्वार्द्ध तक के चार सौ वर्षों के काल का महत्त्वपूर्ण स्थान है। इस अन्तराल में दक्षिण भारत ने न केवल बादामी के चालुक्यों, कांची और मदुरै के पाण्ड्यों का राजनैतिक उत्थान देखा वरन् उसने तमिल देश में नायनारों और आलवारों सन्तों के मध्य वैष्णव और शैव मतावलम्बियों की तीव्र प्रतिस्पर्धा का भी अवलोकन किया। लेकिन इस साम्प्रदायिक प्रतिस्पर्धा और राजनैतिक संघर्ष के दौर में भी बौद्धिक सन्दर्भ में कई सकारात्मक परिणाम उभर कर आए और इसका अनुकूल प्रभाव कला, वास्तुकला, शिल्पकला और चित्रकला पर भी पड़ा। इन बड़ी शक्तियों के संघर्ष मे छोटी शक्तियां भी तटस्थ नहीं रह पाई और उन्होंने भी राजनैतिक धरातल पर महत्वपूर्ण भूमिका का निर्वहन किया। इन लघु शक्तियों में चालुक्यों और पल्लवों के प्रभाव क्षेत्र के मध्य में अस्तित्वमान तेलुगु–चोल, पल्लवों और पाण्ड्यों के राज्य के मध्य स्थित मुतरैयार और चालुक्यों के राज्य के दक्षिण तथा पल्लव राज्य के पश्चिम में स्थित गंग राजाओं का उल्लेख किया जा सकता है। इन अहम् राजनैतिक शक्तियों का अपने राजनैतिक प्रभुत्व वाले क्षेत्रों में कला और वास्तुकला के विकास में महत्वपूर्ण योगदान है। वस्तुतः इन शासकों की पारस्परिक प्रतिस्पर्धा का अनुकूल प्रभाव कला पर प्रमुख रूप से पड़ा और बृहद् तथा स्थाई तौर से पाषाण जैसी ठोस सामग्री से शैव और वैष्णव धार्मिक संरचनाओं का निर्माण किया गया। शैव और वैष्णवमत के प्रभाव में विस्तार के पर्यन्त भी जैन धर्म अपने आप को इस क्षेत्र में अस्तित्वमान रखने में सफल रहा लेकिन बौद्ध धर्म संक्रमण की इस अवसथा मे अपने को पूरे प्रयासों के बाद भी बचाकर नहीं रख पाया।

भौगोलिक और राजनैतिक दोनों दृष्टि से कांची के पल्लवों ने सत्ता को अपनी परिधि में ही केन्द्रित रखा। उनके अधीन संरक्षित कला में पहली बार स्थानीय आधार पर उपलब्ध विविध पाषाण खण्डों को कला में माध्यम के रूप में प्रयुक्त किया गया।

कांची में पल्लव सत्ता की गौरवपूर्ण उपस्थिति को साकार करने का श्रेय सिंहवर्मा और उसके पुत्र सिंहविष्णुवर्मन या अवनिसिंह को जाता है जिसका उल्लेख पल्लनकोइल दानपत्र और समकालीन गंग तथा चालुक्य राजाओं की दान घोषणाओं में मिलता है। अभिलेखों के अनुसार सिंहविष्णु, प्रथम पल्लव शासक था जिसने पल्लवों के प्रभाव को दक्षिण में त्रिचिरापल्ली तक विस्तृत किया। गंग शासक अवनित (539–609 ई0) के होसकोट दानपत्र के आधार पर सिंहविष्णु और उसके पुत्र महेन्द्रवर्मन को, उसका समकालीन माना जा सकता है। महेन्द्रवर्मा ने अपने पिता के प्रभाव को कलाभरों, मलयों, चोलों, पाण्ड्यों और सिंहलों को पराभूत कर सुदूर कावेरी तक विस्तृत किया। इसकी पुष्टि पल्लव नरेश नन्दीवर्मा के नौवीं शती ई0 के अभिलेख में होती है जहां कुम्भकोनम तालुक के लिए सिंहविष्णु 'चतुरवेदिमंगलम्' का उल्लेख किया गया है। सिंहविष्णु के वैष्णव मत के प्रति समर्पित होने का साक्ष्य नन्दीवर्मा के उदैन्द्रियम दानपत्र में भी मिलता है[1]। नन्दीवर्मा द्वितीय उसके लिए स्पष्टतः 'भक्तयाराधिता विष्णु सिंहविष्णु' का उल्लेख करता है। उसकी माँ द्वारा एक जैन मन्दिर के प्रतिष्ठित करने और गंग शासक अवनित द्वारा मन्दिर को दान दिए जाने का भी उल्लेख मिलता है। हालांकि यहां इन दोनों के मध्य के सम्बन्धों का उद्घाटन नहीं हो पाता। सिंहवर्मा के शासनकाल में ही कांची में जिन वर्धमान के मन्दिर के अस्तित्व का साक्ष्य भी उपलब्ध होता है[2]।

सिंहविष्णु के पुत्र महेनद्रवर्मन प्रथम (580–630 ई0) की गणना पल्लव वंश के महत्वपूर्ण शासकों में की जाती है। उसके समय के पाषाण खण्डों पर लिखित अभिलेख बड़ी संख्या में मिले हैं। संस्कृत में लिखित मंदगपट्टु अभिलेख में उसे, तमिलनाडू में शैल कर्तित वास्तुकला के प्रादुर्भावकर्ता के रूप में स्वीकार किया गया है। उसके अभिलेख या तो उसकी सवकिरंजाति, मट्टविलास, गुणाभार, ललितांकुर, शत्रुमल्ल जैसी उपाधियों को समेटे हुए हैं या फिर उसके द्वारा कर्तित कराई गई मन्दिर गुहाओं के साथ उसके विरूदों का उल्लेख लिए हुए है। उसके लिए व्यवहृत उपाधियों में पसराम्बु, पिसुगु, वेण्टुलुविट्ट जैसी कतिपय उपाधियाँ तेलुगु देश से उसके निकट सम्बन्ध को प्रशस्त करती है जबकि कुर्रम्बु,

चित्रकरपुलि, वंचवल्लव जैसी कुछ उपाधियाँ उसके द्वारा इस सन्दर्भ में तमिल परम्परा को स्वीकार किए जाने की ओर संकेत करती है।

महेन्द्र के समय पल्लवों और चालुक्यों तथा पल्लवों और पाण्ड्यों के मध्य शत्रुता के नए दौर का सूत्रपात हुआ जो उनके उत्तराधिकारियों द्वारा अगली डेढ़ शताब्दी तक अनवरत जारी रहा। इस बैर भाव के परोक्ष में मुख्य कारण निश्चित ही चोलनाडु को लेकर इन शक्तियों में पनप रही महत्वाकांक्षा थी। चालुक्य नरेश पुल्केशिन द्वितीय के ऐहोले अभिलेख में पल्लव नरेश की पराजय और उसके द्वारा कांची में जाकर शरण लेने का उल्लेख मिलता है। कसुकुडि पत्र के अनुसार महेन्द्रवर्मन की कांची के निकट पुल्लालुर में चालुक्यों को दी पराजय का विवरण उपलब्ध होता है यद्यपि यहां पराजित राजा के नाम का उल्लेख नहीं किया गया। महेन्द्रवर्मन के त्रिचिरापल्ली गुहा–अभिलेख में उसके द्वारा अपने अभियान के अंत में अपने राज्य को कावेरी के दक्षिण में विस्तृत करने का विवरण मिलता है।

दक्षिण भारत में महेन्द्रवर्मन का शासन उसके द्वारा धार्मिक और बौद्धिक क्षेत्र में अर्जित उपलब्धियों की दृष्टि से अधिक महत्वपूर्ण है। उसने स्वयं ही मट्टविलास प्रहसन नामक नाटक की रचना की थी। उसके समय में कांची में जैन धर्म के साथ–साथ बौद्ध धर्म भी फल–फूल रहा था, जिसका विवरण ह्वेन सांग के विवरण में कांची में एक बौद्ध विहार की उपस्थिति के दृष्टान्त को देखकर लगाया जा सकता है। एक समय अप्पर और सम्बंदर, दो शैव सन्तों के उसके समकालीन होने का विश्वास किया जाता था। मूलतः वह एक जैन मतावलम्बी था और आरम्भ में अन्य मतों के प्रति द्वेष भाव रखता था। पेरियपुरानाम के अनुसार उसे शैव अनुयायी बनाने का मुख्य श्रेय अप्पर को था[3] जो शैव धर्म का कट्टर अनुयायी था। परवर्ती काल के ग्रन्थों में उसके द्वारा आधुनिक कुदलुर के निकट पाटलिपुत्र में जैन विहार संरचनाओं के ध्वंस किए जाने के उल्लेख के आधार पर उसकी धार्मिक आस्था में परिवर्तन को परिलक्षित किया जा सकता है।

महेन्द्रवर्मन प्रथम के बाद उसके पुत्र नरसिंहवर्मन प्रथम (630–668 ई0) ने सत्ता की बागडोर सम्भाली। उसका शासनकाल पल्लव सत्ता के

चरमोत्मर्ष का परिचायक है। उसने चालुक्यों की राजधानी वातापि को पराभूत कर 'वातापिकोण्डा' की तमिल उपाधि धारण की। इसी आधार पर उसकी तुलना अगस्त्य से की गई जिन्होंने वातापि नाम के दानव का संहार किया था। परमेश्वरवर्मन के कुर्रम दानपत्र[4] उदैयन्द्रियम पत्र[5] और कसकुड्डि[6] पत्र वातापि पर उसकी विजय के दावे की पुष्टि करते हैं। उसने अपने सेनापति चिरूत्तोण्डा के नेतृत्व में श्रीलंका के लिए एक नौसैन्य अभियान भी प्रेषित किया और चालुक्य राजा पुल्केशिन को तीन अवसरों पर पराजित किया। बादामी में मल्लिकार्जुन मन्दिर के पीछे उसके शासन के 13 वें वर्ष में प्रतिष्ठित पाषाण अभिलेख के अनुसार उसकी इस विजय की तिथि 639–643 ई0 के मध्य निर्धारित की जा सकती है। पुलकेशिन की मृत्यु के पर्यन्त पल्लवों ने चालुक्यों के राज्य के दक्षिणी भाग को अपने अधिकार में रखा । नरसिंहवर्मा द्वारा श्रीलंका के शासक मानवम्मा को पुनः प्रतिष्ठित करना इसलिए भी आवश्यक था, क्योंकि उसने चालुक्यों के विरूद्ध उसके संघर्ष में उसकी सहायता की थी। विक्रमादित्य के गडवाल दानपत्र और मानवम्मा सत्तारोहण के आधार पर उसका काल लगभग 630–668 ई0 के मध्य निर्धारित किया जाता है।

नरसिंहवर्मन को चोलों, चेरों, कालाभरों और पाण्ड्यों को परास्त करने का श्रेय दिया जाता है हालांकि इन विजयों का विस्तृत विवरण उपलब्ध नहीं है। **तोण्डैनाडु** के दक्षिण से उसका कोई भी अभिलेख अभी तक नहीं मिला है ; जिससे यह धारणा बनती है कि इस समय तक चोलनाडु पाण्ड्यों के नियंत्रण में आ गया था। चीनी यात्री हवेन सांग के विवरणों में जिनसे कांची के इतिहास को जानने में सहायता मिलती है। महाबलिपुरम के शैल कर्तित स्मारकों का वैविध्य और विशेषता, इस क्षेत्र में उसके द्वारा प्रदर्शित विशेष रूचि और दिए गए प्रश्रय को जीवंत करते हैं। प्रसिद्ध जैन विद्वान **सामंतभद्र** और बौद्ध प्रवचनकर्ता **धर्मकीर्ति** भी संभवतः इस काल में द्रविड़ देश में ही निवास करते थे।

नरसिंहवर्मन प्रथम की मृत्यु के पश्चात् उसका पुत्र **महेन्द्रवर्मन द्वितीय** शासक बना। अपने पाँच वर्ष के संक्षिप्त कार्यकाल में उसने अपने पूर्ववर्तियों की कला परम्परा को क्रियान्वित रखा। उसका शासन काल शान्ति और समृद्धि का काल था। **कशाकुडि दानपत्र** से ज्ञात होता

है कि उसने एक घटिका (विद्वान ब्राह्मणों की संस्था) के लिए दान की व्यवस्था की थी।

महेन्द्रवर्मन द्वितीय के पुत्र तथा उत्तराधिकारी **परमेश्वरवर्मन प्रथम** (672–700 ई0) के समय एक बार फिर पल्लवों और चालुक्यों के मध्य संघर्ष का नया दौर प्रारम्भ हो गया।

गहड़वाल दानपत्र से ज्ञात होता है कि चालुक्य शासक **विक्रमादित्य** ने उसके राज्य पर आक्रमण किया और कांची में प्रवेश कर परमेश्वरवर्मन को भागने के लिए बाध्य कर दिया। विक्रमादित्य ने उसका पीछा कावेरी नदी के तट तक किया और **उरैयुर** नामक स्थान पर अपना सैन्य शिविर स्थापित किया। लेकिन दृढ़ संकल्प तथा शक्ति के स्वामी परमेश्वरवर्मन ने अपने दृढ़ साहस का परिचय देते हुए एक बड़ी सेना का गठन किया और विक्रमादित्य के सहायक गंगनरेश **भूविक्रम** को **विलन्दे** में चुनौती दी ; किन्तु वह परास्त हो गया। अपनी इस असफलता से प्रेरणा ग्रहण करते हुए उसने शत्रु पक्ष को दिग्भ्रमित करते हुए एक **सैन्य टुकड़ी चालुक्य** राजा के विरूद्ध भेजी और स्वयं **पेरूवडनतलूर** नामक स्थान पर **विक्रमादित्य** की सेना को परास्त करने में सफल रहा। उसकी दूसरी सैन्य टुकड़ी ने विक्रमादित्य के पुत्र और पौत्र **विनयादित्य** तथा **विजयादित्य** को परास्त किया। अंततः चालुक्य नरेश पल्लव राज्य को छोड़कर अपनी राजधानी को लौटने के लिए बाध्य हो गया। उसकी इसी विजय का उल्लेख **कुर्रम लेख** में मिलता है, जिसके अनुसार **'परमेश्वरवर्मन ने विक्रमादित्य को,' जिसकी सेना में लाखों सैनिक थे केवल अकेले एक जीर्ण वस्त्र पहने हुए ही रणभूमि से भागने के लिए बाध्य कर दिया।'** कतिपय अन्य लेखों में उल्लेख मिलता है कि उसने **पेरूबलनल्लुर** के युद्ध में **बल्लभ** को परास्त कर दिया और **रणरसिक** की सेना के पंक को सुखा दिया तथा उसकी नगरी का मानमर्दन किया। यहाँ बल्लभ से अभिप्राय विक्रमादित्य तथा नगरी से तात्पर्य बादामी से है। परमेश्वरवर्मन शैव मतानुयायी था और उसने **लोकादित्य, एकमल्ल, रणंजय, अत्यंतकाम, उग्रदण्ड** तथा **गुणभाजन** जैसी उपाधियाँ धारण की थीं।

उसके काल में स्मारकों के निर्माण का जो सापेक्ष अभाव मिलता है उसके परोक्ष में मुख्य कारण उसका निरंतर युद्ध में व्यस्त रहना प्रतीत होता है। इसके पर्यन्त भी उसके हिस्से में महाबलिपुरम में गणेशरथ, रामानुज और धर्मराज मण्डप के सृजन और द्रौपदी तथा अन्य रथों के साथ आदि–वराह गुहा के निर्माण को पूर्ण कराने का श्रेय जाता है। उसके काल के अन्तिम चरण में मन्दिरों में पाषाण निर्मित धार्मिक प्रतिमाओं को पहले आधारशिला और फिर भित्ति पर जीवंत करने की कलात्मक परम्परा का सूत्रपात हुआ। विशेष तौर से शैव स्मारकों में **सोमस्कन्द** की प्रतिमा का कलांकन प्रायः किया गया। संभवतः उसी के काल में द्रौपदी रथ में दुर्गा की प्रतिमा का सृजन किया गया। परमेश्वरवर्मन प्रथम के समय में ही सबसे पहले ग्रेनाइट के शिलाखण्डो पर विमान का निर्माण के प्रयास किए गए। कुर्रम स्थित शैव मन्दिर और **चिर्रम्बक्कम अभिलेख** में ऐसे प्रयासों का विवरण उपलब्ध होता है।

परमेश्वरवर्मन के बाद उसका पुत्र **नरसिंहवर्मन द्वितीय** राजसिंह सातवीं शताब्दी ई0 में सत्तारूढ़ हुआ। वह **अतिरानचंदा, समरधनंजय, अत्यंतकाम** और **जनसागर** जैसी उपाधियाँ धारण करता था। उसके काल में पल्लव–चालुक्य संघर्ष में कुछ समय के लिए ठहराव की स्थिति आई जिसका अनुकूल प्रभाव कला और साहित्य के क्षेत्र पर पड़ा। उसके द्वारा निर्मित स्थापत्य संरचनाओं में कांचीपुरम स्थित **कैलाशनाथ मन्दिर** एक अनुपमेय उपलब्धि है। इसके अतिरिक्त ऐरातेश्वर मन्दिर, महाबलिपुरम का शोर मन्दिर और **पनमलाई** स्थित तलग्रिशवरा मन्दिर भी मन्दिर वास्तुकला के क्षेत्र में कलाजगत को उसकी बहुमूल्य देनें है। उसे **नागापट्टनम** में एक बौद्ध विहार के निर्माण का भी श्रेय दिया जाता है। उसने महाबलिपुरम के निकट **सालुवनकुप्पम** में दो गुहाओं का उत्खनन करवाकर, इस कलात्मक परम्परा को जीवंत रखा। उसकी रानी **रंगपताका** ने कांचीपुरम स्थित कैलाशनाथ मन्दिर में एक देवालय की स्थापना करवाई। कवि दण्डिन उसके समकालीन थे।

महेन्द्रवर्मन तृतीय और परमेश्वरवर्मन द्वितीय, जो कालक्रम में नरसिंहवर्मन द्वितीय के पश्चात् आते हैं, ने भी कांची के कैलाशनाथ मन्दिर में कुछ संयोजन किए। महेन्द्रवर्मन तृतीय ने संभवतः संयुक्त रूप

से युवराज के रूप में 720–728 ई0 तक शासन किया। संभवतः उसे ही वैकुण्ठ पेरूमल मन्दिर के 18 वें पटल पर अंकित किया गया है। गंग राजा **श्रीपुरूश** (725–788 ई0) कांची के राजा का वध करने के बाद पल्लव छत्र को धारण करने का दावा करता है। अभिलेख में 'कडुवेट्टि' का जो उल्लेख किया गया है, वह संभवतः महेन्द्रवर्मन तृतीय ही है।

नरसिंहवर्मन द्वितीय और **महेन्द्रवर्मन तृतीय** के पश्चात् **परमेश्वरवर्मन द्वितीय ने** 728 ई0 में पल्लव शासन की बागडोर संभाली। 731 ई0 में चालुक्य राजा विक्रमादित्य द्वारा कांची पर किये गए आक्रमण और परमेश्वरवर्मन द्वितीय की मृत्यु के कारण कांची में अराजकता और संशय के वातावरण का सूत्रपात्र हुआ।

नन्दीवर्मन द्वितीय पल्लवमल्ल ने 731–716 ई0 के मध्य 65 वर्षों तक की दीर्घ अवधि तक कांची पर शासन किया। उसने अभिलेखों में शासन के वर्ष का उल्लेख करने की परम्परा को पुर्नजीवित किया और पल्लव राज्य की सीमा को चोलनाडु के दक्षिण तक विस्तृत किया। लेकिन उसे अपने शासन काल में ही, विक्रमादित्य द्वितीय के कांची पर आक्रमण की घटना का गवाह बनना पड़ा। इस युद्ध में विक्रमादित्य द्वितीय ने नन्दीवर्मन द्वितीय को परास्त कर, उसे कांची को छोड़कर भागने के लिए विवश कर दिया। लेकिन विक्रमादित्य द्वितीय ने राजनैतिक सुहृदयता और अतिशय उदारता का परिचय देते हुए न केवल कांची के प्रतिशोधजन्य विध्वंस की अपनी इच्छा का दमन किया वरन् कैलाशनाथ मन्दिर को विशद् स्वर्ण दान देकर उसने कांचीवासियों के अन्तःकरण में अपनी श्रद्धेय छवि प्रतिपादित की।

नन्दीवर्मा, जिसे राज्याभिषेक से पूर्व परमेश्वर और पल्लवमल्ल के नाम से भी जाना जाता है, विष्णु का उपासक था। प्रसिद्ध वैष्णव सन्त **तिरूमंगै–अलवार** के बारे में माना जाता है कि वे नन्दीवर्मा के समकालीन थे। युद्धों में अपनी सक्रियता के बाद भी नन्दीवर्मा ने कांची में **वैकुण्ठपेरूमल, मुक्तेश्वर और मतंगेश्वर मन्दिरों का निर्माण करवाया। उदैन्द्रियम दानपत्र** में उसके द्वारा अश्वमेध यज्ञ सम्पन्न किए जाने का उल्लेख मिलता है।

नन्दीवर्मा के बाद दन्तिवर्मन ने सत्ता को नियंत्रित किया। उसके पश्चात् संभवतः उसका पुत्र सिंहासन पर बैठा। उसके बाद पल्लव वंशक्रम के सन्दर्भ में दुरूहता देखने को मिलती है। **अपराजितवर्मन,** जो उसका उत्तराधिकारी था ने पाण्ड्य राजा **वरगुन द्वितीय** से सफल युद्ध किया। लेकिन दुर्भाग्यवश यह विजय पल्लव राजवंश के गौरवपूर्ण इतिहास का अंतिम अध्याय सिद्ध हुई। आर0 गोपालन के अनुसार **'चोल राजा आदित्य ने पल्लव राजा अपराजित को पराजित कर दिया और पल्लव राज्य का अपने राज्य में विलय कर लिया।'** अपराजित की मृत्यु के बाद पल्लव राज्य पूरी तरह से चोलों के नियंत्रण में आ गया।

सन्दर्भः

1. ई0हुल्त्ज़, 'साउथ इण्डियन इस्क्रिप्शन्स', पृ0 74, 11,120
2. के0आर0 श्रीनिवासन, 'पल्लवस् ऑफ कांची : फेस वन' पृ0 23
3. टी0वी0 महालिंगम 'तिरूनवुक्करसुपुरानाम' : सर्ग 146
4. वही 'कांचीपुरम इन साउथ इण्डियन हिस्ट्री' : (बुलेटिन ऑफ दि स्कूल ऑफ ओरियण्टल स्टडीज, भाग 5) पृ0 75
5. ई0 हुल्त्ज़, 'वही' : पृ0 144—55
6. वही भाग 2, पृ0 356 और 366

दो साम्राज्यों का संतुलन

चोल

विजयालय – 846–871

आदित्य प्रथम– 871–907

परांतक प्रथम – 907–955

राजादित्य 941

मण्डरादित्य 949–951

अरिजय 956–947

मघुरांतक उत्तम चोल
970–985

परांतक द्वितीय 956–973
(सुन्दरचोल)

आदित्य द्वितीय (करिकाल)

राजराज
985–1016

राजेन्द्र प्रथम 1021–1044

राजाधिराज
1018–1054

राजेन्द्रदेव द्वितीय
1042–1064

वीर राजेन्द्र
1063–1069

अधिराजेन्द्र
1067 / 8–1070

कुंदवा विवाहित
विमलादित्य

अम्मनगादेवी–विवाहित

राजराज नरेन्द्र

मधुरान्तकी–विवाहित–कुलोतृंग प्रथम 1070–1118

राजराज

मुम्मदी चोल

वीर चोल

विक्रम चोल

1118–9135

कुलोतुंग द्वितीय 1133–1150

राजराज द्वितीय 1146

चोल वंश

चोल वंश का उदय नवीं शताब्दी में हुआ और कालान्तर में इसने एक विशाल क्षेत्र पर अपना अधिकार स्थापित करने में सफलता प्राप्त की। चोल शासकों ने समुद्र को पार कर श्री लंका और मालद्वीपों पर भी अपना अधिकार स्थापित किया। कुछ समय के लिए उन्होने कलिंग देश और तुंगभद्रा नदी के द्वार के प्रदेश पर भी शासन किया। उनके पास एक शक्तिशाली नौसेना थी जिसके माध्यम से उन्होंने दक्षिणपूर्वी एशिया के देशों में अपने प्रभाव को बढ़ाया। यह सत्य है कि चोल साम्राज्य में दक्षिण भारत के इतिहास में एक ऐसे युग की शुरूआत की जिसमें राजनीति के साथ–साथ सांस्कृतिक विकास भी अपने चरमोत्कर्ष पर पहुंच गया।

अपनी प्रारंभिक कठिनाइयों का समाधान करने के बाद चोल शासकों ने लगभग 12वीं शताब्दी तक राज्य किया और देश को एक स्थायी शासन व्यवस्था प्रदान की। कुछ इतिहासकारों की मान्यता है कि चोल शासन दक्षिण भारत के स्वर्ण युग की ओर संकेत करता है।

उत्पत्ति– चोल वंश की उत्पत्ति के विषय में विद्वानों ने भिन्न–भिन्न मत प्रस्तुत किये हैं। कुछ विद्वानों ने कहा है कि चोल शब्द तमिल भाषा के चुल शब्द से बना है। चुल का अर्थ होता है घूमने वाला। जो संभवतः अपने प्रारंभिक जीवन में चोलों के भ्रमशील होने का संकेत करता है। कुछ इतिहासकारों ने चोल शब्द की उत्पत्ति संस्कृत के 'चौर' शब्द से मानी है और यह प्रतिपादित करने का प्रयास किया है कि चोरी के द्वारा अपना जीवन चलाने के कारण ये राज सत्ता प्राप्त करने पर चोर कहलाये। इसके विपरीत कुछ विद्वानों ने इसकी उत्पत्ति तमिल भाषा के चोलम् (बाजरा) शब्द से मानी है और कहा है कि ये जिस प्रदेश के निवासी रहे होंगे, वहाँ पर बाजरा प्रमुख रूप से उत्पन्न किया जाता होगा। इसलिए इन्हें चोल कहा गया है। कुछ विद्वान चोल शब्द को पोल का बदला हुआ रूप मानते है और यह मत प्रस्तुत करते हैं कि प्रारम्भ में दक्षिण की सभी प्राचीन जातियों को पोल कहा जाता था। इसके आधार पर चोल अनार्यों के वंशज और दक्षिण भारत के मूल निवासी प्रतीत होते हैं यदि चोल वंश के अभिलेखों की ओर ध्यान दिया जाए तो यह प्रतीत होता है कि

अनेक चोल शासकों ने स्वयं को सूर्यवंशी क्षत्रिय घोषित किया है। इसके आधार पर यह माना गया है कि ये उत्तरभारत के आर्यों के वंशज थे। इनकी जाति क्षत्रिय थी। कालान्तर में कुछ विशेष कारणों से ये दक्षिण की ओर चले गये। उपर्युक्त सभी मतों में इतना वैविध्य है कि किसी भी एक निष्कर्ष पर पहुंचना कठिन है। अन्य स्रोतों से भी इनकी उत्पत्ति के विषय में कोई निश्चित जानकारी नहीं मिलती। यही कारण है कि चोल शासकों की उत्पत्ति विवाद का विषय बनी हुई है।

मूल स्थान– विभिन्न स्रोतों के आधार पर यह निष्कर्ष निकाला गया है कि चोल दक्षिण भारत के मूल निवासी थे। इनका उदय कावेरी नदी के क्षेत्र में हुआ। जिस में त्रिचनापल्ली और तंजौर के दुर्ग विशेष रूप से शामिल थे। तंजौर उनकी राजधानी थी। और काबेरोद्दनम उनका प्रमुख बंदरगाह था जहां से वे विदेशों के साथ संबंध स्थापित करने में सफल रहे थे।

प्राचीनता– चोल वंश का सर्वप्रथम उल्लेख महाभारत में मिलता है। इससे स्पष्ट होता है कि ये भारत का एक अत्यन्त प्राचीन वंश था। चन्द्रगुप्त मौर्य के समय में आये यूनानी यात्री मेगस्थनीज ने भी इसका उल्लेख किया है। कुछ इतिहासकारों ने यह भी कहा है कि बिन्दुसार ने चोलों पर विजय प्राप्त करने का असफल प्रयास किया था। अशोक के अभिलेखों में भी सीमान्त राज्यों के रूप में चोलों का (चोड़ो) उल्लेख मिलता है। कुछ विद्वानों ने चोड़ो शब्द को बहुवचन माना है और यह मत व्यक्त किया है कि चोड़ों के दो पृथक राज्य स्थापित थे। टोलमी ने भी इसका उल्लेख किया है[1]। पेरीप्लस ने अपने ग्रंथ में चोलप्रदेश के बंदरगाहों का उल्लेख किया है।[2]

उदय– चोल साम्राज्य का संस्थापक विजयालय था। जो प्रारंभ में कांची में राज्य कर रहे पल्लव वंश का एक अधीनस्थ सामंत था। 850 ईस्वी में पांड्य शासक के साथ संघर्ष करके इसने तंजौर पर अधिकार कर लिया। 897 ईस्वी तक आते–आते वह इतना अधिक शक्ति सम्पन्न हो गया कि उसने पल्लव शासक को पराजित कर उसे मौत के घाट उतारने में सफलता प्राप्त की। और सम्पूर्ण तोड–मंडल पर अपना अधिकार स्थापित कर लिया। इसके बाद पल्लव वंश का पतन हो गया। अपने उदय काल

में चोलों को अपने साम्राज्य की स्थापना करने लिए राष्ट्रकूटों से कठोर संघर्ष करना पड़ा। 949 ईस्वी में कृष्ण तृतीय नामक राष्ट्रकूट शासक ने परान्तक प्रथम नामक चोल शासक को पराजित किया और चोल साम्राज्य के सम्पूर्ण उत्तरी भाग पर अपना अधिकार प्राप्त कर लिया। इससे चोल शक्ति को पर्याप्त आघात पहुँचा, परन्तु उन्होंने शीघ्र ही 965 ईस्वी में कृष्ण तृतीय की मृत्यु के बाद जबकि राष्ट्रकूट साम्राजय पतन की ओर अग्रसर होने लगा, अपनी स्थिति को पुर्नगठित कर लिया।

राजनीतिक इतिहास

ऐसा माना जाता है कि जिस समय 850 ईस्वी विजयालय ने चोल वंश की स्थापना की थी, उससे पूर्व ही लगभग द्वितीय शताब्दी में करिकाल और नेदुयुदिकिल्लि नामक दो शासकों ने शासन किया । तमिल ग्रंथों में करिकाल को एक वीर योद्धा कहा गया है। अनेक ग्रन्थों से प्राप्त होता है कि उसकी बढ़ती हुई शक्ति को देखकर पांड्य और चेर आदि दक्षिण के वंशों ने उसके विरूद्ध एक रक्षात्मक संघ का निर्माण किया, परन्तु करिकाल ने अपनी वीरता से वेष्णि के युद्ध में उन सभी को पराजित किया। और अपनी पुत्री आदिनन्दि का विवाह चेर राजकुमार अत्ति के साथ सम्पन्न किया। इसके आधार पर यह अनुमान लगाया गया कि उसने युद्ध के बाद चेर वंश के साथ मैत्रीपूर्ण संबंध स्थापित किये। पट्टिनपप्पालई नामक तमिल कविता से ज्ञात होता है कि करिकाल ने ओलियर अरूवालर और इरूगोवेल वंशों के विरूद्ध भी विजय प्राप्त की । उसने लंका पर आक्रमण किया और वहाँ से लगभग 12 हजार मुनष्यों को बंदी बनाकर चोल राज्य में ले आया। इन मुनष्यों की सहायता से उसने पुहार नामक नगर का दुर्गीकरण कराया और सारे तमिल देश पर अपना प्रभाव स्थापित किया[3]। तमिल साहित्य से ज्ञात होता है करिकाल ने वनों को साफ करवा कर कृषि योग्य भूमि का विस्तार किया, सिंचाई हेतु तालाबों और नहरों का निर्माण कराया। बाढ़ की रोकथाम के लिए कावेरी नदी पर बांध बनाये और पुरानी राजधानी ओथोंरा को छोड़कर काबेरी षड्डिनम् को अपनी राजधानी बनाया। वह ब्राह्मण धर्म समर्थक तथा अन्य अनेक यज्ञों का संपादक था।

उसके बाद उसका पुत्र नेदुयुदिकिल्लि शासक बना। अपनी अयोग्यता के कारण यह पांड्यों और चेदो के आक्रमण का सामना नहीं कर सका। पल्लवों की बढ़ती हुई शक्ति ने भी इसके पतन का मार्ग प्रशस्त किया। इस समय उसकी नौसेना भी निर्बल हो गयी। और समुद्री डाकुओं ने भी उसकी राजधानी को तहस नहस कर दिया। ऐसा प्रतीत है कि लगभग 7वीं शताब्दी तक चोल एक अधीनस्थ शक्ति के रूप में विद्यमान रहे। और सर्वप्रथम 850 ईस्वी के लगभग **विजयालय** ने अपने वंश की प्रतिष्ठा की पुर्नस्थापना की । यह पल्लवों के सामंत के रूप में कार्य कर रहा था, परन्तु इसने अपनी शक्ति का विस्तार किया और पांड्यों से तंजौर प्रदेश छीनकर, वहां दुर्गा के मंदिर का निर्माण कराया। इसने संभवतः 850 से 871 ईस्वी तक राज्य किया। इसके बाद चोल वंश के निम्नलिखित शासकों ने राज्य किया। राजराज चोल और राजेन्द्र प्रथम के नेतृत्व में चोल वंश अपने चरमोत्कर्ष पर पहुंच गया।

आदित्य प्रथम– (871 से 907 ईस्वी)– विजयालय के बाद उसका पुत्र आदित्य प्रथम शासक बना। यह भी पल्लवों का सामंत था। इस समय उसे पांड्य नरेश बरगुणवर्मन द्वितीय के आक्रमण का सामना करना पड़ा । परन्तु पल्लवों और गंगों की सहायता से उसने इस आक्रमण को निष्फल बना दिया। पूर्ण स्वतंत्रता प्राप्त करने के लिए उसने पल्लव वंश के विरूद्ध विद्रोह कर दिया। पल्लव शासक अपराजित को मौत के घाट उतार कर सम्पूर्ण पल्लव राज्य पर अपना नियंत्रण स्थापित कर लिया। इस प्रकार चोल साम्राज्य की सीमांए राष्ट्रकूट साम्राज्य की सीमाओं को स्पर्श करने लगीं। उसकी वीरता से प्रभावित होकर गंग नरेश पृथ्वीपति द्वितीय ने आदित्य प्रथम की आधीनता मान ली। इस समय आदित्य ने पांड्य नरेश परान्तक वीर नारायण पर आक्रमण कर उसे पराजित किया ओर उससे कोंगू प्रदेश प्राप्त किया। राष्ट्रकूट शासक कृष्ण द्वितीय की पुत्री के साथ उसने विवाह किया और चेर वंश के साथ मैत्री पूर्ण संबंध स्थापित किये। उसने अपने पुत्र परान्तक का विवाह चेर शासक स्थाणुरवि की पुत्री के साथ सम्पन्न किया। यह शैव धर्म का अनुयायी था। इसने कावेरी नदी के तट पर अनेक शिव मंदिरों का निर्माण कराया।

परान्तक प्रथम–(907 से 955 ईस्वी) यह एक वीर शासक था। जिसने 48 वर्ष तक राज्य किया 910ई0 के लगभग उसने पाण्ड्य शासक राजसिंह को पराजित किया और उसके राज्य पर अपना अधिकार स्थापित कर लिया। राजसिंह को भागकर श्रीलंका में शरण लेनी पड़ी। बाणों वेदुम्बों पर भी उसने विजय प्राप्त की पल्लव शक्ति का उन्मूलन किया ओर अपने साम्राज्य का विस्तार दक्षिण में नेल्लौर तक किया। अपने शासनकाल के अंतिम चरण में इसने राष्ट्रकूट नरेश कृष्ण तृतीय से भयंकर संघर्ष किया। प्रारंम्भ में इसे सफलता नहीं हुई। कुछ इतिहासकारों का मत है कि द्वितीय संघर्ष में इसने कृष्ण तृतीय को परास्त किया और 'वीर चोला' की उपाधि धारण की। परन्तु अधिकांश इतिहासकार यह मानते हैं कि इस संघर्ष में परान्तक को सफलता नहीं मिली। कृष्ण तृतीय ने उसके राज्य के कांची और तंजौर जैसे महत्वपूर्ण क्षेत्रों पर अधिकार करके रामेश्वरम तक अपनी सत्ता का विस्तार किया। और चोल राज्य को छिन्न भिन्न कर दिया। परान्तक शिव का उपासक था। इसके समय में विद्वान वेंकट माधव ने ऋग्वेद पर टीका लिखी। इसने त्रिचन्नापल्ली में कोरंगनाथ का प्रसिद्ध मंदिर बनवाया।

अंधकार काल– परान्तक प्रथम की मृत्यु के बाद लगभग 30 वर्ष का समय चोल वंश का अंधकार काल माना गया है। कृष्ण तृतीय के द्वारा चोल साम्राज्य के छिन्न–भिन्न होने के बाद चोलवंश में कोई भी ऐसा शासक नहीं हुआ जो अपने इस राज्य को पुनः संगठित कर सका। परान्तक के बाद उसके पुत्र **गंदरादित्य** ने दो वर्ष तक, **अरिंजय** ने एक वर्ष, **सुन्दर चोल परान्तक द्वितीय** ने 957 से 973 ई. तक राज्य किया सुन्दर चोल इन सभी शासकों में अपेक्षाकृत कुछ योग्य था। पांड्य शासक वीर को परास्त किया और लंका नरेश पर विजय प्राप्त करने का असफल प्रयास किया। 969 ई. में गंदरादित्य के पुत्र उत्तम चोल ने परान्तक द्वितीय के पुत्र और युवराज आदित्य द्वितीय की हत्या कर दी और स्वयं को राज्य का उत्तराधिकारी घोषित किया। इस समय राष्ट्रकूटवंश में पतन की शुरूआत हो चुकी थी। यही कारण है कि अवसर का लाभ उठाकर चोलवंश ने अपने खोये हुए राज्य के प्रदेशों के फिर से प्राप्त करने की प्रक्रिया शुरू कर दी। उत्तम चोल ने लगभग 985 ई. तक राज्य किया।

राज्य का चरमोत्कर्षः राजराज चोल (985 से 1014 ई.)– राजराज ने चोलवंश को पुनः गौरव और गरिमा प्रदान की। अपने राज्यारोहण के समय उसने राजराज की उपाधि धारण की थी और कालान्तर में यह इसी नाम से प्रसिद्ध हुआ। इसने लगभग 30 वर्ष तक राज्य किया और अपनी योग्यता के आधार पर अपने पूर्वजों के छिन्न–भिन्न राज्य को संगठित कर उसका विस्तार किया। उसके समय मे चोल राज्य का बहुमुखी विकास हुआ। और वह अपने चरमोत्कर्ष पर पहुंच गया। वास्तव में राजराज के शासन के प्रारम्भ में चोलवंश के इतिहास में एक वैभवशाली युग की शुरूआत होती है। इसने अपने शासनकाल में चेरो, पांड्यो, पोल्लभ तथा कुर्ग, लंका, गणराज्यों, कलिंग, विभिन्न द्वीपों आदि पर आक्रमण किया और सफलता प्राप्त की। चालुक्यों के साथ भी उसका भयंकर संघर्ष हुआ। इन युद्धों के द्वारा उसने अपने पूर्वजों के साम्राज्य को अत्यधिक विस्तृत रूप प्रदान किया।

राजराज ने अपना प्रथम सैनिक अभियान केरल देश के विरूद्ध आयोजित किया और कांदलूर–शालैक–कलमरूत्त उपाधि धारण की। जिसका उल्लेख उसके शासन के चौथे वर्ष के बाद के अभिलेखों में मिलता है। उल्लेखनीय है कि केरल और पांड्य देशों में इसके शासन के आठवें वर्ष के बाद अभिलेख मिलते हैं। इसके पूर्व से नहीं[4]। अतः इस विषय में निश्चित रूप से कुछ नहीं कहा जा सकता कि यह उपाधि उसने केरल विजय से पहले धारण की या बाद में।

तिरूवालंगाडु ताम्र–पत्र से ज्ञात होता है कि राजराज ने अपना विजया अभियान दक्षिण से प्रारम्भ किया। यहाँ पर पांड्य शासक अमरभुजग के बन्दी बनाये जाने का भी उल्लेख किया गया है। हम पहले यह बता चुके हैं कि किसी भी आक्रमण के समय प्रायः पांड्य, केरल और सिंहल देश चोलों के विरूद्ध हो जाया करते थें। यह संघ संभवतः राजराज के समय में भी विद्यमान था और यही कारण है कि इन ताम्र–पत्रों में पांड्य और चेरों के बीच उसके अभियान को दक्षिणी युद्ध का नाम दिया गया है। इस समय चेरवंश का शासक भाष्कररवि तिरूवडि था जिसके शिलालेख त्रावणकोर से मिले हैं।

इसके बाद राजराज ने कोल्लम तथा कुर्ग पर आक्रमण करके विजय प्राप्त की। और इन क्षेत्रों को अपने साम्राज्य में मिला लिया। उसकी कोलम विजय का उल्लेख तंजौर शिलालेखों में मिलता है। इस शिलालेख में उसने चेर और पांड्यों को मलेनाडु (पर्वतीय प्रदेश) में हराने का दावा भी किया है। ऐसा माना गया है कि यह अभियान 1008 ई. से पूर्व आयोजित किया गया था[5]। राजराज के शासन के 14वें और 16वें वर्ष के शिलालेखों से ज्ञात होता है कि कुड मलैनाडु पर अपना अधिकार किया था। परन्तु इन शिलालेखों में उदगै पर उसके नियन्त्रण का उल्लेख नहीं है। इन शिलालेखों में कहा गया है कि राजराज ने पांड्य वंश के शासकों को ऐसे समय में पराजित किया जबकि वे अपने वैभव के चरमात्कर्ष पर थे। इससे स्पष्ट होता है कि मलैनाडु का दुर्ग प्रथम युद्ध के दौरान उसके द्वारा नहीं जीता गया।

तिरूमंगल नामक रचना की प्रस्तावना में प्रारम्भ से ही श्री लंका को (ईलम्) राजराज के विजित प्रदेशों में शामिल किया गया है। यह कहा गया है कि उसने उग्र सिंहलों से ईलमडलम् को प्राप्त किया और वह आठों दिशाओं में प्रसिद्ध हो गया[6]। उसके शासन के 29 वें वर्ष के अभिलेख से ज्ञात होता है कि उसने तंजौर में जिस मंदिर का निर्माण करवाया उसे कार्य संचालन के लिए श्रीलंका स्थित अनेक गांव दान में दिये[7]। तिरूवालंगाडु ताम्र–पत्र में उसकी श्रीलंका विजय का अच्छा वर्णन किया है। ऐसा माना गया है कि उसने महेन्द्र पंचम के समय में लंका पर आक्रमण किया। इस युद्ध में महेन्द्र पंचम पराजित हुआ और अपनी राजधानी को छोड़कर दक्षिण पूर्वी लंका की ओर भाग गया। राजराज ने पोलोन्नरूव को श्रीलंका में अपने अधिकृत प्रदेशों की राजधानी बनाया। पोलान्नरूव का नाम बदलकर जननाथमंगलम रखा गया उसके अनेक शिलालेख श्रीलंका से प्राप्त हुए है। इस विजय के बाद राजराज ने श्रीलंका में एक शिव मंदिर का निर्माण करवाया। यह मंदिर पोलोन्नरूव के प्राचीन नगर की प्राचीरों के भीतर स्थित ग्रेनाइट और चूने पत्थर से बना हुआ था। इसके अतिरिक्त राजराज चोल ने गंगापाडि पनोलंबपाडि और तडिगैपाडि पर भी विजय प्राप्त की और इन्हें चोल साम्राज्य का अंग बनाया। उल्लेखनीय है कि ये सभी प्रदेश मैसूर राज्य में स्थित थे।

ऐसा प्रतीत होता है कि चालुक्य विजय से पहले उसने इन प्रदेशों पर भी विजय प्राप्त की।

उसने अपनी सशक्त नौसेना के माध्यम से मालद्वीप तथा कुछ अन्य द्वीपों पर भी विजय प्राप्त की।

अपने शासन के अंतिम वर्षों में राजराज को चालुक्यों के साथ संघर्ष करना पड़ा। इस समय चालुक्यों की दो शाखाएं भारत में राज्य कर रही थीं–पश्चिमी शाखा और पूर्वी शाखा। पश्चिमी शाखा नर्मदा ओर तुंगभद्रा नदियों के मध्यवर्ती प्रदेश पर राज्य कर रही थी और इसकी राजधानी मान्यखेट थी। राजराज के समय में सत्याश्रय यहां का प्रशासक था। पूर्वी शाखा इस समय दक्षिण पथ में राज्य कर रही थी और इसकी राजधानी वेंगी थी। सर्वप्रथम राजराज ने पश्चिमी चालुक्यों से संघर्ष किया। उल्लेखनीय है कि 992 ई. के एक शिलालेख में पश्चिमी चालुक्य शासक तैलप द्वितीय चोल शासक पर विजय प्राप्त करने और उससे 150 हाथी छीनने का दावा करता है। ऐसी स्थिति में यह नहीं माना जा सकता है कि राजराज पश्चिमी चालुक्यों की बढ़ती हुई शक्ति से उदासीन रहा होगा। अपने शासनकाल के एक पर्वतीय शिलालेख मे राजराज स्पष्ट रूप से घोषणा करता है कि सत्याश्रय को पराजित कर (जो तैलप द्वितीय का उत्तराधिकारी था) उसके राजकोष पर अपना अधिकार कर लिया। और उसका एक भाग तंजौर के महान् मंदिर को दान में दे दिया। तिरूवालंगाडु और करंदेताम्र–पत्रों में राजराज के सत्याश्रय के साथ युद्ध का सजीव वर्णन प्रस्तुत किया गया है। यहां कहा गया है कि राजराज के हाथियों ने तुंगभद्र के तट पर प्रलय मचा दी और अपने युद्ध के घोडे पर बैठकर अकेले ही राजराज ने आगे बढती हुई चालुक्य सेना के प्रभाव को रोक दिया जिस प्रकार शिव ने अपनी जटा से पृथ्वी पर उतरती हुई गंगा के वेग को रोक दिया था। चालुक्य सेनापति केशव को युद्ध में बन्दी बना लिया गया। राजराज के उत्तराधिकारी राजेन्द्र प्रथम के एक अभिलेख से ज्ञात होता है कि राजराज ने चालुक्य राजधानी मान्यखेट पर अधिकार करने का निश्चय कर लिया था। जिसे राजेन्द्र प्रथम ने पूरा किया। होट्टूर (धारवाड़ा) से प्राप्त सत्याश्रय के एक अभिलेख से ज्ञात होता है कि राजेन्द्र प्रथम ने बीजापुर जिले के दोनूर नामक स्थान तक

अपना नियन्त्रण स्थापित किया। इसी अभिलेख में कहा गया है कि तमिल हन्ता (तिगुल मारी) सत्याश्रय ने चोल को बलपूर्वक पीछे खदेड़ दिया और दक्षिण क्षेत्र को जीत लिया[8]। परन्तु इस विषय में निश्चित रूप से कुछ नहीं कहा जा सकता।

चालुक्यों से संघर्ष के परिणमस्वरूप मैसूर का वह सम्पूर्ण क्षेत्र जिस पर गंगों और नौलंबों का अधिकार था तथा वर्तमान वैल्लारी जिला चोल साम्राज्य का अंग बन गया[9]। तुंगभद्रा नदी इन दोनों राज्यों के बीच सीमा रेखा के रूप में स्थापित हुई । उल्लेखनीय है कि बेल्लोरी में राजराज का कोई शिलालेख अभी तक प्राप्त नहीं हुआ है। यहां पर चालुक्य शिलालेख नहीं मिले हैं। इसके आधार पर कुछ विद्वान इस संदर्भ में संदेह व्यक्त करते हैं, परन्तु अनेक स्रोतों से हमें ज्ञात होता कि अपने शासनकाल की समाप्ति पर राजराज ने गंगा और वेगी मंडलों के लिए एक महादंडनायक की नियुक्ति की थी[10] जो इस संघर्ष में उसकी सफलता का स्पष्ट प्रमाण है।

उल्लेखनीय है कि परान्तक प्रथम ने उत्तर में नेल्लौर तक चोल शक्ति का विस्तार किया था, परन्तु राष्ट्रकूट शक्ति के उदय के बाद ये उत्तरी प्रान्त चोलों के अधिकार से निकल गये। परान्तक प्रथम के उत्तराधिकारियों ने इन क्षेत्रों को पुनः प्राप्त करने का प्रयास किया, परन्तु वे अपनी राज्य की सीमाएँ मद्रास से कुछ मील दूर स्थित तिरूवोरिर्यूर के समीप तक ही विस्तृत कर सके। राजराज ने परान्तक द्वारा विजित समस्त प्रदेशों को अधिकार में लेने के उद्देश्य से उत्तर की ओर एक सेना भेजी और विजय प्राप्त की।

एक महान् विजेता होने के साथ–साथ राजराज एक योग्य प्रशासक भी प्रमाणित हुआ। उसने सम्पूर्ण भूमि का सर्वेक्षण करवाया और स्थानीय शासन स्थापना पर बल दिया। अपने जीवनकाल में उसने अपने पुत्र राजेन्द्र प्रथम को अपना युवराज घोषित किया। शिवोपासक होने के कारण उसने शिवपाद शेखर की उपाधि धारण की ओर तंजौर में राजराजेश्वर मंदिर का निर्माण करवाया। एक धर्म सहिष्णु शासक होने के कारण उसने विष्णु भगवान के मंदिर भी बनवाये। अनेक साक्ष्यों से ज्ञात होता है कि उसने नेगपट्म में एक बौद्ध बिहार के निर्माण के लिए श्री विजय राज्य

के शैलेन्द्रवंश के शासक श्रीमार विजयोतुंगवर्मन को अनेक सुविधाएं प्रदान की। यहां तक कि उसने तंजौर के राजराजेश्वर मन्दिर को भी बौद्ध मूर्तियों से अलंकृत करवाया। इस प्रकार स्पष्ट है कि वह चोलवंश का एक ऐसा महानतम शासक सिद्ध हुआ जिसने न केवल अपने पूर्वजों के साम्राज्यों को संगठित रूप प्रदान किया, बल्कि उसका विस्तार भी किया। उसके शासनकाल में धर्म, कला, साहित्य और शिक्षा का अभूतपूर्व विकास हुआ[11]।

राजेन्द्र प्रथम (1014 से 1044 ई0) : अपने पिता राजराज चौल के समान राजेन्द्र प्रथम भी चोलवंश का एक महान शासक सिद्ध हुआ। उसने अपने पिता से उत्तराधिकार में एक विस्तृत साम्राज्य प्राप्त किया था जो सम्पूर्ण आधुनिक मद्रास, आंध्रप्रदेश, मैसूर प्रदेश के कुछ प्रदेश और श्रीलंका द्वीप से युक्त था। राजेन्द्र प्रथम ने अपने शासन के प्रारम्भिक वर्षों में चोल साम्राज्य को ओर अधिक विशाल रूप प्रदान करने के साथ–साथ उसने हिन्दू राज्य के रूप में स्थापित करने का प्रयास किया। उसके शिलालेखों और ताम्र पत्रों से उसके विषय में सम्पूर्ण जानकारी प्राप्त होती है। तिरू–मनि वलर नामक उसकी तमिल प्रशस्ति उसकी जानकारी का एक महत्वपूर्ण स्रोत है जो उसके शासन के तीसरे वर्ष में लिखवाई गई। इसके अतिरिक्त भी तिरूवालंगाडु ताम्र पत्र से उसके विषय में जानकारी मिलती है।

तिरू मनि वलर से ज्ञात होता है कि अपने शासन के तीसरे वर्ष तक पहुंचते पहुंचते वह इडितुरे नाडु बनवासे अर्थात् जो चारों ओर से वन से घिरा हुआ था, कोल्लिप्पक्कै जिसकी प्राचीरें शुल्लि नामक वृक्षों से घिरी हुई थी, मण्णक्कडक्कम जिसके दुर्ग को भेदना शासकों के लिए असंभव था। आदि क्षेत्रों पर विजय प्राप्त कर चुका था। इडितुरै नाडु की पहचान कृष्णा और तुंगभद्रा नदी के बीच के प्रदेश से की गई है। कोल्लिप्पक्कै की पहचान हैदराबाद के उत्तर पूर्व में स्थित कुल्पक से की गई है और मण्णैक्कडक्कम की पहचान मान्यखेट से की गई हैं इसके आधार पर इतिहासकारों ने अनुमान लगाया है कि राजेन्द्र प्रथम तुंगभद्रा नदी को पार करके पश्चिमी चालुक्यों की राजधानी मान्यखेट तक पहुँच गया। इस समय चालुक्यों की पश्चिम शाखा में जयसिंह द्वितीय का शासन स्थापित

था जो कि राजेन्द्र प्रथम का परम शत्रु था। इस शत्रुता के कारण राजेन्द्र प्रथम और जयसिंह द्वितीय में पूर्वी चालुक्यों के उत्तराधिकार के प्रश्न को लेकर संघर्ष की शुरूआत हुई। उल्लेखनीय है कि शक्ति वर्मन प्रथम की मृत्यु के बाद विमलादित्य नामक उसका छोटा भाई वेंगी की गद्दी पर बैठा था। इसने सात वर्ष शासन किया। ओर उसके बाद उसके दो पुत्रों विजयादित्य और राजराज में उत्तराधिकार के लिए संघर्ष प्रारम्भ हुआ। पश्चिमी चालुक्यों की शाखा के शासक जयसिंह द्वितीय विजयादित्य को शासक बनाना चाहते थे। जबकि राजेन्द्र प्रथम राजराज को वेंगी का शासक बनाना चाहता था। जो कि विजयादित्य का सौतेला भाई था। स्मरणीय है कि राजराज की माता कुन्दवई चोल राजकुमारी थी। इस प्रकार वेंगी के उत्तराधिकार के प्रश्न को लेकर पश्चिमी चालुक्यों और चोलों के बीच संघर्ष की शुरूआत हुई। यह संघर्ष लगभग 3–4 वर्षों तक लगभग निरन्तर चलता रहा ओर अन्ततः राजेन्द्र चौल जयसिंह द्वितीय और विजयादित्य दोनों को पराजित करने में सफल हुए। राजराज को वेंगी की गद्दी प्रदान की गई। इसके बाद भी राजराज का प्रतिद्वंदी विजयादित्य निराश नहीं हुआ उसने निरन्तर युद्ध जारी रखा। और लगभग 1031 ई0 के बीच जयसिंह द्वितीय की सहायता से वेंगी का राज्य राजराज से प्राप्त कर लिया। वह विष्णु वर्धन विजयादित्य सप्तम के नाम से वेंगी में राज्य करने लगा, परन्तु दुर्भाग्यवश वह चार वर्ष तक ही राज्य कर सका। 1035 ई0 में राजराज पुनः विजयादित्य को पराजित करके वेंगी को प्राप्त करने में सफल हुआ। परन्तु उसके बाद भी उत्तराधिकार का प्रश्न सुलझ नहीं सका।

उधर जयसिंह द्वितीय की मृत्यु के बाद उसका पुत्र सोमेश्वर प्रथम पश्चिमी चालुक्यो का शासक बना। उसने अपने पिता के समान विजयादित्य का समर्थन किया। और उससे राज गद्दी दिलवाने के लिए वेंगी पर आक्रमण कर दिया। उधर राजेन्द्र प्रथम ने भी राजराज की सहायता के लिए एक सेना भेज दी। दुर्भाग्यवश राजेन्द्र प्रथम की मृत्यु हो गयी ओर यह युद्ध अर्निणित ही रहा।

दक्षिण भारत में अपने प्रभाव क्षेत्र में वृद्धि के बाद राजेन्द्र प्रथम ने पूर्वी भारत की और अपना ध्यान केन्द्रित किया और एक विशाल सेना पूर्वी

भारत की विजय के लिए भेज दी। बस्तर और उड़ीसा को पार करती हुई उसकी सेना बंगाल राज्य तक जा पहुंची। पूर्वी बंगाल के शासक गोविन्द्र चन्द्र के साथ इसका भयंकर संघर्ष हुआ और वह युद्ध में पराजित हुआ। इसके बाद चोल सेना ने गंगा नदी को पार कर बंगाल में शासन कर रहे पाल वंश के महीपाल पर आक्रमण किया और उसे पराजित कर दिया। ऐसा उल्लेख मिलता है कि इस सफलता के बाद यह सेना पूर्वी भारत में रूकी नहीं बल्कि गंगा जल लेकर दक्षिण में लौट आई। राजेन्द्र प्रथम ने इस गंगा जल को चोल गंगम नामक एक तालाब में डलवाया और गंगैकौड चोल की उपाधि धारण की। राजनीतिक दृष्टि से देखा जाए तो राजेन्द्र चोल का यह पूर्वी भारत का अभियान एक छापे के अतिरिक्त और कुछ प्रतीत नहीं होता। क्योंकि उसने इस अभियान के द्वारा पूर्वी भाग पर स्थायी नियंत्रण स्थापित करने का प्रयास नहीं किया। हो सकता है कि वह इस अभियान के द्वारा गंगा जल प्राप्त करना चाहता हो जिससे कि वह अपने राज्य को पवित्र बना सके। ऐसा अनुमान है कि यह आक्रमण 1021 से 1025 के बीच हुआ होगा।

राजेन्द्र प्रथम ने अपने शासन काल में सर्वप्रथम एक सुशिक्षित और साधन सम्पन्न नौसेना के संगठन की ओर ध्यान दिया क्योंकि वह वृहत्तर भारत पर विजय प्राप्त करना चाहता था उल्लेखनीय है कि मलाया, सुमात्रा, जावा आदि द्वीप इस समय श्रीविजय राज्य के नाम से प्रसिद्ध थे ओर ये राज्य भारत और चीन के मध्य एक व्यापारिक और सांस्कृतिक माध्यम के रूप में कार्य करते थे। यहां तक कि चोल शासकों के राजदूत भी श्रीविजय से होकर ही चीन की ओर जाते थे। अतः इस श्रीविजय राज्य को अपने नियंत्रण में करने के लिए राजेन्द्र प्रथम ने 1025 ई0 पर उस पर आक्रमण कर दिया। ऐसा अनुमान है कि अपने साम्राज्य विस्तार की भावना के कारण उसने श्री विजय पर आकमण किया। इस आक्रमण में राजेन्द्र को विजय प्राप्त हुई। श्रीविजय का शसक विजयोतुंग वर्मन परास्त हुआ। उसे बंदी बना लिया गया और चोल नरेश की अधीनता स्वीकार करने पर उसे स्वतंत्र कर दिया गया। उल्लेखनीय है कि डा0 आर0एस0 त्रिपाठी इस अभियान का कारण राजेन्द्र की साम्राज्य विस्तारवादी महत्वाकांक्षा को मानते हैं जबकि नीलकण्ठ शास्त्री ने इस अभियान का कारण व्यापार को

बताया है। उनका कहना है कि दक्षिण भारत के चीन के साथ व्यापारिक सम्बन्ध थे। श्रीविजय का राज्य चीन और दक्षिण भारत के मध्य में स्थित था। अतः इसका विशेष व्यापारिक महत्व था। ऐसी स्थिति में राजेन्द्र प्रथम ने इस राज्य पर विजय प्राप्त करके अपनी व्यापारिक कठिनाईयों को दूर करने का प्रयास किया था। कुछ इतिहासकारों ने यह भी माना है कि 1016 ई0 में राजेन्द्र प्रथम ने एक राजदूत चीन की ओर भेजा था। हो सकता है कि इसी समय उसकी श्रीविजय के शासक के साथ कुछ अनबन हो गयी हो और संभवतः उसे दण्डित करने और चीन के साथ अपने व्यापारिक सम्बन्धों का विकास करने के उद्देय से श्रीविजय पर आक्रमण किया। अनेक साक्ष्यों से प्रमाणित होता है कि इस विजय के तुरन्त बाद 1033 ई0 के लगभग उसने अपना एक दूत चीन की ओर भेजा था।

कुछ विद्वानों ने यह मत भी व्यक्त किया है कि श्रीविजय राज्य इस समय भारतीय संस्कृति का प्रमुख केन्द्र था। अतः राजेन्द्र प्रथम ने अपने सांस्कृतिक सम्बन्धों को एक सुदृढ़ आधार प्रदान करने के उद्देश्य से यह विजय अभियान आयोजित किया। उल्लेखनीय है कि इस आक्रमण का लक्ष्य चाहे कुछ भी रहा हो। परन्तु उसकी यह विजय चिर स्थायी न हो सकी और न ही वह इन क्षेत्रों पर एक स्थायी शासन की स्थापना कर सका। हां इतना अवश्य है कि इस विजय से उसकी कीर्ति में अभूतपूर्व वृद्धि हुई। उसने पांड्य केरल ओर लंका के शासकों को पराजित करने के बाद कदार्नगौण्ड उपाधि धारण की थी। समस्त विजयों की द्योतक के रूप में उसने मुण्डिकोण्ड उपाधि धारण की। और गंगा घाटी की विजय के संकेतक के रूप में उसने गंगे कोण्ड उपाधि धारण की। इस विजय की स्मृति में उसने गंगेकौण्ड चोल पुरम नामक एक नगर की स्थापना की और उसे अपने साम्राज्य की राजधानी बनाया। उसकी पंडित चोल नामक उपाधि उसकी विद्वता और साहित्य प्रियता की और संकेत करती है।

अपने शासन के अंतिम वर्षों में राजेन्द्र प्रथम को अनेक विद्रोहों का सामना करना पड़ा। पांड्यों ओर चेरों नें अपनी स्वतंत्रता के लिए उसके विरूद्ध विद्रोह आयोजित किये। राजेन्द्र ने अपने पुत्र राजाधिराज को इन विद्रोहों के दमन के लिए भेजा। उसे अपने लक्ष्य में पूर्ण सफलता मिली।

विद्रोहियों को कठोर दंड दिये गये। इसी प्रकार श्रीलंका मे भी विक्रमबाहु के नेतृत्व में एक विद्रोह उत्पन्न हुआ। इसके दमन के लिए राजाधिराज ने 1049 में श्रीलंका पर आक्रमण किया परन्तु इस अभियान में उसे सफलता प्राप्त नहीं हो सकी। साहित्य प्रेमी होने के कारण राजेन्द्र प्रथम ने अपने राज्य में एक वैदिक कालेज की स्थापना करवाई जिसमें चौदह शिक्षकों की नियुक्ति करवाई गई थी और तीन सौ विद्यार्थी शिक्षा प्राप्त करते थे । इस विद्यालय के खर्च के लिए उसने विद्यालय को एक भूमि खण्ड दान में दिया। इस प्रकार स्पष्ट है कि राजेन्द्र प्रथम अपने पिता के समान एक बहुमुखी प्रतिभा का शासक सिद्ध हुआ। वह एक कुशल सेनानायक, अद्भुत विजेता और साम्राज्य निर्माता होने के साथ–साथ साहित्य प्रेमी और कला का संरक्षक भी सिद्ध हुआ[12]। उसके शासन काल में चोल वंश की प्रतिष्ठा में आशातीत वृद्धि हुई। उसकी मृत्यु 1044 ई0 में हुई।

राजाधिराज प्रथम : राजेन्द्र प्रथम ने अपने शासनकाल में ही लगभग 1018 ई0 में अपने पुत्र राजाधिराज को अपना उत्तराधिकारी घोषित कर दिया था। यही कारण है कि राजाधिराज अपने पिता के प्रशासनिक और सैनिक कार्यों में निरन्तर सहयोग देता था। अपने युवराज काल में ही उसने प्रशासन और युद्धों का पर्याप्त अनुभव प्राप्त कर लिया था। 1044 ई0 में अपने पिता की मृत्यु के बाद वह गद्दी पर बैठा। अपने राज्यारोहण के बाद उसे सर्वप्रथम श्रीलंका के साथ संघर्ष करना पड़ा।

इस समय लंका के निवासियों ने अपनी स्वतंत्रता प्राप्ति के लिए विद्रोह किया था। राजाधिराज ने विद्रोह के दमन के लिए एक सैनिक अभियान लंका की ओर भेजा ओर बर्बरता की नीति के द्वारा विद्रोह के दमन करने का प्रयास किया परन्तु वह अपने लक्ष्य में सफल नहीं हो सका।

इसके बाद राजाधिराज को अपने वंशानुगत शत्रु चालुक्य वंश के साथ ही संघर्ष करना पड़ा। इस समय पश्चिमी चालुक्य वंश का सोमेश्वर में शासन स्थापित था। राजाधिराज ने धान्य कटक के युद्ध में चालुक्य शासक सोमेश्वर के पुत्र विक्रमादित्य को पराजित किया। और कम्पिलि के राजमहल को नष्ट भ्रष्ट कर दिया। इसके बाद पुड्गर के युद्ध में चालुक्य सेना राजाधिराज से पुनः पराजित हुई। चोलों ने चालुक्य राजधानी

कल्याणी में भी अपना आधिपत्य स्थापित कर लिया। उल्लेखनीय है कि इस विजय के बाद राजाधिराज ने कल्याणी में अपना राज्याभिषेक करवाया। इस विजय की स्मृति में विजयराजेन्द्र उपाधि धारण की। अब पूर्वी चालुक्य पश्चिमी चालुक्यों से पूर्णतः अलग हो गये और यह क्षेत्र चोल साम्राज्य के प्रभाव में आ गया।

इतनी पराजयों के बाद सोमेश्वर ने चोलों के साथ संघर्ष जारी रखा। 1050 ई0 के लगभग वह चोल सेना को अपने साम्राज्य से निष्कासित करने में सफल हुआ और उसने पूर्वी चालुक्यों के शासक राजराज को समर्पण के लिए विवश किया। चालुक्यों की इस विजय के परिणामस्वरूप 1052ई0 में राजाधिराज और सोमेश्वर के बीच कोप्पम नामक स्थान पर एक भयानक युद्ध हुआ। इसमें राजाधिराज वीर गति को प्राप्त हुआ। परन्तु उसके भाई राजेन्द्र द्वितीय ने उसकी मृत्यु के बाद चालुक्यों के साथ युद्ध को जारी रखा अंततः सोमेश्वर को पराजित करने में सफलता प्राप्त की। राजेन्द्र द्वितीय ने युद्ध भूमि में अपना राज्याभिषेक किया और कोलापुर नामक स्थान पर जय स्तम्भ की स्थापना की। इस प्रकार राजाधिराज प्रथम 1044 से 1052 ई0 तक ही शासन कर सका।

राजेन्द्र द्वितीय : यह एक महत्वपूर्ण बात है कि राजाधिराज ने अपने पुत्रों को नहीं बल्कि अपने भाई राजेन्द्र द्वितीय को अपना युवराज घोषित किया था। इसने 1052 से 1064 ई0 के बीच चोल साम्राज्य पर राज्य किया। इसके शासन काल में भी चोल चालुक्य संघर्ष चलता रहा। 1061 में जन वेंगी के चालुक्यों की पूर्वी शाखा के शासक राजराज की मृत्यु हो गयी तब पश्चिमी चालुक्य शासक सोमेश्वर ने विजयादित्य सप्तम के पुत्र शक्तिवर्मन द्वितीय को वेंगी की गद्दी पर बैठाया। और चामुंडराज नामक व्यक्ति को उसके सहयोग के लिए भेजा। इसी समय सोमेश्वर ने चोल साम्राज्य के गंगवडी नामक प्रदेश पर आक्रमण के लिए एक सेना भेजी जिसमें उसे पराजित होना पड़ा। युद्ध में चामुंडराज और शक्तिवर्मन मृत्यु को प्राप्त हुए। राजेन्द्र द्वितीय ने लंका के अधिकांश भाग पर भी युद्धों के द्वारा नियंत्रण स्थापित करने में सफलता प्राप्त की। 1064 ई0 में उसकी मृत्यु हो गयी।

वीर राजेन्द्र : इसने 1064 से 1070 ई0 तक राज्य किया और राजेन्द्र द्वितीय की मृत्यु के बाद चोल वंश के सिंहासन पर बैठा। उसने अपने वंश के परम शत्रु चालुक्य शासक सोमेश्वर को तुंगभद्रा नदी के किनारे 1066 ई0 में परास्त किया। कूडमंगलम नामक स्थान पर उसने चालुक्यों के साथ दूसरा संघर्ष किया जिसमें अस्वस्थ होने के कारण सोमेश्वर युद्ध नहीं कर सका और उसकी सेना वीर राजेन्द्र से पराजित हुई। इस विजय की स्मृति में उसने तुंगभद्रा नदी के तट पर एक विजय स्तम्भ स्थापित करवाया। बेजवाड़ा नामक स्थान पर वीर राजेन्द्र और चालुक्यों में तीसरा संघर्ष हुआ। इसके बाद दोनों पक्ष कलिंग में संघर्षरत रहे। उधर सोमेश्वर प्रथम ने अपनी अस्वस्थता के कारण तुंगभद्रा नदी में कूदकर आत्महत्या कर ली और उसके बाद सोमेश्वर द्वितीय इस वंश का शासक बना। वीर राजेन्द्र ने कम्पली पर आक्रमण किया और सौभाग्य वंश इस समय चालुक्य साम्राज्य की राजनीतिक परिस्थितियां उसके अनुकूल भी हो गई। सोमेश्वर द्वितीय के छोटे भाई विक्रमादित्य ने उसके विरूद्ध विद्रोह कर दिया ओर वह भी राजेन्द्र का सहयेागी बन गया। अवसर का लाभ उठाकर वीर राजेन्द्र ने अपनी पुत्री का विवाह विक्रमादित्य के साथ कर दिया और उसे चालुक्य साम्राज्य के दक्षिणी भाग का शासक बनाया। वेंगी में विजयादित्य ने भी उसकी आधीनता स्वीकार कर ली। वीर राजेन्द्र ने लंका नरेश विजयबाहु पाण्ड्यों और चेरों का भी दमन किया।

अधि राजेन्द्र : 1070 में वीर राजेन्द्र की मृत्यु के बाद अधि राजेन्द्र गद्दी पर बैठा। परन्तु उसके गद्दी पर बैठते ही राजेन्द्र तृतीय ने (पूर्व चालुक्यों के राजा राजराज प्रथम का पुत्र) उसके विरूद्ध विद्रोह कर दिया। अधि राजेन्द्र मारा गया । राजेन्द्र तृतीय ने वेंगी और चोल राज्य दोनों पर अधिकार किया। ओर कुलोत्तुंग के नाम से गद्दी पर बैठा।

कुलोत्तुंग प्रथम : (1070 से 1120) इसके शासन का अधिकांश समय युद्धों में बीता उल्लेखनीय है कि इस समय चालुक्य साम्राज्य दो भागों में विभाजित था। सोमेश्वर द्वितीय उत्तरी भाग में शासन कर रहा था और उसका भाई विक्रमादित्य दक्षिणी भाग का शासक था। सोमेश्वर द्वितीय ने इस समय कुलोत्तुंग से सन्धि करके मैत्रीपूर्ण सम्बन्ध स्थापित किये। इस संधि के परिणामस्वरूप 1075 ई0 के आस पास कुलोत्तुंग और

विक्रमादित्य में संघर्ष की शुरूआत हुई। विक्रमादित्य पराजित हुआ और गंगवड़ी पर कुलोत्तुंग का अधिकार हो गया। इसके अतिरिक्त कुलोत्तुंग को हैहयो, लंका के विजय बाहु, पाण्ड्यों और चेरों के साथ भी संघर्ष करना पड़ा। इसनें पाण्ड्यों और चेरों के कडारम राज्य को नष्ट किया। इसी समय दक्षिणी कलिंग में उत्पन्न विद्रोह का इसने कठोरतापूर्वक दमन किया। इसके एक अभिलेख से ज्ञात होता है कि कन्नौज के गहड़वालों के साथ उसके अच्छे सम्बन्ध स्थापित थे। उसके शासन के अंतिक वर्ष सफलतापूर्ण बीते। परिणामतः लंका, गंगवडि, नोलम्बवडि, तलकाड और वेंगी के प्रदेश स्वतंत्र हो गये। अब केवल तमिल और तेलगू जिले ही उसके राज्य में रह गये। इसके बाद चोल वंश में कोई भी शक्ति सम्पन्न राजगद्दी पर नहीं बैठा।

कुलोत्तुंग के बाद क्रमशः विक्रम चोल (1120 से 1135 ई0) कुलोंत्तुग द्वितीय (1135 से 1150 ई0), राजराज द्वितीय (1150 से 1173 ई0) राजाधिराज द्वितीय (1173 से 1185 ई0) कुलोत्तुंग तृतीय (1178 से 1206 ई0) राजराज तृतीय (1206 से 1244 ई0) और राजेन्द्र तृतीय (1264 से 1279 ई0) आदि शासकों ने राज्य किया। राजेन्द्र तृतीय इस वंश का अन्तिम स्वतंत्र शासक था। पाण्ड्य शासक जटा वर्मन सुन्दर ने राजेन्द्र तृतीय को आत्म समर्पण के लिए विवश किया। यह 1258 के अपने शासन के अंत तक पाण्डयों के सामन्त के रूप में कार्य करता रहा और इसके बाद चोल वंश का पतन हुआ।

सन्दर्भः

1. टालेमी के अनुसार एक राज्य सोरनार्गो (चोल नागों) का था इसकी राजधानी आर्थोरा थी।
2. A Comprehensive History of India Vol. II, p. 23.
3. "Karikal's was thus resulted in his establishing a sort of hegemony among the crowned kings of the Tamil country and in some extension of the territory under his direct rule."

4. दर्शन्नकोप्पु अभिलेख इस सन्दर्भ में अब तक ज्ञात K. A. N. Sastri प्राचनितम अभिलेख है।
5. एस. आई. आई. ii, 1, अनुच्छेद 51.
6. एस. आई. आई. iii, 4, 15.
7. एस. आई. आई. ii, 92, पैरा–12–15.
8. ई. आई. xvi, पृ. 74 (Epigraphica Indica)
9. ए. आर. आई. पैरा–17 (Annual report of Epigraphy, Modern).
10. ई. सी. (iii), एस. आर. 140.
11. "Rajaraja was one of the greatest sovereigns of South India a famous conqueror and empire builder, an administrator of ability, a pions and tolerant man, a patron of art and letters and above all an amiable personality".
12. (The closing of Rajendra's reign formed the most splendid period of the history of the cholas of the Vijayalaya live. The extent of the empire was at its widest and its military and naver prestrige stood at its highest).

–N.K. Shastri

दक्षिण भारत का इतिहास
पाण्ड्य 590–920 ई0

1. कड़ नगौन (590–620)
2. माड़वर्मन अवनिशूलामणि (590–645)
3. शेन्दन (654–670)
4. अरिकेसरी माड़वर्मन (670–700)
5. कोक्काड़ैयन (700–730)
6. माड़वर्मन राजसिंह प्रथम (730–765)
7. जटिल परांतक नेड़ नजड़ैयन (765–815)
8. श्रीमाड़ श्रीवल्लभ (815–862)
9. वरगुणवर्मन द्वितीय (862–880)
10. परांतक वीरनारायण (880–900)
11. माड़वर्मन राजसिंह द्वितीय (900–920)

मदुरा का पाण्ड्य वंश :

परिचय : पाण्ड्यों का प्राचीन राज्य द्रविड़–प्रदेश के दक्षिण–पूर्व छोर का भाग था [1] इसकी राजधानी मदुरा थी जो उत्तर भारत मथुरा के अनुकरण पर बसायी गयी थी। अनुश्रुति के अनुसार पाण्ड्यवंश कुरूवंशी पाण्डवों से उत्पन्न हुआ था। उनकी राजधानी का नाम मदुरा इस अनुश्रुति का समर्थन करता है।[2]

प्रारम्भिक इतिहास : पाण्ड्य वंश का प्राचीन इतिहास अन्धकारमय है, परन्तु चौथी शती ईसा पूर्व से इसका साहित्य उल्लेख मिलने लगता है। अष्टाध्यायी पर कात्यायन के भाष्य और बाल्मीकि रामायण में पाण्ड्यों की चर्चा है। महावंश के अनुसार लंका के राजकुमार विजय ने बुद्ध के परिनिर्वाण के कुछ ही दिनों बाद एक पाण्ड्य राजकुमारी से विवाह किया था। अर्थशास्त्र[3], मेगस्थनीज के भारत वर्णन[4] तथा अशोक के उत्कीर्ण लेखों में स्वतंत्र पाण्ड्य राज्य के उल्लेख पाये जाते हैं। कलिंग राज खारवेल के हाथी–गुम्फा लेख से मालूम होता है कि खारवेल ने पाण्ड्य राजा को हराया था और उससे उपहार में हाथी, घोड़े, रत्न, मणि और मोती के ढेर लिये। यूनानी लेखक स्ट्रैबो के अनुसार पाण्ड्य राजा ने 20 ई0 पू0 में रोमन सम्राट आगस्टस सीरज के पास अपना दूत भेजा था। पेरिप्लस और टालेमी की ज्योग्राफी में 'पिंडनोई' ओर उनकी राजधानी 'मदौरा' (मदुरा) के उल्लेख हैं। इसके साथ–साथ तमिल भाषा में एद्दुतोगई, पूरणाणुरू, पदिर्‌रूप्वत, पाण्डिक कोवाई, संगम साहित्य में शिलपदिद्‌कारम्, पद्‌मपुराण, मेगस्थनीज का यात्रा विवरण भी पाण्ड्यों के ऊपर प्रकाश डालते हैं। ईसवी संवत् के बाद पाण्ड्यराज्य का इतिहास कुछ अधिक प्रकाश में आने लगता है।[5] दूसरी शती में पाण्ड्य राजा नेडुम चेलियन ने अपने शत्रुओं को तलैयानगानाम (तंजौर जिले में) नामक स्थान पर हराकर अपने राज्य का विस्तार किया। इसके बाद फिर आन्ध्र साम्राज्य के प्रसार और पल्लवों के उदय के कारण पाण्ड्यों की शक्ति शिथिल हो गयी। छठवीं शती में कलभ्रों ने कुछ समय के लिए पाण्ड्य राज्य पर अधिकार कर लिया[6]। हुएनसांग के अनुसार पाण्ड्य–राज्य पल्लव राज्य

का कदर था[7]। सातवीं शती के उत्तरार्ध में पाण्ड्य राज्य का पुनरूद्धार होने लगा।

उत्कर्ष काल : सातवीं शती के अन्त से लेकर नवीं शती के प्रारम्भ तक अरिकेशरी मारवर्मन और उसके उत्तराधिकारियों के समय में पाण्ड्यों ने चोल, केरल तथा अन्य पड़ोसी राज्यों को हराकर अपने राज्य का विस्तार किया। उसके उत्तराधिकारी मारवर्मन् प्रथम जयसिंह और नेडुनजडयन वारगण प्रथम ने नन्दिवर्धन पल्लवमल्ल के साथ युद्ध करके उसकी शक्ति को क्षीण किया और नेडुनजडयन ने कोंगुदेश (कोयम्बटूर और सालम जिले) तथा वेनाडु (दक्षिण ट्रावनकोर) को अपने राज्य में मिला लिया। उसके पुत्र श्रीमार श्रीवल्लभ (815–63) ने सिंहल के राजा को परास्त किया तथा पल्लव–गंग–चोल संघ को पराजित किया, किन्तु अन्तिम शक्तिशाली पल्लव अपराजितवर्मन ने लगभग 880 ई0 में श्री पुरम्बीयम् के युद्ध में पाण्ड्य राजा द्वितीय वरगुण को बुरी तरह हराया और साथ ही चोल परन्तक प्रथम ने मारवर्मन राजसिंह द्वितीय को सिंहल के राजा के साथ हराया और मदुरा पर अधिकार कर लिया। इसके बाद चोलों और पल्लवों से उनका संघर्ष होता रहा। नवीं शती के अन्त में पल्लवों का पतन करने में उन्होंने चोलों की सहायता की। परन्तु इसका परिणाम यह हुआ कि चोल राज्य के उत्कर्ष के समय (लगभग 920–1200ई0) उनको चोलों के आधिपत्य में रहना पड़ा, यद्यपि पाण्ड्य राजा बीच बीच में स्वतंत्र होने की चेष्टा करते रहे। प्रथम राजराज के समय चोलों ने पाण्ड्यों के विद्रोह को किसी प्रकार दबाया, पर जब प्रथम राजेन्द्र के समय फिर विद्रोह हुआ तो उसने इस प्रान्त को जीत कर अपने पुत्र को वहां का प्रान्तपति नियुक्त किया। इस प्रकार पाण्ड्य राज्य का लगभग चोल राज्य में विलयन हो गया, पर पाण्ड्य समाप्त न हुए।

1190 ई0 में जटार्वन कुलशेखर पाण्ड्य राजा हुए। उसके समय से फिर पाण्ड्यों की शक्ति प्रबल होने लगी और इसके बाद लगभग एक शती तक द्रविड़ प्रदेश की राजनीति में उनकी प्रधानता रही[8]। जटावर्मन का पुत्र मारवर्मन सुन्दर पाण्ड्य प्रथम (1216 – 38 ई0) बड़ा शक्तिमान हुआ। उसने चोलों से उरगपुर और तंजौर छीन लिया और

उनको अधीन बनाया, किन्तु द्वारसमुद्र के होयसलों के हस्तक्षेप के कारण चोल शक्ति का अन्त न कर सका, क्योंकि एक अभिलेख के अनुसार वह "पाण्ड्य शक्ति का नाशकर्ता और चोल शक्ति का प्रतिष्ठाता था" तथा विजय करता हुआ श्रीरंगम तक जा पहुंचा था। उसके पुत्र मारवर्मन सुन्दर पाण्ड्य द्वितीय के काल की किसी विशेष घटना का ज्ञान नहीं, पर तनाव सम्भवतः पहले जैसे ही बने रहे। मारवर्मन सुन्दर पाण्ड्य द्वितीय का पुत्र जटावर्मन सुन्दर पाण्ड्य बड़ा वीर और महत्वाकांक्षी था। उसके समय में पाण्ड्य शक्ति का चरम उत्कर्ष हुआ। उसने पूर्णतः चोलों का अन्त करके कांची पर अधिकार किया और चेर राज्य तथा लंका को अपने अधीन किया। उसने युद्ध में द्वारसमुद्र के होयसलों, वारंगल के काकतीयों और सेन्दमण्डलम् के पल्लव सामन्तों को हराकर सारे दक्षिण भारत में अपना आतंक जमाया। इन विजयों के उपलक्ष्य में उसने यज्ञ किया बहुत सा धन दान किया और स्वयं महाराजाधिराजश्रीपरमेश्वर का विरूद धारण किया। उसने चिदम्बरम् और श्रीरंगम् कें मन्दिरों को अलंकृत कराया और उनके व्यय के लिए बहुत सा धन दिया। उसका पुत्र मारवर्मन कुलशेखर भी शक्तिशाली और विजयी था। उसने मलयनाडु (ट्रावनकोर) और सिंहल पर कुछ विजय प्राप्त किये। उसका साम्राज्य बड़ा समृद्ध था तथा उसने जय–गोल्ड–शोलपुरम में एक प्रसाद बनवाया। उसके समय में वेनिस (इटली) निवासी यात्री मार्कोपोलो ने दक्षिण में यात्रा की। वह पाण्ड्य राज्य की समृद्धि, राजसभा और प्रजा का वर्णन करता है। उसका समर्थन मुसलमान यात्री वस्साफ के कलेसदेवर (कुलशेखर) के वर्णनों से भी ज्ञात होता है।

पतन – कुलशेखर के बुढ़ापे में उसके लड़के वीर पाण्ड्य और सुन्दर राज्याधिकार के लिए आपस में लड़ने लगे। इसी सिलसिले में कुलशेखर मारा गया और सुन्दर राजा हुआ। इन आन्तरिक लड़ाईयों से पाण्ड्यों की शक्ति क्षीण हो गयी थी। 1310 ई0 मे अलाउद्दीन खिलजी के सेनापति मलिक काफूर ने मदुरा पर आक्रमण किया और उसको लूटा परन्तु पराजित और दुर्बल पाण्ड्य राजा का अन्त नही किया। कुछ दिनों के बाद अलाउद्दीन ने खुसरू खाँ को फिर सुदूर दक्षिण भेजा और उसने पाण्ड्य राज्य का अन्त किया। इस स्थिति से लाभ उठाकर चेरराज

रविशेखर और वारंगल के काकतीयों ने स्वतंत्रता प्राप्त कर ली, पर उन पर ग्रहण की तरह पाण्ड्य राज्य के स्थान पर मुसलमान राज्य स्थापित हो गया। पाण्ड्य राजा सामन्त के रूप में बाद तक बने रहे।

सातवीं शती में भ्रमण करता हुआ हुएनसंग सुदूर दक्षिण भी गया। मलोक्यू च (मलकूट) के वर्णन में उसने लिखा है कि वहां के निवासी कृशकाय होते हैं। जलवायु उष्ण है। वे विद्या का आदर नहीं करते। व्यापार अधिक करते हैं। कुछ सद्धर्म के उपासक हैं और दूसरे अन्य धर्मों को मानने वाले। उस देश में प्राचीन विहारों के अनेक खण्डहर हैं, जिनकी दीवारें बची हुई हैं। और बौद्ध धर्म के अनुयायी थोड़े हैं। वहां सैकड़ों देवमन्दिर हैं और बहुसंख्यक निर्ग्रन्थ हैं (बील–बुद्धिस्ट रिकार्ड ऑफ दि वेस्टर्न वर्ल्ड, पृ0 231)। इससे ज्ञात होता है कि बौद्ध धर्म का ह्रास हो गया था, जैन और ब्राह्मण धर्म प्रचलित थे। पाण्ड्य यज्ञ करते थे और शिव के उपासक थे।

सन्दर्भ

1. प्रारम्भिक काल में उनका मुख्य स्थान ताम्रपर्णी के किनारे कोरकै नामक स्थान था, जो एक अच्छा बन्दरगाह था।
2. पाण्ड्य इतिहास के लिए देखिए– प्रो. नीलकण्ठ शास्त्री का – "दि पाण्ड्यन किंगडम"।
3. अर्थशास्त्र, 1, 11 में पाण्ड्यकावर (पर्वत) में मिलने वाले मोती का उल्लेख मिलता है। देखिए– शामशास्त्री का अंग्रेजी अनुवाद (1929), प्र. 76।
4. मेगस्थनीज अपनी इण्डिका में लिखता है कि पाण्ड्य देश में स्त्रियाँ शासन करती है, देखिए– मैक्रिन्डल – एन्शियेन्ट इण्डियाएज डिस्क्राइन्ड बाई मेगस्थनीज एण्ड ऐरियन, पृ. 51–56 और 161।
5. संगम साहित्य में अनेक पाण्ड्य राजाओं के नाम है पर उनका तिथिक्रम और काल निश्चित करना कठिन है।
6. "दि पाण्ड्यन किंगडम" प्रो. नीलकण्ठ शास्त्री, पृ. 48–49।
7. कलन्ध्रों को भगाने वाले पाण्ड्य कण्डुग्गोन अथवा उसके पुत्र मारवर्मन् अर्वान शुलामणि का पल्लव–राज्य के संस्थापक सिंहाविष्णु से संघर्ष हुआ।

8. इस काल में ऐतिहासिक सामग्री से बहुत से समान नामधारी राजाओं के नाम प्राप्त होते है, पर उनका काल–निर्धारण और तिथिक्रम ठीक करना बड़ा कठिन है। पाँच सामन्त् राजाओं की एक समय में उपस्थिति के कारण कुछ विद्वान उस काल में पाण्ड्य देश में उन पाँचों के सम्मिलित शासन का अनुमान करते है।

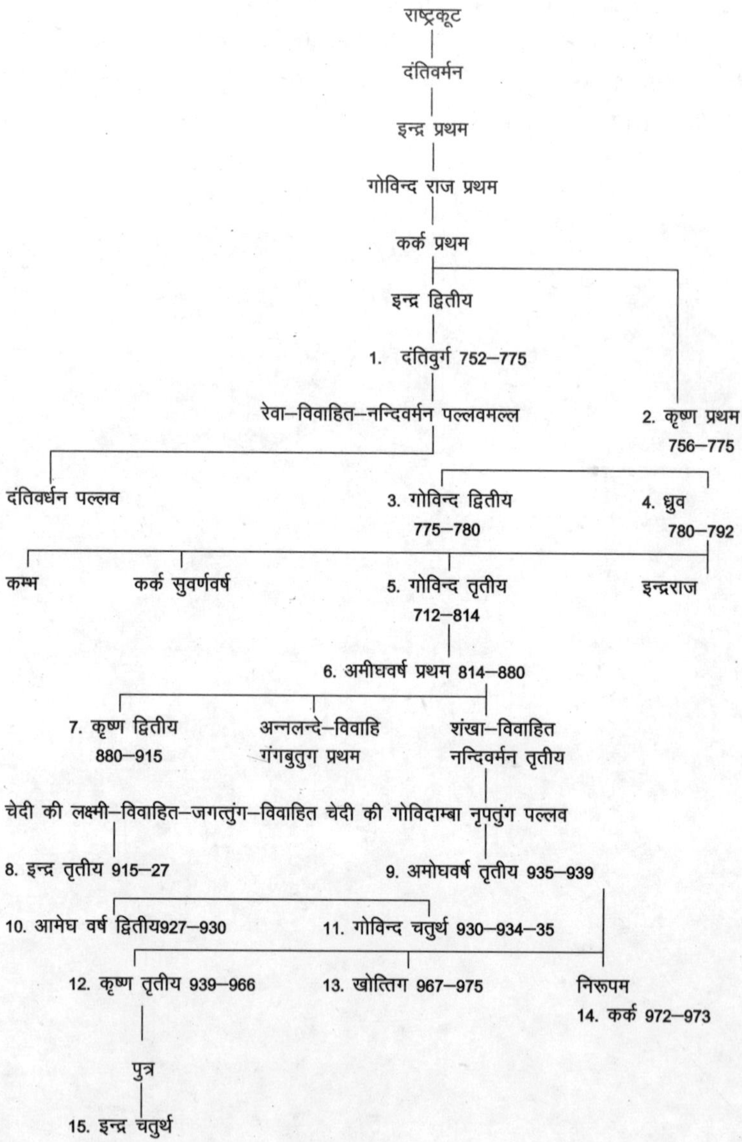
राष्ट्रकूट
दंतिवर्मन
इन्द्र प्रथम
गोविन्द राज प्रथम
कर्क प्रथम
इन्द्र द्वितीय
1. दंतिवुर्ग 752–775
रेवा–विवाहित–नन्दिवर्मन पल्लवमल्ल
2. कृष्ण प्रथम 756–775
दंतिवर्धन पल्लव
3. गोविन्द द्वितीय 775–780
4. ध्रुव 780–792
कम्भ
कर्क सुवर्णवर्ष
5. गोविन्द तृतीय 712–814
इन्द्रराज
6. अमीघवर्ष प्रथम 814–880
7. कृष्ण द्वितीय 880–915
अन्नलन्दे–विवाहि गंगबुतुग प्रथम
शंखा–विवाहित नन्दिवर्मन तृतीय
चेदी की लक्ष्मी–विवाहित–जगत्तुंग–विवाहित चेदी की गोविदाम्बा नृपतुंग पल्लव
8. इन्द्र तृतीय 915–27
9. अमोघवर्ष तृतीय 935–939
10. आमेघ वर्ष द्वितीय927–930
11. गोविन्द चतुर्थ 930–934–35
12. कृष्ण तृतीय 939–966
13. खोत्तिग 967–975
निरूपम
14. कर्क 972–973
पुत्र
15. इन्द्र चतुर्थ

राष्ट्रकूट वंश :

उत्पत्ति और मूल : राष्ट्रकूटों के खारेपाटन, सांगली, नौसारी और वर्धा लेखों से ज्ञात होता है कि वे प्राचीन यदुवंश की सात्यकि शाखा के थे ओर उनका पूर्वज रट्ठ था। उसका पुत्र राष्ट्रकूट हुआ, जो इस वंश का संस्थापक था। डॉ0 रा0गो0 भण्डारकर तथा सी0वी0 वैद्य ने इन नामों को काल्पनिक बताया है। वैद्य के अनुसार राष्ट्रकूट राजकीय पदवी थी। उनको फ्लीट महाशय उत्तर के राठौरों के वंशज मानते हैं तथा वरनेल आन्ध्र के रेड्डियों से उनका सम्बन्ध जोड़ते हैं पर ये मत निराधार है। डॉ0 भण्डारकर और वैद्य उनको मूलतः महाराष्ट्र के निवासी मानते हैं तथा दूसरी तरफ डॉ0 अल्तेकर, उनके द्वारा कन्नड़ी भाषा और लिपि के प्रयोगों के आधार पर उनको मूलतः कर्णाटक के निवासी मानते हैं। परन्तु सभी विवादों का सार यह प्रतीत होता है कि राष्ट्रकूट प्राचीन यादवों के वंशज थे जो उत्तर भारत से आकर दक्षिण में बसे थे और अशोक के समय में रष्टिक अथवा रठिक और अन्ध्रों के समय में महारठी कहलाते थे। वे पहले महराष्ट्र मे रहते थे परन्तु छठवीं और सातवीं शती में वे कर्णाटक में सामन्त के रूप में शासन करते थे, यद्यपि महाराष्ट्र का थोड़ा दक्षिण भाग भी उनके अधीन था।[1] वातापी के चालुक्यों के समय में वे उनके अधीन थे, परन्तु चालुक्य राजा द्वितीय कीर्तिवर्मा के समय में वे अपना स्वतंत्र राज्य स्थापित करने में सफल हुए। उन्होंने पहले नासिक जिले में मयूरखंड और पीछे मान्यखेट (हैदराबाद राज्य में मालखेड) को अपनी राजधानी बनाया[2]। राष्ट्रकूट वंश के विषय में जिनसेन का हरिवंश, जिनसेन का आदि पुराण, शाक्टायन की अमोघवृत्ति, हलायुध रचित कवि–रहस्य, पम्प रचित विक्रमार्जुनविजय आदि साहित्यिक साक्ष्य है। पुरातात्विक साक्ष्यों में संजान ताम्रपत्र, करहर दानपत्र, देवली दानपत्र, तिवरखेट अभिलेख, समनगढ़, पत्र, एलोरा का दशावतार अभिलेख, दौलताबाद अभिलेख, पैथान पत्र, आदि प्रमुख है।

प्रारम्भिक इतिहास : राष्ट्रकूटों के समनगढ़ लेख से प्रथम गोविन्द, प्रथम कर्क तथा द्वितीय इन्द्र तक उनके पूर्वजों का पता था। पर एलोरा के दशावतारों के एक मन्दिर में प्राप्त एक लेख के अनुसार उनसे भी

पहले दन्तिवर्मन् और प्रथम इन्द्रराज नामक पूर्वजों के नाम प्राप्त हुए। इतिहासकारों का मत है कि प्रथम इन्द्रराज प्रथम गोविन्द का पिता था और दन्तिवर्मन इन्द्रराज का पिता[3]। डा0 अल्तेकर का मत है कि सातवीं शती के मध्य में बरार के एलिचपुर में राज्य कर रहे नन्नराज युधासुर के किसी न किसी रूप में सम्बन्धी थे ओर वे भी बरार में ही राज्य करते थे और वहीं से दूसरे स्थानों पर गये[4]। जो भी हो, इन प्रारम्भिक राजाओं के बारे में विशेष कुछ भी ज्ञात नहीं। प्रथम गोविन्द इस वंश का प्रथम प्रभावशाली शासक प्रतीत होता है, जिसकी समता डा0 भण्डारकर ने ऐहोल प्रशस्ति में उल्लिखित गोविन्द से की है, जिसने पुलकेशिन के विरूद्ध विद्रोह किया था। इस विषय में निश्चित कुछ कहना सम्भव नहीं है। उसका पुत्र प्रथम कर्क वैदिक धर्म का संरक्षक था और उसने यज्ञ किये। उसका पुत्र द्वितीय इन्द्र था। समनगर पत्रलेख के अनुसार उसने चालुक्य राजकुमारी भवनागा से विवाह किया था, जिसे वह जबरदस्ती लेकर भाग गया था। उसका पुत्र दन्तिदुर्ग हुआ, जो अपने वंश का प्रथम शक्तिशाली राजा था। आठवीं शती के मध्य में दन्तिदुर्ग ने एक स्वतंत्र राज्य की स्थापना की। उसने विजयिनी चालुक्य सेना को पराजित कर द्वितीय कीर्तिवर्मन से वातापी छीन ली। उसने दक्षिण के राज्यों और राजाओं को जीतकर दक्षिणापथ के ऊपर अपना आधिपत्य स्थापित किया। उसने मालवा के गुर्जर प्रतिहार राज्य पर भी चढ़ाई की तथा मालव, लाट, कांची, कलिंग, कोसल, श्रीशैल तक के राजाओं को भी परास्त किया। उसके साम्राज्य का विस्तार उत्तर में नर्मदा और दक्षिण में तुंगभद्रा नदियों के बीच हो गया तथा उस समय वह दक्षिण का सबसे शक्तिशाली राजा था और उसने 'राजाधिराज परमेश्वर' की उपाधि धारण की। दन्दिुर्ग को कोई पुत्र न था, इसलिए उसके बाद उसका चाचा प्रथम कृष्ण राजा हुआ[5]। उसने चालुक्यों की बची शक्ति को भी नष्ट किया और राष्ट्रकूटों के एक भीषण–शत्रु राहप्प को हराया। यह राहप्प कौन था, कहा नहीं जा सकता। इसके बाद उसने कोंकण को जीता, गंगवाड़ी ओर वेंगी के चालुक्य राजा कुब्जविष्णुवर्धन पर भी विजय किया। तदन्तर उसने 'राजाधिराज परमेश्वर' की उपाधि धारण की। उसके दूसरे नाम शुभत्तुंग ओर अकाल वर्ष थे। कृष्ण प्रसिद्ध भवन निर्माता था। उसने एलोरा का

प्रसिद्ध कैलाश मन्दिर बनवाया। यह पर्वत काटकार बनाया गया है और भारतीय स्थापत्य का अद्भुत उदाहरण है।

साम्राज्य का विस्तार : प्रथम कृष्ण के बाद 772 ई0 में द्वितीय गोविन्द राजा हुआ। उसने युवराज के रूप में वेंगी के चालुक्य विजयादित्य को हराया था। गद्दी पर बैठने पर उसने केवल पारिजात के विद्रोह को दबाया, किन्तु शीघ्र ही वह बड़ा विलासी और असावधान हो गया। इसलिए उसका भाई ध्रुवधारावर्ष, जो शासनकार्य में गोविन्द का सहकारी था, उसको गद्दी से हटाकर राजा बन बैठा[6]। वह बड़ा विजयी था। उसने गंग राज्य (मैसूर में) को अपने राज्य में मिला लिया और पल्लवों को अधीन बनाया। इसके बाद ध्रुव ने उत्तर भारत की राजनीति में भाग लेना शुरू किया। पहले इसने उज्जयिनी के राजा वत्सराज को हराया; फिर कान्यकुब्ज के राजा इन्द्रायुध को परास्त कर अपने झंण्डे पर गंगा यमुना का चिन्ह अंकित किया और गंगा–यमुना के दोआब में ही बंगाल के राजा धर्मपाल को परास्त कर उसका छत्र छीन लिया। इन चढ़ाइयों से राष्ट्रकूट अपना राज्य उत्तर भारत में नहीं स्थापित कर पाये, किन्तु उनका आतंक सारे देश मे छा गया। उसके दूसरे नाम निरूपम और कलिवल्लभव भी थे। उसने थोड़े समय तक शासन किया।

ध्रुव के बाद तृतीय गोविन्द जगत्तुंग गद्दी पर बैठा। राष्ट्रकूट लेखों से ज्ञात होता है कि ध्रुव ने गोविन्द का राज्याभिषेक कर दिया था। संभवतः उसने ऐसा इसलिए किया कि उसके कई पुत्र थे और उनमें उत्तराधिकार के लिए कलह हो सकता था, किन्तु उसके मरने के बाद और राज्याभिषेक के साल भर के भीतर ही कलह होकर रहा। गोविन्द के बड़े भाई स्तम्ब ने, जो ध्रुव के समय गंगवाड़ी का प्रान्तपति था, सामन्तों और राज्य के अधिकारियो को साथ ले विद्रोह कर दिया। गोविन्द ने अपने भाई इन्द्र की सहायता से इस विद्रोह को दबा दिया, पर विद्रोहियों के साथ उसने नम्रता का व्यवहार करते हुए स्तम्ब को फिर गंगवाड़ी का शासक नियुक्त कर दिया। उसने इन्द्र को गुजरात का प्रान्तपति नियुक्त किया। गोविन्द ने गद्दी पर बैठते ही गंगराज शिवभार को, जिसको उसके पिता ने कारागार में डाल दिया था, मुक्त कर दिया, पर विद्रोह

करने के दण्डस्वरूप उसे फिर कारागार में डाल दिया। इसके बाद ही नोलम्बवडी के शासक चरूपोन्नेरा ने उसका आधिपत्य मान लिया।

इस प्रकार अपनी स्थिति सुदृढ़ कर उसने कांची के पल्लव नरेश को परास्त किया, यद्यपि ध्रुव उसे एक बार हरा चुका था, गोविन्द के विरूद्ध विद्रोह में स्तम्ब का साथ दिया था। गोविन्द दक्षिण से पूरब की ओर मुड़ा और वेंगी के शासक चालुक्य विजयादित्य को हराकर उसका बड़ा अपमान किया (उससे झाड़ू तक लगवाया)। किन्तु यह युद्ध लगभग 12 वर्षो तक चलता रहा।

नर्मदा से दक्षिण अपनी स्थिति दृढ़ करने के बाद गोविन्द ने उत्तर की ओर विजय यात्रा की। ऊपर हम कह आये हैं कि ध्रुव के उत्तर से लौट जाने के बाद धर्मपाल ने फिर मध्यदेश में अपनी सत्ता कायम कर ली थी और कन्याकुब्ज का राजा चक्रायुध उसके हाथ की कठपुतली बन गया था। उधर उज्जयिनी का नागभट्ट अपनी उन्नति कर रहा था। इसी बीच तृतीय गोविन्द ने पूरी योजना के साथ मध्यदेश पर आक्रमण किया। अपने गृह–राज्य और दक्षिण के प्रदेशों पर विश्वसनीय और योग्य सेनापतियों को नियंत्रण हेतु नियुक्त कर, अपने भाई इन्द्र को, गुर्जर प्रतिहारों को उनके गृह–राज्य मालवा में ही परास्त करने के लिए भेजकर स्वयं सीधे लगभग 808 ई0 में कन्नौज की तरफ बढ़ा। इन्द्र ने मालवा के गुर्जरों को हराया। गोविन्द ने चित्रकूट के शासक को अधीन करके दोआब पर आक्रमण किया। वहां उसे द्वितीय नागभट्ट मिल गया, जिसे हराकर उसने हिमालय की तराई तक धावा किया। इस बीच चक्रायुध और धर्म (धर्मपाल) ने कूटनीतिपूर्वक उसके प्रति समर्पण करके उसकी अधीनता स्वीकार कर ली। यह यात्रा उसकी दिग्विजय मात्र थी, अतः उसने किसी के राज्य का कोई अंश अपने राज्य में नहीं मिलाया हाँ उनसे कर के रूप में प्रभूत धन अवश्य लिया; किन्तु मालवा को उसने अपने राज्य में मिलाकर उत्तर के आक्रमणकारियों के विरूद्ध एक द्वारपट सा बना दिया।

यहां से गोविन्द पश्चिमाभिमुख होकर लौटा और श्रीभवन (भड़ौच जिले में) के राजा सर्व का आतिथ्य स्वीकार किया। यहां गोविन्द ने वर्षाऋतु में विश्राम किया। इसी स्थान पर अमोघवर्ष का 808 ई0 में

जन्म हुआ। इसी बीच दक्षिण के चोलों, पाण्ड्यो और गंगवाड़ी आदि के सामन्त राजाओं ने केरल और कांची के साथ मिलकर एक संघ संगठित किया, जिसको उसने फिर जाकर हराया। यह उसका अन्तिम युद्ध था। इसके बाद उसने अपनी आन्तरिक स्थिति दृढ़ की और अपने शिशु पुत्र के राज्यरोहण की व्यवस्था करके 814 ई0 में अपनी इहलीला समाप्त की। तृतीय गोविन्द भारत के महानतम सम्राटों में एक था– युद्धों में सफल, महान नीतिज्ञ ओर उदार। उसका साम्राज्य (प्रभावक्षेत्र) हिमालय से कन्याकुमारी तथा गुजरात से मध्य भारत की पूर्वी सीमा तक विस्तृत था। वह वास्तव में चक्रवर्ती सम्राट था।[7] उसने प्रभूतवर्ष, पृथ्वीवल्लभ और श्रीवल्लभ विरूद धारण किये।

गोविन्द की मृत्यु पर उसका पुत्र प्रथम अमोघवर्ष[8] 814 वर्ष के लगभग राजा हुआ। राज्यारोहण के समय वह बालक था और राज्यभार गुजरात के राष्ट्रकूट वंश का कर्कराज संभालता था। अमोघवर्ष के शासन के प्रारम्भ में राज्य में उपद्रव ओर अराजकता रही। संजान लेख के अनुसार उसके विरूद्ध विद्रोह अन्तःपुर से प्रारम्भ हुआ, मन्त्री कृतघ्न और सामन्त विरोधी हो गये। सम्भवतः अन्त पुर की दूसरी रानियों ने अपने पुत्रों के लिए राज्य चाहा होगा। इसी समय गंगवाड़ी के राजा ने भी स्वतंत्रता घोषित कर दी। वेंगी के चालुक्य राजा विजयादित्य ने गोविन्द द्वारा किये गये अपमान का प्रतिशोध लेने के लिए उस पर आक्रमण कर दिया और काफी तंग किया। इस प्रकार बाल्यावस्था में अमोघवर्ष को काफी दिक्कतों का सामना करना पड़ा, परन्तु युवा होने पर उसने अपनी स्थिति कर्कराज की सहायता से सुधार ली। वेंगी के चालुक्य राजा तृतीय विजयादित्य को उसने परास्त किया और दूसरे पड़ोसी राजाओं को अपने वश में किया। उसीके समय में राष्ट्रकूटों की राजधानी मयूरखण्ड से मान्यखेट में आयी। फिर भी अमोघवर्ष आन्तरिक झगड़ों में ही इतना उलझा रहा कि न तो वह कोई नया प्रदेश जीत सका, न अपने साम्राज्य के बाहर कोई विजय यात्रा कर सका। उत्तर में प्रतिहार राजा भोज काफी प्रबल हो रहा था। उसने दक्षिण में प्रसार का प्रयन्त किया, पर गुजरात शाखा के द्वितीय ध्रुव ने उज्जयिनी और नर्मदा तक बढ़ आये भोज को रोक रखा। सीरपुर लेख के अनुसार उसने, अंग वंग और मगध के राज्यों पर भी विजय

किया, पर इसके लिए कोई प्रमाण नहीं है। उसने गंगवाड़ी के शासक भूतग से अपनी पुत्री का विवाह कर अपना मित्र बना लिया। वह दिगम्बर जैन धर्म को मानने वाला और बड़ा दानी था। आचार्य जिनसेन उसके गुरू थे। अमोघवर्ष के समय में जैन धर्म का दक्षिण में बड़ा प्रचार हुआ वह उससे इतना प्रभावित हुआ कि उसने अपना राज्य भी छोड़ दिया[9]। संजान लेख के अनुसार कभी–कभी वह द्वितीय कृष्ण को राज्य का कार्य सौंपकर स्वयं एकान्त में समाधि लगाता था। वह स्वयं विद्वान था। 'उसने प्रश्नोत्तर मालिका' नामक नीतिग्रन्थ और रीतिशास्त्र पर कन्नड़ भाषा में 'कविराज मार्ग' नामक एक ग्रन्थ लिखा। अरब यात्री सुलेमान (851 ई0) संसार के चार बड़े राजाओं में उसकी गणना करता है– 1. बगदाद का खलीफा, 2. चीन का राजा, 3. कुस्तुनतुनिया का शासक और 4. वल्लार (वल्लभराय – राष्ट्रकूट)। नवसारी दानपत्र में उसके लिए, 'वल्लभ राजराज' और वीर नारायण विरूद् दिये गये हैं।

प्रथम अमोघवर्ष के बाद उसका लड़का द्वितीय कृष्णराज अकालवर्ष सिंहासन पर बैठा। उसने त्रिपुरी के कलचुरी राजा प्रथम कोकल्ल की पुत्री से विवाह किया, जिससे जगत्तुंग उत्पन्न हुआ। सम्भवतः कृष्ण को किसी प्रकार की सहायता कोकल्ल से मिली थी, जिसका उल्लेख कलचुरी लेखों में हुआ है। उसके समय में राष्ट्रकूट शक्ति कुछ दुर्बल हो गयी। कान्यकुब्ज के प्रतिहार राजा भोज ने मालवा और गुजरात की तरफ राष्ट्रकूटों को दबाया। फिर भी वर्धा और नवसारी दानपत्रों के अनुसार कृष्ण एक वीर राजा था, जिसने गुर्जरों को भयभीत किया लाट के दर्प को मर्दित किया, गौड़ों को विनम्र किया, समुद्रतट के लोगों को परास्त किया तथा आन्ध्र, कलिंग, गंग और मगध के राजाओं से कर वसूल किया[10]। इस वर्णन की सत्यता संदिग्ध है। दूसरे वंशों के लेखों से लगता है कि उसे काफी कष्ट उठाना पड़ा। भोज प्रतिहार के साथ युद्ध में उसका पुत्र जगत्तुंग मारा गया। उसके द्वारा भेजी हुई सेनाओं को वेंगी के चालुक्य भीम ने परास्त किया। उससे भी पहले शायद तृतीय विजयादित्य एक बार दक्षिण की और विजय करने के लिए बढ़ गया ओर लौटते समय कृष्ण को परास्त किया और एक नगर को ही जला दिया। उसके समय में गुजरात

शाखा के राष्ट्रकूटों ने सम्भवतः विद्रोह किया, जिसको कृष्ण ने दबा दिया। वह किसी प्रकार अपने पिता से प्राप्त राज्य को सुरक्षित रखे रहा।

914 ई0 में कृष्णराज का पौत्र तृतीय इन्द्र नित्यवर्ष शासनारूढ़ हुआ। वह बड़ा विजयी और प्रतापी राजा था। उसने राज्यारोहण के पूर्व ही परमार राजा उपेन्द्रराज को हराया था। उसने कान्यकुब्ज के प्रतिहार राजा महीपाल पर आक्रमण किया, जिसका परिणाम यह हुआ कि सुराष्ट्र आदि पश्चिमी प्रान्त प्रतिहारों के हाथ से निकल गये।[11]

इन्द्र के समय राष्ट्रकूटों का आतंक उत्तर में गंगा से लेकर दक्षिण में कन्याकुमारी तक फैला हुआ था। उसने कोकल्ल की पौत्री विजाम्बा से विवाह किया था तथा चेदि में एक विजय स्तम्भ स्थापित किया था। उसने परममाहेश्वर की उपाधि धारण की, जिससे मालूम होता है कि वह शैव धर्म का अनुयायी था। वह 918 ई. में मरा।

इसके बाद राष्ट्रकूटों की शक्ति का क्रमशः पतन होने लगा। इस वंश के पिछले राजा दुर्बल थे और अपनी गिरती शक्ति का पुनरूत्थान नहीं कर सकते थे।

इन्द्र थोड़े ही समय राज्य करके मर गया। उसका जेठा बेटा द्वितीय अमोघवर्ष गद्दी पर बैठा, पर वह भी असमय कालकवलित हो गया। उसका उत्तराधिकारी उसका छोटा भाई चतुर्थ गोविन्द हुआ। खारेपाटन और वर्धा दान–पत्रों में उसे विलासी राजा कहा गया है। पहले दान–पत्र के अनुसार 'वह प्रेम के प्रदर्शन का स्थान था और सदा सुन्दर नारियों से घिरा रहता था।' दूसरे के अनुसार उसकी बुद्धि नारियों के नयननपाश में बद्ध हो गयी ओर उसने अपना सब कुछ नष्ट कर दिया[12]। इसी कारण वह असमय मृत्यु को प्राप्त हुआ। उसको वेंगी के चालुक्य राजा ने हराया और पुलगिरी के द्वितीय अरिकेशरिन् ने भी उत्पात किया जैसे कि कन्नड़ कवि पम्प ने 'विक्रमार्जुन विजय' में लिखा है। चतुर्थ गोविन्द के बाद उसका चाचा वट्टिग अमोघवर्ष (तृतीय) गद्दी पर बैठा, जो एक धार्मिक राजा था। उसका विवाह त्रिपुरी के कलचुरि केयूरवर्ष प्रथम युवराज की पुत्री से हुआ था और उसने अपनी कन्या का विवाह गंगराज द्वितीय भूतग से किया था। लगभग 940 ई0 में वह मर गया।

उसका उत्तराधिकारी उसका पुत्र तृतीय कृष्ण हुआ। वह युवराजपद से ही राज्यकार्य में पर्याप्त सहायता करता रहा था। उसने अपने शत्रुओं को जिन्होंने उसकी आज्ञा का उल्लंघन किया, कड़ा दण्ड दिया; उसने दन्तिग और वप्पुक को मौत के घाट उतारा। उसने गंगराज को भी जीता और उसके स्थान पर आर्य सत्ता के प्रतीक के रूप में भूतग की सत्ता स्थापित की। उसके इन विजयों को सुनकर गुर्जरराज ने जो कालिंजर और चित्रकूट पर विजय करना चाहता था, अपनी आशा त्याग दी[13]। इस प्रकार, जब उसने हिमालय से सिंहल और पूर्वी तथा पश्चिमी समुद्रों के बीच सभी सामन्तों को पराजित कर सभी राजाओं को अपने समक्ष नत कर दिया था। उसके पिता की मृत्यु हुई और वह सिंहासन पर बैठा। उसने अकालवर्ष, श्रीवल्लभ आदि विरूद धारण किये। मैहर रियासत में एक पाषाण पर खुदे एक कन्नड़ अभिलेख से अनुमान किया जाता है कि उसने उत्तर में भी कुछ प्रदेश जीते थे; क्योंकि इस समय गुर्जर प्रतिहारों की शक्ति मन्द पड़ गयी थी और दूसरे राज्य अभी पर्याप्त प्रबल नहीं थे। परन्तु उसने निश्चितरूप से दक्षिण में फिर विजय किया। उसने कांची को जीतकर अपने बहनोई भूतग की सहायता से चोल राजा राजादित्य को लगभग 949 ई0 में हराया। इसके उपलक्ष्य में उसने 'तन्जैयुम्मकोण्ड' का विरूद धारण किया और भूतग को बनवासी का प्रदेश भी दिया। उसने पाण्ड्य, चोल, सिंहल, चेर और दूसरे राजाओं को भी परास्त किया। उसने वेंगी के चालुक्य राजा द्वितीय अम्म को राज्य से च्युत कर अपने मित्र वाडप को बैठाया। वह राष्ट्रकूट वंश के बुझते हुए दीपक के अन्तिम प्रकाश के रूप में दीप्त हो गया था।

उसके पश्चात् उसका भाई खोटिग राजा हुआ जिसे परमार सीयक हर्ष ने परास्त किया और उसकी राजधानी पर अधिकार कर लिया था[14]। अन्तिम राष्ट्रकूट राजा द्वितीय कक्क था जिस पर चालुक्य द्वितीय तैलप ने 973 ई0 में आक्रमण किया और राष्ट्रकूटों के राज्य का अन्त कर दिया।

सन्दर्भ

1. सभी मतो के लिए देखिए– डॉ. भण्डारकर–अ. हि. दे., पृ. 106, वैद्य–हि. इ. 1, पृ. 144, डॉ. अल्तेकर–राष्ट्रकूटाज एण्ड देअर टाइम्स पृ. 19–22।
2. कई अभिलेखों में उन्हें लुट्टूरपुराधीश'–'सुन्दर नगर लट्टूर के स्वामी' कहा गया हैं। यह लुट्टूर हैदराबाद में बीदर जिले में था, ऐसा माना जाता है।
3. डॉ. भण्डाकर– अर्ली हिस्ट्री आफ दि डेरकन, पृ. 196।
4. डॉ. अल्तेकर – राष्ट्रकूटाज एण्ड देअर टाइम्स, पृ. 11–12।
5. कृष्ण के उत्तराधिकार के विषय में अनेक मत प्रचलित हैं। बडौदा लेख में 'कृष्ण के पहले दन्तिदुर्ग का नाम नहीं आता और उसमें लिखा है कि 'कृष्ण ने उसी परिवार के एक राजकुमार को नष्ट किया और प्रजा की भलाई के लिए स्वयं राज्यभार सँभाला। इसका अर्थ यह लगाया जाता है कि वह राजकुमार दन्तिदुर्ग ही था, जिसके अत्याचारी होने के कारण उसको गद्दी से हटाया गया था। दूसरे विद्वानों का कहना है कि दन्तिदुर्ग एक शक्तिशाली राजा था, कृष्ण द्वारा हत कोई अन्य राजा रहा होगा, जिसने उत्तराधिकार में दावा किया होगा। दूसरे नौसारी लेख में कृष्ण का राज्याभिषेक दन्तिदुर्ग के मरने के बाद (तस्मिन्दिवंगते) हुआ, उल्लिखित है।
6. वानी–दिन्दोरी और राधनपुर दानपत्रों में उसका नाम भी नहीं मिलता, जिससे अनुमान किया जाता है कि ध्रुव ने उसको गद्दी से उतार दिया थां पैथान दानपत्र से ज्ञान होता है कि उसके पड़ौसी राज्यों और कुछ सामन्तों की सहायता से फिर राज्य प्राप्त करना चाहा, पर ध्रुव ने सबको दबा दिया। गोविन्द के शासनकाल में ही ध्रुव प्प्राप्त करना चाहा, पर ध्रुव ने सबको दबा दिया। गोविन्द के शासनकाल में ही ध्रुव द्वारा स्वतन्त्र रूप से दानपत्र जारी किये जाने से लगता है कि वह शासन में गोविन्द का सहकारी भी था। देखिए– डॉ. अल्तेकर–राष्ट्रकूटाज एण्ड देअर टाइम्स।
7. यह इतिहास राष्ट्रकूटों के अनके दानपत्रों, जैसे वानी दिन्दोरी, राधनपुर, कावी, बड़ौदा, संजान लेख (अमोघषर्ष) आदि में सुरक्षित सामग्री के आधार पर लिखा गया है। देखिए– डॉ. भण्डारकर–अर्ली हिस्ट्री ऑफ

दा डेक्कन, पृ. 113–116; सी. वी. वैद्य–हि. ऑफ में. हि. 1, पृ. 146–86, डॉ. अल्तेकर–राष्ट्रकूटाज एण्ड देअर टाइम्स।

8. अमोघषर्ष विरुद जैसा जान पड़ता है। उसका नाम डॉ. भण्डारकर से शर्व था। अ. हि. द. पृ. 116।

9. रत्नमालिका–

"विवेकात्त्यक्तराज्येन राज्ञेयं रत्नमालिका।
रचितामोधवर्षेण सुधियां सदलंकृतिः।।"

10. कुछ ऐसा ही वर्णन जैनपुराण के उत्तर भाग में भी है।

11. उसने कन्नौज पर उस समय आक्रमण किया था, जब महीपाल और द्वितीय भोज में राजसिंहासन के लिए कलह चल रहा था। खम्भात लेख में उसके महोदय (कन्नौज) पर विजय का सुन्दर वर्णन हैः–

"यन्याद्यद्द्विपदन्तधातविषयं कालप्रियप्रांगणम्
तीर्णं यन्तुरगैरगाधयमुना सिन्धुप्रतिस्पर्धिनी।
येनेदं हि महोदयारिनगरं निर्मूलमुन्मीलितम्
नाम्नाधथि जनैः कुशस्थलमिति ख्यातिं परां नीयते।।"

12. वर्धा दानपत्र–एपि. इण्डि. 4, पृ. 283–88।

"सोव्यंगनानयनपाशनिरुद्धबुद्धिः सन्मार्गसंगविमुखीकृत सर्वसत्वः।"

13. देवली लेख– एपि. इण्डि. 5, पृ. 194।

"दक्षिणदिग्दुर्गविजयमाकर्ण्य गलिता गुर्जरहृदयात् चित्रकूटाशा।"

14. एपि. इण्डि. 1, पृ. 233।

"श्रीहर्षदेव इति खोटिगदेवलक्ष्मी जग्राह यो युधिनगादसमप्रभावः।"

होयसल (1022–1342)

1. पूपकाम 1022–1048

2. विनयादित्य 1047–1018

3. इडियंग 1063–1100

4. वल्लाल प्रथम 1100–1110

5. विष्णुवर्द्धन 1110–1152

उदयादित्य

6. नरसिंह प्रथम 1152–1176

7. वल्लाल द्वितीय 1173–1220

8. नरसिंह द्वितीय 1220–1238

9. सोमेश्वर 1233–1267

10. नरसिंह तृतीय 1254–1212

रामनाथ 1254–1295

11. वल्लाल तृतीय 1211–1342

विश्वनाथ 1295–1306

12. वल्लाल चतुर्थ

द्वारसमुद्र का होयसल–वंश :

होयसल–वंश भी यादवों की एक शाखा थी और इस वंश के राजा–उत्कीर्ण लेखों में 'यादव कुल तिलक' कहे गये हैं। ये अपने को चन्द्रवंशी क्षत्रिय मानते हैं। इस वंश के प्रारम्भिक शासकों का राज्य बहुत छोटा था और ये कांची के चोल–राज्य अथवा कल्याण के चालुक्य राज्य के सामन्त थे। उनकी राजधानी वेलापुर (वेलूर) थी। ग्यारहवीं शती के मध्य में इस वंश के विनयादित्य और उसके पुत्र एरयंग नें चोल चालुक्य संघर्ष से लाभ उठाकर अपने राज्य को कुछ और बढ़ाया, परन्तु फिर भी ये चालुक्यों के सामन्त ही रहे। विटिग विष्णुवर्धन इस वंश का पहला राजा था जिसने अपने राज्य की शक्ति और सीमा का विस्तार कर उसको गौरव का स्थान दिया। वेलापुर छोड़कर उसने द्वारसमुद्र (हलेविड) को अपनी राजधानी बनाया। उसने अपने अधिपति चालुक्य राजा छठवें विक्रमादित्य पर आक्रमण करके प्रायः अपने को पूरा स्वतंत्र कर लिया। इसके बाद उसने चोल, पाण्ड्य, केरल, तुलुव (दक्षिण कर्णाटक), कदम्ब और गंग राजाओं को हराया और इस प्रकार लगभग सारे मैसूर पर अपना आधिपत्य जमा लिया। विष्णुवर्धन पहले जैन–धर्म का अनुयायी था, परन्तु पीछे अपने मन्त्री और प्रसिद्ध आचार्य रामानुज के प्रभाव से वैष्णव धर्म को अपनाया। उसने कई सुन्दर प्रासादों और मन्दिरों का निर्माण कराया।

होयसल–वंश का सबसे शक्तिमान् और प्रसिद्ध राजा प्रथम वीर बल्लाल (1172–1215 ई0) हुआ, जिसने नियमतः अपनी स्वतंत्रता घोषित की और महाराजाधिराज की उपाधि धारण की। इस समय यादवों की शक्ति क्षीण हो रही थी। वीर बल्लाल ने चालुक्य राजा चतुर्थ सोमेश्वर को हराया और अपने प्रतिद्वन्दी यादव राजा पंचम भिल्लम से भी युद्ध किया। उसके शासनकाल में होयसल वंश की गणना दक्षिण की प्रबल शक्तियों में होने लगी। परन्तु उसके पुत्र और उत्तराधिकारी द्वितीय नरसिंह के समय में यादव राजा सिंहण के आक्रमण से होयसल की शक्ति को धक्का लगा। नरसिंह के पीछे आने वाले राजा दुर्बल थे और उनके सम्बन्ध में कुछ विशेष मालूम नहीं है। उनकी पड़ोसी राज्यों, चोल और पाण्ड्यों से बराबर लड़ाई होती रही। इस वंश का अन्तिम राजा तृतीय वीर बल्लाल था। उसी

के समय (1320 ई0) में अलाउद्दीन खिलजी के सेनापति मलिक काफूर ने द्वारसमुद्र पर आक्रमण किया। वीर बल्लाल बन्दी होकर दिल्ली गया। वहां से छूटने पर उसने फिर स्वतंत्र होने का प्रयत्न किया परन्तु वह फिर दबाया गया और होयसलों के स्वतंत्र राज्य का 1327 ई0 में अन्त हो गया। इसके बाद उनके वंशज स्थानीय सामन्तों के रूप में बने रहे।

अध्याय 5

दक्षिण भारत की वास्तुकला

वास्तुकला के क्षेत्र में प्रगति के जो बढते चरण उत्तर भारत में दिखे उससे कही अधिक तीव्रता के साथ–साथ कला– सौष्ठव का प्रदर्शन दक्षिण भारत में हुआ। वास्तुकला के विभिन्न स्वरूप एवं उनकी आश्चर्यजनक कलापूर्ण निर्माण शैली में वास्तुकारों के अद्म्य साहस, मनोवैज्ञानिक दृष्टिकोण, हृदयागत परमानन्द की सुखानुभूति, असीमित ज्ञान की पराकाष्ठा, अभूतपूर्व धैर्य के साथ–साथ कलाप्रिय शासकों की कलाप्रियता एवं धार्मिक सहिष्णुता के उत्कृष्ट दर्शन होते हैं।

बौद्ध–विहारों, जैन–विहारों तथा बौद्ध–स्तूपों के साथ–साथ कलापूर्ण श्रेष्ठ हिन्दू मंदिरों की वास्तुकला में दक्षिण भारत के मध्यकालीन अनेक राजवंशो में विशेषतः चालुक्य, चोल, राष्ट्रकूट पल्लव, पाण्ड्य एवं होयसल नरेशों की महत्वपूर्ण देन है। इन वंशो के शासकों ने द्रविड़ शैली के अन्तर्गत विभिन्न प्रकार के श्रेष्ठ मंदिरों का निर्माण कराकर कला के इतिहास में अपने को सदा के लिये अमर कर लिया है।

चालुक्यवंशीय वास्तुकला (05.1.1 से 05.1.4a तक)

नर्मदा नदी के दक्षिण में पाँचवी शताब्दी के पश्चात् चालुक्यों की शक्ति बढ़ी। उन्होंने बादामी को अपना प्रमुख केन्द्र बनाया। इस वंश के प्रमुख शासकों में पुलकेशिन प्रथम (535–66 ई0), कीर्ति वर्मा (566–97

ई0),पुलकेशिन द्वितीय (610–642 ई0) विक्रमादित्य प्रथम (645–80 ई0), एवं विक्रमादित्य द्वितीय (737–47 ई0) के नाम विशेष रूप से उल्लेखनीय हैं। इन शासकों ने पल्लव नरेशों को परास्त करके अपने साम्राज्य की सीमा को ही नहीं बढाया, वरन्– कला के क्षेत्र में भी अभूतपूर्व योगदान किया। वैसे चालुक्यों की एक शाखा कल्याणी में भी स्थापित हुई थी, पर बादामी (बातापी) के चालुक्यों के समान शौर्य, पराक्रम व कलाप्रियता के क्षेत्र में वह नगण्य ही रही।

बादामी के चालुक्य अधिकांशतः कट्टर ब्राह्मण थे। परन्तु साथ ही साथ अन्य धर्मों के प्रति वे सहिष्णु भी थे। पुलकेशिन द्वितीय अवश्य ही जैन धर्म का अनुयायी हो गया था। ऐहोल के अभिलेख से ज्ञात होता है कि उसके दरबार के प्रसिद्ध लेखक तथा कवि रविकीर्ति ने जिनेन्द्र का एक मन्दिर बनवाया था।[1] चीनी यात्री ह्वेनसांग के अनुसार, इस क्षेत्र में यद्यपि बौद्ध धर्म का ह्रास हो रहा था, पर फिर भी इस राज्य में 100 से ऊपर बौद्ध बिहार थे और दोनों यानो (हीनयान और महायान) के भिक्षुओं की संख्या 500 के लगभग थी। राजधानी के भीतर– बाहर पाँच अशोक स्तूप थे। ब्राह्मण धर्म उत्कर्ष पर था। बादामी (बातापी) और पत्तदक्कल में त्रिमूर्ति (ब्रह्मा, विष्णु व महेश) के नामों पर अनेक विशाल व कलापूर्ण मंदिर बने थे। ठोस चटटानों को काटकर भी मन्दिरों के निर्माण की परम्परा विद्यमान थी।[2]

चालुक्य मन्दिरों की अपनी कुछ अलग से विशिष्टतायें थी। यथा[3]

1. मन्दिर अधिकांशतः अलंकृत आधार पर स्थित होता था।
2. मन्दिर के अनेक कोण होते थे और, उनका नक्शा सितारा सदृश होता था।
3. मन्दिर का शिखर 'कलशमंडित कोणात्मक स्तम्भ' से अलंकृत होता था।
4. इन प्रमुख विशिष्टताओं के साथ–साथ मंदिरों की भित्तियाँ विशेषतः बाह्म भित्तियाँ उत्कृष्ट, श्रेष्ठ एवं कलात्मक विभिन्न प्रतिमाओं से भलि–भाँति अलंकरण से परिपूर्ण रहती थी। इन्हीं अपनी विशिष्ट व श्रेष्ठ शैली के कारण ही चालुक्यों द्वारा निर्मित शैली उन्हीं के नाम पर चालुक्य शैली के नाम से इतिहास में प्रसिद्ध हो गई।

5. प्रारंभिक चालुक्य नरेशों के काल में पाँचवी व छठवीं शताब्दी में बादामी व एहोल में अनेक मंदिरों का निर्माण हुआ। बीजापुर का ऐहोल नामक स्थान इमारतों का संग्रहालय है। ऐहोल में ही 70 से अधिक मंदिर निर्मित हुए, जिनमें से 30 मंदिर प्राकार से घिरे है।[4] यहाँ के लाड़खा (लघखान) मंदिर जो 5वीं शती की कृति हैं गर्भग्रह, स्तम्भों पर आधारित मंडप एवं एक विशाल सभा–कक्ष से युक्त है। मंदिर में शिखर का आभाव है। शिखर के स्थान पर सपाट छत पर छोटी आमलिका ही बनी है।
6. ऐहोल में दूसरा उल्लेखनीय मंदिर दुर्गा का है, जो छठवीं सदी में बना था एवं यह निर्माण–शैली में बौद्ध चैत्य के अनुरूप था। 60 फुट लम्बे व 36 फुट चौडें इस मंदिर की छत बौद्ध चैत्य के अनुरूप गज–पृष्ठ के सदृश ही ढालू थी। इसी से लगा हुआ 24 फुट के क्षेत्र में फैला एक प्रांगण है एवं मंदिर के चारों ओर प्रदक्षिणा पथ का भी प्रबन्ध है।[5] इन मन्दिरों का निर्माण 450ई0 से 600ई0 के मध्य हुआ। इस काल में उत्तर भारत में गुप्त सम्राटों ने मन्दिरों का निर्माण कराया। संभवतः आर्यन शिखर (नागर शैली) का प्रभाव दक्षिण पहुँचा। इसी कारण ऐहोल के मन्दिरों में मिश्रित शैली मिलती है। इस स्थान के सत्तर मन्दिरों में नागर स्थापत्य के विचार अनेक इमारतों में प्रकट हो रहे हैं। ऐहोल मन्दिरों को चालुक्य स्थापत्यकला का जन्मदाता कह सकते हैं। ऐहोल के मन्दिर के गर्भगृह त्रिरत्न योजना पर बने हैं। उस पर छोटा शिखर है और मन्दिर के सामने के भाग में स्तम्भयुक्त कमरा है। नागर शैली के प्रारम्भिक शिखर की रूपरेखा ऐहोल के मन्दिरों में वर्तमान है। ऐहोल में स्थापत्यकार्य का उत्साहवर्धक आरम्भ दो सदियों तक चलता रहा।
7. सातवीं और आठवीं शताब्दी में बादामी से कुछ दूर पट्टकल में अनेक मंदिर निर्मित हुए। यहाँ के मन्दिरों में गुप्तकालीन मंदिरों की भाँति सपाट छत का स्थान शिखरों ने ले लिया। यहीं पर द्राविड़ शैली के प्रारम्भिक रूप के दर्शन पाते है।
8. पट्टदकल में द्राविड शैली के साथ–साथ नागर शैली भी प्रस्फुटित हुई। पर श्रेष्ठता की दृष्टि से नागर की अपेक्षा

द्राविड शैली अधिक प्रभावोत्पादक सिद्ध हुई। पापनाथ का मन्दिर नागर शैली का एवं विरूपाक्ष मंदिर द्राविड शैली का श्रेष्ठतम उदाहरण है। इन मंदिरों में रामायण के दृश्य तथा पौराणिक आख्यानों पर आधारित विभिन्न देवताओं की मूर्तियां उत्कीर्ण है। विरूपाक्ष– मंदिर सादे वातायनों एवं अर्द्धमंडप तथा प्रदक्षिणा–पथ से युक्त ऊँचे अधिष्ठान पर आधारित है। इसमें गोपुरम–रचना का भी समावेश दिखाई देता है। मंदिर का बाह्य भाग कला की दृष्टि से सुन्दर हैं एवं उसके स्तम्भ विविध प्रकार के अलंकरणों से शोभायमान है। इस मंदिर में तथा एलोरा के कैलाश मंदिर में बहुत साम्य हैं। काशी विश्वनाथ के मन्दिर का उल्लेख करना भी अनिवार्य है। इस प्रकार के मन्दिरों में गर्भगृह त्रिरत्न योजना सहित बनाया गया, जिसके ऊपरी भाग में शिखर विद्यमान है। यह सभी ऐहोल तथा उत्तरी भारत के स्थापत्य मंदिरों के नमूनों के समान है। दक्षिण भारत की आरम्भिक शिखर शैली में आमलक भी दीख पड़ते हैं। पट्टदकल के पापनाथ मन्दिर में ढ़का प्रदक्षिणा मार्ग है जिससे सम्बद्ध दो प्रकोष्ठ हैं। एक को अंतराल तथा दूसरे को सभामण्डप कहा जा सकता है। गर्भगृह की छत चपटी है जिसके ऊपर शिखर स्थित है। अन्य बनावट तथा तथ्यों को ध्यान में रखकर यह कहना यथार्थ होगा कि नागर शैली की मीनार को छोड़कर समस्त आकार द्रविड रीति के विरूपाक्ष मन्दिर के सदृश हैं।

9. रायचुर जिले के आलमपुर नामक स्थान में भी चालुक्यों ने कई मंदिर बनवाये, जिनमें एलोरा के कैलाश–मंदिर की अनेक विशेषतायें दिखाई देती हैं।[6]

सन्दर्भ

1. प्रा. भा. का राज. सो. इति. (चौधरी) पृ. 581।
2. वही– पृ. 582।
3. वही।
4. भार. वास्तु का इति. पृ. 127।
5. वही– पृ. 128।
6. वही– पृ. 128।

पल्लवों के अधीन कला शैली का विकास (05.1.5 से 05.2.10 तक)

इस अध्याय में पल्लव शासकों के अधीन वास्तुकला, मूर्तिकला और चित्रकला के विकास के विभिन्न आयामों का समालोचनात्मक अध्ययन किया गया है –

600 ई0 से लेकर 900 ई0 तक की तीन शताब्दियों के कालक्रम में पल्लवों के अधीन वास्तुकला का उल्लेखनीय रूप से विकास हुआ। **महेन्द्रवर्मन प्रथम** तमिलनाडु में शैल कर्तित वास्तुकला का आरम्भ करने वाला पहला शासक था। महेन्द्रवर्मन प्रथम ने विष्णुकुण्डिनों द्वारा संरक्षित विजयवाड़ा की कला से प्रेरणा ग्रहण की थी जिस कारण मोगल्राजपुरम और तमिल देश में अस्तित्वमान महेन्द्रवर्मन की कला में समानता परिलक्षित होती है। उसके **मन्डगपट्टु अभिलेख** में मन्दिर के ईंटों, काष्ठ, धातु और गारे के अभाव में निर्मित होने तथा ब्रह्मा, ईश्वर और विष्णु को समर्पित होने का विवरण मिलता है। महेन्द्रवर्मन ने विचित्रचित्त, चित्रकरापुली, मट्टविलास और चैत्यकरि जैसी उपाधियाँ धारण की थी। उसकी इन उपाधियों से उसके वास्तुविद, अभियंता, कवि और कलाकार होने का सहज अनुमान लगाया जा सकता है।[1]

संस्कृत में रचित आधारपटल अभिलेख के अनुसार उसने मंडगपट्टु में लक्षितायतन नाम के पहले शैल कर्तित गुहामन्दिर का निर्माण कराया।

तोण्डैमण्डलम में शिव तथा विष्णु को समर्पित अनेक मन्दिरों में उसने अपनी इस कलात्मक अभिरूचि की पुनरावृत्ति की। इन मन्दिरों में आठ मन्दिरों पर उसकी विविध उपाधियों का अभिलेखांकन किया गया है।

ये वस्तुतः खुले और छोटे स्तम्भों से युक्त मण्डप मन्दिर है। इन मन्दिरों में खुले भाग की ओर अधिष्ठान और पाद का परिष्कार किया गया है। अल्प नासिकाओं अथवा कुडु आकृतियों के माध्यम से कपोतों को अलंकृत किया गया है। प्रस्तर के मण्डप की छत तक पहुँचने के कारण इन संरचनाओं में ग्रीवा, शिखर और स्तूपी दिखाई नहीं देते। मण्डप का मुख अविकसित अधिष्ठान से युक्त है और इसका कपोत, मात्र

एक सामान्य पाषाण कगार के रूप में ही दृष्टिगत होता है। मन्दिर की पोतिका विशाल है तथा मन्दिरमुख के स्तम्भ तिरछे रूप से अष्टकोणीय पाषाणखण्ड से निस्सरित हुए हैं जिन्हें कट्टु कहा जाता है : इनका ऊपरी भाग वर्गाकार है।

मन्दिर को आन्तरिक स्तम्भ पंक्ति के द्वारा अर्द्ध और मुखमण्डप में विभाजित किया गया है। ये स्तम्भ वर्गाकार और बहुकोणीय प्रवृत्ति लिए हुए हैं और नागार्जुनकोण्डा के मण्डल स्तम्भों की ही तरह के है। संभवतः इन सुव्यवस्थित स्तम्भों के नियोजन को देखकर ही इनसे निर्मित संरचना को मण्डप का नाम दिया गया। इस मन्दिर में द्वारपालों को छोड़कर अन्य किसी भी देवता की मूर्तिगत प्रस्तुति नहीं हुई है और न ही जल प्रवाह के लिए **प्रणालिकाओं** का निर्माण किया गया है।

महेन्द्रवर्मन द्वारा उत्खनित कराए गए प्रमुख कार्य निम्नलिखित हैः

1. मंडगपट्टु में त्रिमूर्ति गुहा मन्दिर का निर्माण
2. पल्लवरम में पंचपाण्डव गुहा मन्दिर
3. मामण्डुर में रूद्रवलेश्वर का द्वितीय शैव गुहा मन्दिर
4. कुरंगनिलकुट्टम में काल मण्डप्म गुहा मन्दिर
5. महेन्द्रवडि का वसन्तेश्वर विष्णु गृह गुहा मन्दिर
6. महेन्द्रवडि का महेन्द्र–विष्णु गृह गुहा मन्दिर
7. मामण्डुर में विष्णु गुहा मन्दिर
8. त्रिचिरापल्ली का ललितांकुर पल्लवेश्वर गृह मन्दिर
9. दलावनूर का शत्रुमल्लेश्वरालय मन्दिर
10. सियमंगलम का अवनि भजन – पल्लवेश्वर गृह गुहा मन्दिर

त्रिचिरापल्ली के गुहा मन्दिर को छोड़कर शेष सभी मन्दिर तोण्डैमण्डलम के तमिल देश में ही स्थित है और केवल ललितांकुर पल्लवेश्वर गृह मन्दिर ही दक्षिण दिशा स्थित चोल देश में कावेरी के तट पर अवस्थित मन्दिर का उदाहरण प्रस्तुत करता है। यह मन्दिर पहाड़ी के शिखर पर स्थित है अन्यथा शेष सभी मन्दिर पाषाण आधार पर निर्मित

किए गए हैं। **विलप्पकम और अरंगन्दनलुर** के अर्द्धनिर्मित मन्दिर भी महेन्द्रशैली से ही प्रभावित है।[2]

इन सभी स्मारकों के सभी कक्ष रिक्त है और इनमें शैलकर्तित लिंग तक अनुपस्थित है जो कि चालुक्यों, पाण्ड्यों और मुतरैयार गुहा मन्दिर में सामान्यतः उपलब्ध मिलते हैं। प्रायः इन मन्दिरों में पिछली भित्ति की पीठिका के आधार के निकट मूर्तियों का उत्कीर्णन भी देखने को मिलता है। मन्दिरों का अग्रभाग गढ़े हुए अधिष्ठान और शैल कर्तित सोपान अर्द्धवृत्ताकार चन्द्रशिला से युक्त है तथा स्तम्भ शीर्षों के अभाव में सपाट ही निर्मित किए गए हैं। इन मन्दिरों के प्रस्तर वक्राकार कपोत और कूडु से कलागत रूप से सम्पन्न है।

पल्लवाधीन वास्तुकला की दूसरी अवस्था में महेन्द्र शैली में निर्मित उन स्मारकों को सम्मिलित किया जाता है जिनका निर्माण नरसिंहवर्मन प्रथम मामल्ल, परमेश्वर्मन प्रथम ओर नरसिंहवर्मन द्वितीय द्वारा कराया गया। इन मन्दिरों का निर्माण निम्नलिखित क्रम में हुआ :

1. तिरूक्कलुक्कुनरम स्थित ओरूकल मंडपम
2. महाबलिपुरम स्थित कोटिकल मण्डपम
3. सिंगप्पेरूमलकोविल स्थित नरसिंह गुहा मन्दिर
4. सिंगावरम स्थित रंगनाथ मन्दिर

(5 एवं 6) ममन्डुर के दो अपूर्ण मन्दिर

- क. महाबलिपुरम का धर्मराज मण्डप या अत्यंतकाम मन्दिर
- ख. सालुवनकुप्पम का अतिरण्चण्ड मण्डप

इस काल के सभी मन्दिरों में पीछे की और स्तम्भयुक्त मण्डप से युक्त कम से कम एक मन्दिर–कक्ष अवश्य उपस्थित है जिसका प्रक्षेपण मण्डप की ओर किया गया है। धर्मराज मण्डप को छोड़कर जहां तीन कक्ष है सभी सन्दर्भों में एक ही कक्ष की उपस्थिति देखने को मिलती है।

ओरूकल मंडपम, धर्मराज मण्डप और रंगनाथ मन्दिर के मण्डप आन्तरिक स्तम्भों द्वारा अर्द्ध और महामण्डप में विभाजित है। सिंगप्पेरूमलकोविल और सिंगावरम को छोड़ सभी मन्दिरों में अधिष्ठान

से युक्त प्रक्षेपित मन्दिर कक्षों का निर्माण किया गया है और केवल अतिरण्चण्ड मण्डप के मन्दिर कक्ष में ही देवता की मूर्ति उपस्थित है। सिंगावरम स्थित रंगनाथ मन्दिर के मुख पर उत्कृष्ट महिष–मर्दिनी मूर्ति प्रतिष्ठित है जो पल्लव काल की दुर्गा, प्रतिमाओं के क्रम में श्रेष्ठतम है।

तीसरे चरण में निर्मित गुहा मन्दिर, अपने पूर्ववर्ती मन्दिरों की तरह उत्कृष्ट नहीं है। तोण्डैमण्डलम में स्थित किल्मविलन्गै गुहामन्दिर का निर्माण शैल को काट कर किया गया है लेकिन यहाँ अग्रभाग में मण्डप का परिष्कार नहीं हुआ है। अन्दर स्थित संकीर्ण कक्ष में विष्णु की सपाट आधारशिला प्रतिमा स्थित है। वल्लभ में शिव और विष्णु को समर्पित दो मन्दिर प्रतिष्ठित है जो उसके स्तम्भों से युक्त है।

महेन्द्रवर्मन के उत्तराधिकारी नरसिंहवर्मन प्रथम मामल्ल ने गुहा मन्दिरों को उत्खनित करने की अपनी वंश परम्परा को जीवित रखने के अतिरिक्त विमानों और रथों के निर्माण के रूप में वास्तुकला के अधिक उन्नत और आलंकारिक रूप को आकार दिया। मामल्ल शैली के नाम से विख्यात इस शैली के मन्दिर उसके बाद भी दो पीढ़ियों तक पल्लव शासकों की वास्तुकलागत पसन्द बने रहे। इस शैली के मन्दिरों का केन्द्रिकरण महाबलिपुरम में देखने को मिलता है। इन मन्दिरों की सबसे बड़ी विशेषता यहां आगे और आन्तरिक रूप से मण्डपों का अत्यन्त विकसित रूप में होना है। महेन्द्र शैली के विपरीत मामल्ल शैली के मन्दिरों में प्रस्तर पूर्ण अवस्था में कपोत और कूडु के साथ मिलता है।

मन्दिर के द्वार पर स्थित स्तम्भों की नियोजना महेन्द्र शैली की कृतियों से भिन्न विशेषताएँ रखती है। यहाँ स्तम्भों के शीर्ष पर कलश, **ताडि, कुम्भ, पद्म** और **फलकों** को प्रतिष्ठित किया गया है। कोनेरी मण्डपम में महेन्द्र शैली और मामल्ल शैली के मध्य कलात्मक संक्रमण को सरलता से अन्वेषित किया जा सकता है यहाँ मुखद्वार पर स्थित स्तम्भ तो महेन्द्र शैली की तरह पतले और अल्प मात्रा में निर्मित मिलते हैं लेकिन अन्दर उन्हें मामल्ल शैली में आयोजित किया गया है। स्तम्भों के आधार में व्याल और सिंहों का अंकन किया गया है। मन्दिर कक्ष मण्डप की ओर प्रक्षेपित है तथा इनमें कर्तित अधिष्ठान, शीर्षयुक्त कुड्य स्तम्भ, तथा कपोत और कूडु से युक्त प्रस्तर सभी तरह के वास्तुकलागत अंगों का

समावेष हुआ है। इस शैली के मन्दिरों को कालक्रमानुसार निम्नलिखित क्रम में देखा जा सकता है :

1. कोनेरी मण्डपम गुहा मन्दिर
2. वराह मण्डप गुहा मन्दिर
3. महिष–मर्दिनी मण्डप
4. पुलिपुदर मण्डपम
5. कोनेरी मण्डपम का अपूर्ण मन्दिर
6. पँच पाण्डप मण्डप
7. आदिवराह गुहा मन्दिर
8. रामानुज मण्डप गुहा मन्दिर

मामल्ल शैली के मन्दिरों के क्रम में विमानों, विशेषतः रथों के नाम से प्रसिद्ध कर्तित स्मारकों का सर्वाधिक महत्व है। वस्तुतः ये एक ही बड़े पाषाण खण्ड को काटकर निर्मित की गई उत्कृष्ट कृतियाँ हैं जो मामल्ल को अपने समकालीन दक्षिण भारतीय शासकों से कहीं अधिक श्रेष्ठ सिद्ध करती है। रथों की संख्या नौ है और यह सभी महाबलिपुरम में स्थित हैं जो वास्तुकला की मामल्ल शैली का अतीतकालीन मुख्य केन्द्र था। इन रथों में त्रिमूर्ति गुहा मन्दिर, केवल मन्दिर कक्ष के रूप में मण्डप की ओर सीमित रहने के अपने पूर्ववर्ती उदाहरणों के विपरीत, तीन अग्रभागों से युक्त होने के कारण सबसे अधिक उल्लेखनीय है। इन मन्दिरों का महत्व अपने आधार पटल पर मूर्तियों का कलांकन के कारण और अधिक प्रखर हो जाता है। मामल्ल शैली में निर्मित रथ निम्नवत् है :

1. द्रौपदी रथ
2. नकुल सहदेव रथ
3. अर्जुन रथ
4. धर्मराज रथ
5. भीम रथ
6. गणेश रथ
7. पिडारी रथ (दक्षिणी)

8. वलैयनकुट्टै रथ
9. पिडारी रथ (उत्तरी)
10. त्रिमूर्ति गुहा मन्दिर
11. आधार पटल प्रतिरूप, जिनका अंकन अर्जुन की तपश्चर्या के सन्दर्भ में रामानुज मण्डप के मुख, नकुल सहदेव रथ के शिखर और भीम तथा गणेश रथ के शिखरों पर किया गया है।

पाषाणकर्तित मन्दिरों के रूप में एकाश्मिय मन्दिर विमानों और अपने अर्द्धमण्डपों के बाह्य सौन्दर्य के ही कारण विशेष महत्व नहीं रखते वरन् अपनी आन्तरिक सज्जा के लिए भी जाने जाते हैं। एकाश्मिय स्मारकों पर कलात्मक कार्यों का सृजन नरसिंहवर्मन के बाद महेन्द्रवर्मन द्वितीय और परमेश्वरवर्मन द्वारा भी किया गया और आधारपटल पर मुख्य देवताओं को मुखर रूप से ऊँकेरा गया। परमेश्वरवर्मन के उत्तराधिकारियों ने संरचनात्मक मन्दिरों के निर्माण पर अधिक बल दिया।

अर्जुन की तपश्चर्या और रामानुज मण्डप के आधार पटल पर अंकित लघुआकृतियों में एक सामान्य एकतल विमान के सभी छह अंगों अधिष्ठान, पाद, प्रस्तर, ग्रीवा, शिखर और स्तूपी का अंकन किया गया है। त्रिमूर्ति गुहा के तीनों अग्रभाग द्वितल–विमान का प्रतिनिधित्व करते हैं।

महाबलिपुरम के दक्षिणी पार्श्व पर स्थित पाँच रथ अपने आप में एक समूह की सर्जना करते हैं। इनमें से चार, क्रमशः अर्जुन, भीम, द्रौपदी और धर्मराज रथ एक ही विशाल पृष्ठकार शैल को तीन सुविधाप्रद स्थानों से काटकर निर्मित किए गए हैं। यहां उत्तरतम भाग का प्रयोग छोटे आकार के द्रौपदी और अर्जुन रथों के लिए अधिष्ठान के नीचे एक ही उपपीठ के निर्माण के रूप में किया गया है : मध्यवर्ती भाग को आयताकार भीम रथ और दक्षिणी सिरे का उपयोग तीन मंजिले धर्मराज रथ के लिए किया गया है। अश्वपादपाकार नकुल–सहदेव रथ और निकटवर्ती हस्ति प्रतिमा का निर्माण मुख्य पाषाणखण्ड के पश्चिम में स्थित प्रस्तरखण्ड से किया गया है। गणेश रथ का निर्माण मुख्य पहाड़ी पर स्थित पाषाणखण्ड और दोनों पिडारी रथों तथा वलैयनकुट्टै रथ का निर्माण मुख्य पहाड़ी के पश्चिम में स्वतंत्र रूप से स्थित प्रस्तरखण्ड से किया गया है। द्रौपदी रथ, उत्तरी

पिडारी रथ और वलैयनकुट्टै रथ के स्तम्भों, प्रवेश और देव कोष्ठों पर भित्ति तोरण या मकर तोरणों की उपलब्धि होती है। विभिन्न तलों के कपोतों पर कूडु वक्रों की भी सर्जना की गई है।

महेन्द्रवर्मन के मन्डगपट्टु अभिलेख में समकालीन शासकों के द्वारा ईंटों, काष्ठ, धातु और गारे से संरचनात्मक मन्दिरों के निर्माण किए जाने का उल्लेख मिलता है। पल्लव शासकों के अधीन भी बहु संख्या में संरचनात्मक मन्दिरों का निर्माण किया गया। नरसिंहवर्मन द्वितीय राजसिंह ने अपने निर्माण कार्यों में तोण्डैमण्डलम में स्थानीय रूप से उपलब्ध मुलायम पत्थरों जैसे बलुवापत्थर को प्रयुक्त करने पर विशेष बल दिया। इन खुरदुरे पीले पत्थरों के बड़े खण्डों को निर्माण स्थल पर लाकर उन्हें मनचाहे आकार में तक्षित कर उनसे संरचनात्मक मन्दिरों का निर्माण किया गया। लेकिन फिर भी राजसिंह और उसके पुत्र महेन्द्रवर्मन तृतीय जैसे पल्लव शासकों ने कैलाशनाथ और नन्दीवर्मन द्वितीय ने वैकुण्ड पेरूमाल मन्दिर के निर्माण में ग्रेनाइट जैसे ठोर पत्थर के महत्व को विस्मृत नहीं किया और अधिष्ठान के ऊपरी भाग 'उपान' और निचले भाग 'पट्टिका' के निर्माण में इन्हें निरंतर प्रयुक्त किया। स्थाईत्व के लिए ही ग्रेनाइट के इन पाषाण खण्डों पर बलुवा पत्थर के खण्डों की अपेक्षा अधिक मनोयोग से अभिलेखों का अंकन किया गया। बलुवा पत्थर के खण्डों पर बड़े आकार की मूर्तियों के अंकन में होने वाली असहजता से बचते हुए कलाकारों ने अलग–अलग खण्डों पर निर्माण कर उन्हें संलग्न करना अधिक उचित समझा। मन्दिर को पवन और अपक्षय के प्रवाह से बचाने के लिए पाषाण पट्ट पर पतले पलस्तर का प्रयोग करते हुए आगे जाकर इन पर रंग का भी लेप चढ़ाया गया।

महाबलिपुरम के शोर मन्दिर परिसर में स्थित तीन मन्दिर संभवत् राजसिंह द्वारा बड़े मन्दिर परिसर के निर्माण के आरम्भिक प्रयास के परिचायक है। इन तीन भवनों में क्षत्रियसिंहेश्वर नाम का शैव विमान सबसे बड़ा है और सागर की ओर शिव को ही समर्पित राजसिंहेश्वर नाम का छोटा विमान पश्चिम की ओर मुखापेक्षी है। इन दोनों के मध्य किसी तरह की पिरामिडिय संरचना से मुक्त पाषाणनिर्मित विष्णु अनन्तशायिन मुद्रा में अंकित है। बृहद विमान में आगे की ओर बाद में किए गए निर्माण

के साक्ष्य हैं। विष्णु मन्दिर आयताश्र प्रकार की विकृत कृति है जिसका मुख मण्डप सामने की ओर है। पूर्वी विमान अपेक्षाकृत ऊँचाई पर निर्मित सम–चतुराश्र–चतुष्तल विमान है जो कि इससे लगी प्राकार भित्ति के द्वारा पाँच मंजिला दिखने के उद्देश्य से बनाया गया है। इन दोनों विमानों में 'उपान' और 'पट्टिका' के निर्माण के लिए ग्रेनाइट का और स्तूपी के लिए अष्टकोणीय पॉलिशयुक्त कालेपत्थर का उपयोग किया गया है। पिछले पैरो पर खड़े सिंह का अंकन राजसिंह के समय बने स्तम्भों की अनन्य विशेषता है लेकिन इनके साथ इस स्थान पर हाथी, भूत, नागों का भी अंकन किया गया है।

विष्णु को समर्पित नन्दीवर्मन पल्लवमल्ल द्वारा निर्मित बृहद आकार का वैकुण्ठ पेरूमल मन्दिर पल्लव मन्दिरों के क्रम में अन्य महत्वपूर्ण मन्दिर है। सम–चमुराश्र–चतुष्तल विमान के रूप मे इसमें सान्दार प्रकार का एक प्रासाद स्थित है जिसकी निचली मंजिल में बाह्य और अन्तभित्ति के मध्य में परिसीमा स्थित है इसका भूमिस्थ तल स्तम्भयुक्त चारदीवारी से आबद्ध है और इसकी बाहरी दीवार कम ऊँचाई की है। चार मंजिलों में से निचली तीन मंजिलें क्रियान्वयन में है तथा खड़ी, बैठी या शयन की मुद्रा में विष्णु की मूर्तियों से युक्त है। साथ ही इनमें प्रत्येक संरचना का एक मुख मण्डप है जिसमें दीवारों के मध्य सावधानी से निर्मित सीढ़ियों से होकर प्रवेश किया जा सकता है।

इस काल में निर्मित अन्य प्रमुख संरचनात्मक मन्दिरों में कांची स्थित मातंगेश्वर, एरावतेश्वर, वालिश्वर, त्रिपुरांतकेश्वर, इरवातनेश्वर, पिरवातनेश्वर; तिरूपत्ततुर में कैलाशनाथ और महाबलिपुरम में ओलक्कण्णेश्वर मन्दिर प्रमुख है। ये सभी मन्दिर अलग–अलग संख्या में तलों और विभिन्न प्रकार के शिखरों से युक्त विमान हैं। इरावतनेश्वर और त्रिपुरांतकेश्वर मन्दिर नागर शैली में निर्मित शिखरों से युक्त बने सम–चतुराश्र–चतुष्तल विमान के उदाहरण हैं। मातंगेश्वर और मुक्तेश्वर मन्दिर वेसर शैली के वृत्त–शिखरों से युक्त सम–चतुराक्षर–त्रिताल और कांची का पिरवातनेश्वर तथा वालिश्वर और तिरूपत्ततुर का कैलाशनाथ मन्दिर क्रमशः सम–चतुराश्र–द्वितल, त्रितल और चतुष्तल विमानों का दक्षिण भारत के विशिष्ट अष्टाश्र शिखरों से युक्त मन्दिरों का उदाहरण

प्रस्तुत करते हैं। चन्द्रप्रभा मन्दिर सम–चतुराश्र त्रितल विमान के रूप में तीन मंजिलों से युक्त है और इसकी केवल बिचली मंजिल के ही क्रियान्वित होने के साक्ष्य उपलब्ध होते हैं।

लाल कठोर पाषाण से निर्मित मुकुन्द–नायनार मन्दिर राजसिंह के समय में एक ही प्रकार के कठोर पत्थर से निर्मित होने वाला पहला मन्दिर है। द्रविड़ शिखर से युक्त यह एक सपाट संरचना वाला द्वितल विमान है।

पनमलाई का तालगिरीश्वर मन्दिर भी राजसिम्ह की ही कृति है। पूर्व की दिशा में रूख किया हुआ यह सम–चतुराश्र–त्रितल मन्दिर मुकुन्द नायनार मन्दिर की ही भान्ति कठोर ग्रेनाइट से निर्मित किया गया है। इसके दक्षिण, उत्तर और पश्चिम में स्थित अन्य सम्बद्ध मन्दिर आयताश्र द्वितल प्रकार के शाल शिखर युक्त अधिष्ठान की ओर प्रक्षेपित मन्दिर है।

वैकुण्ठ पेरूमल ओर सुंदरवरद पेरूमल दोनों मन्दिरों के अधिष्ठान भाग ग्रेनाइट से निर्मित है और ठोस पत्थर पर कुशलता से किए गए कार्य को प्रशस्त करते हैं। वैकुण्ठ पेरूमल में भी मुकुन्द नायनार मन्दिर की ही तरह कोष्ठों का निर्माण मूर्तियेां को रखने के लिए किया गया था जबकि सुंदरवरद पेरूमल मन्दिर के तीन पार्श्वों पर प्रतिष्ठित अधिष्ठान में मूर्तियों को आधार पटल से संलग्न करने की आदर्श व्यवस्था की गई थी।

अभिलेखों में अंकित अश्वपादपाकार वीरात्तानेश्वर मन्दिर काले ग्रेनाइट से बने एकतल गजपृष्ठाकार विमान का उत्कृष्ट उदाहरण है।[3] इसका निर्माण अपराजितवर्मन के समय हुआ और इसमें विमान भित्ति और शिखर के सामने के भाग पर कोष्ठों में प्रतिमाओं को संलग्न करने की सुन्दर व्यवस्था की गई थी।

वेल्लोर के निकट सोलापुरम के शैव मन्दिर का निर्माण कम्पवर्मन के समय हुआ।[4] इसके अधिष्ठान के मूल भाग, कतिपय मूर्तियों और स्तम्भों को छोड़कर इसका कोई भाग आज शेष नहीं है।

उत्तरी दिशा में प्रणालों का न होना पल्लव काल में बने संरचनात्मक मन्दिरों और एकाश्मिय रथों की एक सामान्य विशेषता है जिसका निर्माण कालांतर में गर्भ गृह में अभिषेक जल के रूप मे जल संचय के लिए

किया जाने लगा था। इससे आभास होता है कि ऐसा मूल भेर के अन्दर स्थित काष्ठकृतियों की सुरक्षा के लिए किया जाता था, यहाँ तक कि लिंगों की प्रतिष्ठा वाले मन्दिरों में भी जल लाने के लिए क्लशों का प्रयोग किया जाता था। राजसिंह के समय बने लिंगों को देखकर यह कहा जा सकता है कि यहां मन्दिर में लिंग की अपेक्षा भित्ति पर बने सोमस्कन्द को अधिक प्रश्रय दिया गया लेकिन कालांतर में शिवलिंग को प्रत्यक्षतः यह महत्व सुलभ हो गया।

किलियानुर का विष्णु मन्दिर ग्रेनाइट के सिंहस्तम्भों से युक्त पल्लव विमान का अच्छा उदाहरण है। ओरगदम का वडमल्लीश्वर[5] और गुदिमल्लम[6] मन्दिर कहीं बाद की चोलयुगीन सर्जनाएँ हैं।

नृपतुण्ग, अपराजित और कम्पवर्मन का समय आते–आते पल्लवों के प्रभाव में ह्रास हो गया और सत्ता चोल शासक विजयालय के पास केन्द्रित हो गई जिसने तंजावुर को अपनी राजधानी बनाकर सत्ता का आरम्भ किया। चोलों ने वास्तुकला और मूर्तिकला में कठोर पाषाणों को प्रयुक्त करने की जो स्थाई परिपाटी आविर्भूत की वह दक्षिण में अगली तीन शताब्दियों तक अनवरत जारी रही।

महेन्द्रवर्मन प्रथम ने उदारतापूर्वक भिन्न प्रकार की कलाओं को प्रश्रय दिया और उसी के अनुकूल अनेक उपाधियाँ धारण की। महेन्द्रवर्मन के पुत्र नरसिंहवर्मन प्रथम मामल्ल ने भी अपने पिता की इस गौरवपूर्ण परम्परा का अनुसरण किया। उसने स्वतंत्र रूप से खड़े पाषाण खण्डों से तराश कर स्मारकों के सृजन और पत्थरों को तक्षित कर उनसे मनोरम मूर्तियों के परिष्कार की विधि को विकसित करने पर जोर दिया। किरातुर्जनीय या गंगा का अवतरण इसी तरह उन्मुक्त आकाश के नीचे उत्कीर्णित कृतियाँ है। द्रविड़ मूर्तिकला का पूरा विकास पल्लवों के अधीन विकसित इन्हीं कलात्मक आधारों पर आधारित है।

पल्लव मूर्तिकला में अमरावती की ही तरह तनुकाय, लचीली और गौरवपूर्ण मूर्तियों का निर्माण किया गया पर यहाँ आकृतियाँ अधिक भव्य और अनुशासित रूप से अभिव्यंजित की गई। पल्लवों द्वारा मूर्तियों को प्रदत्त अधिक प्राकृतिक रूझान और सहजता ने इन्हें और भी अधिक उत्कृष्ट बनाया। ये मूर्तियाँ अपनी मनोहरी छठा के लिए समकालीन एलोरा

की तरह अधिक गहराई से किए गए तक्षणों पर निर्भर नहीं हैं इन मूर्तियों में सभी कुछ पूरी स्पष्टता और उन्मुक्तता के साथ, प्राकृतिक सन्दर्भ में पाषाण खण्ड पर उत्कीर्णित किया गया है।

महेन्द्रवर्मन प्रथम नई पाषाण निर्मित मूर्तिकला का प्रादुर्भाव करने वाला शासक था। उसके समय ही मंडगपट्टु में व्यक्तिगत मूर्तियों का निर्माण किया गया। त्रिचिरापल्ली की ऊपरी शैलकर्तित गुफा में स्थित गंगाधर पट्टिका पल्लवकला की अनुपम भेंट है। इस अंकन में शिव को अपने केशपाश में गंगा को धारण करते हुए प्रदर्शित किया गया है। शिव के साथ उत्कीर्णित दोनों ही द्वारपाल भिन्न–भिन्न मुद्राओं में हैं। मंडगपट्टु गुहा में बाएं खड़े द्वारपाल में उसके शरीर के गतिविधिसम्पन्न होने का आभास मिलता है।

मामल्ल नाम से विख्यात नरसिंहवर्मन प्रथम के समय पल्लव मूर्तिकला ने सबसे उल्लेखनीय प्रगति की। किरातुर्जनिय, मामल्ल काल में महाबलिपुरम में निर्मित सबसे महत्वपूर्ण मूर्ति है। इसका निर्माण पहाड़ी पार्श्व मे दो विशाल खण्डों पर किया गया है इस पाषाणपटल पर सौ से भी अधिक आकृतियों को उत्कीर्णित किया गया है और ये 27 मीटर लम्बी और 9 मीटर तक के माप में विस्तृत है। अर्जुन की तपश्चर्या के सन्दर्भ में अर्जुन को अपने सिर के ऊपर हाथ जोड़े एक पैर पर सूर्य की स्तुति करते जीवंत किया गया है। मामल्लपुरम के इस दृश्यांकन में अर्जुन और किरात के रूप में शिव के मध्य हुए संघर्ष की घटना को प्रदर्शित नहीं किया गया है, लेकिन फिर भी यह उल्लेखनीय बन पड़ी है। शिलापटल का शेष भाग अनेक देवीय, विराट, मानवीय और पाशविक अंकनों से परिपूर्ण है और इन सभी तत्वों का यहाँ वास्तविक सन्दर्भ में अंकन किया गया है।

पल्लव शैली की अन्य प्रतिमाएँ भी मामल्ल काल की ही हैं और मामल्लपुरम के मन्दिरों में महिषासुर मर्दिनी जैसे सन्दर्भ में दृष्टिगत की जा सकती है। महिषासुर मर्दिनी वाले पटल पर ही विष्णु को शेषशायी या योगाशयन मुद्रा में उत्कीर्णित किया गया है। गंगावतरण के पीछे के भाग पर, वराह मण्डप में चार पटल स्थित है जिनमें वराह को सागर के मुख से पृथ्वी को निकालते, गजलक्ष्मी को स्नान कराते हाथी, चार भुजाओं से युक्त दुर्गा और बालि को पराजित करते हुए त्रिविक्रम का

अंकन किया गया है। कृष्ण मण्डप में कृष्ण को गोवर्द्धन पर्वत धारित किए दिखाया गया है।

पाँच एकाश्मिय रथों के समन्वित समूह में कुछ उत्कृष्ट मूर्तियों का अंकन किया गया है। द्रौपदी रथ में द्वारपालिकाओं के मध्य दुर्गा अर्जुन रथ में गरूड़ पर विराजमान विष्णु, ऐरावत की सवारी करते इन्द्र तथा नन्दी पर प्रयाण करते शिव का अंकन पूरे कला–कौशल के साथ किया गया है।

धर्मराजरथ का सबसे महत्वपूर्ण मूर्त्यांकन वहाँ है जहाँ शिव को सोमस्कन्द के सन्दर्भ में प्रदर्शित किया गया है। मामल्लपुरम के इस अंकन में शिव ललितासन मुद्रा में अपना एक पैर लटकाए अंकित हैं, उनकी शिरोभूषा जटामुकुट के कारण अत्यंत विस्तृत हो गई है और उनके शरीर पर केवल एक सूत्र ही विराजमान है। उनका बायाँ हाथ उनकी जँघा पर रखा है और निचला दाहिना हाथ चिन मुद्रा में है। उमा भी ललितासन मुद्रा में ही अपना एक हाथ मोड़े हुए बैठी हैं। इस मूर्त्यांकन में उनके शरीर के उभारों और गोद में लिए हुए शिशु को देखते हुए उनकी ममता भरी मुस्कान का जीवंत अंकन हुआ है। उनके दोनों ओर बाहर कोष्ठ में ब्रह्मा और विष्णु का अंकन हुआ है। सोमस्कन्द का अंकन कालांतर में पल्लव कला का पर्याय ही बन गया।

मामल्लपुरम के शोर मन्दिर, जिसका निर्माण नरसिंह द्वितीय द्वारा किया गया था में सोमस्कन्द, प्रकरण का अंकन राजसिंहेश्वर और क्षत्रियसिंहेश्वर दोनों मन्दिरों में हुआ है। पल्लव मन्दिरों में ये सामान्यतः शिवलिंग की पृष्ठभूमि में उत्कीर्णित है और बाद के उदाहरणों में वह आलिन्द के दोनों ओर की भित्तियों पर अंकित किया गया है। क्षत्रियसिंहेश्वर मन्दिर में किया गया सोमस्कन्द का अंकन बाद की घटना है। शोर मन्दिर में शिव को उसी ललितासन मुद्रा में अपना दूसरा पैर भूमि की ओर लटकाए दिखाया गया है। उनका निचला दायाँ हाथ चिन मुद्रा के स्थान पर विकर्ण स्थिति में ध्यान की मुद्रा में है और वक्ष पर विकर्णात्मक सूत्रों की संख्या पूर्व की अपेक्षा बढ़ गई है; उमा के बैठने की मुद्रा पूर्ववत ही है। वह अपने बाएँ हाथ पर शरीर का बोझ डाले दूसरे हाथ से बालक स्कन्द को सहला रही है। वह शरीर पर हार और एक विकर्ण सूत्र धारण

किए हैं तथा बाजूबन्दों की संख्या पहले की अपेक्षा बढ़ गई है। यहाँ उड़ते हुए गण अनुपस्थित है और ब्रह्मा तथा विष्णु को यहाँ मूर्ति के मुख्य भाग में सम्मिलित कर लिया गया है। स्मारक की बाहरी भित्ति पर मूर्तियों को एक दूसरे से अलग करने के लिए पिछले पैरों पर खड़े सिंह का प्रतिमांकन किया गया है।

कांची स्थित कैलाशनाथ मन्दिर न केवल प्राचीनतम संरचनात्मक पल्लव मन्दिर है वरन् मूर्तियों के अंकन की दृष्टि से सर्वाधिक सम्पन्न है। मन्दिर परिसर मुख्य भाग, बहु–सतम्भयुक्त महामण्डप और प्रवेश के निकट महेन्द्रावर्मेश्वर मन्दिर से युक्त है। अंकित अंतिम स्मारक अर्द्ध मण्डप से युक्त अकेले बना विमान है। यहाँ प्रकार की आंतरिक भित्ति से संयुक्त 58 छोटे आकार के द्वितल विमान हैं। पूर्वी छोर पर प्रवेश के रूप में बना गोपुरम एक आरम्भिक विन्यास है। बाहर भित्ति के निकट आठ, लघु मन्दिर हैं, जिसमें से 6 उत्तर तथा 2 दक्षिण की ओर है। इस मन्दिर से समान दूरी पर पूर्वी छोर पर एक उठे चबूतरे पर नन्दी का मूर्त्यांकन किया गया है।

महेन्द्रवर्मन के समय वल्लम में निर्मित वसन्तेश्वर मन्दिर के दो कोष्ठों में गणेश और ज्येष्ठा देवी का अंकन किया गया है। महेन्द्रवर्मन के बाद ये दोनों देवता मूर्तियों में अनुपस्थिति हो जाते हैं ओर एक बार फिर कैलाशनाथ मन्दिर में ही उदित होते हैं। यहाँ स्थूल शरीर और तोंदयुक्त पेट लिए ज्येष्ठा का अनेक अवसरों पर अंकन किया गया है आयताकार आसन पर पैरों को लटकाए ज्येष्ठा के अतिरिक्त प्रत्येक कोष्ठ पर गणेश का अंकन किया गया है। सोमस्कन्द पटल पर शिव और पार्वती के मध्य बैठे सन्दर्भ को छोड़कर, कार्तिकेय को मूर्तियों में विशेष महत्व नहीं दिया गया है। दुर्गा अन्य देवी हैं जिनका यहाँ बड़ी संख्या में अंकन किया गया है। मामल्लपुरम में वह महिष के ऊपर महिषासुरमर्दिनी के रूप में और वहीं कोने में एक बारहसिंघे के साथ उत्कीर्णित की गई हैं। यहां उसके अनुयायी उन्हें रक्त और माँस की भेंट देते प्रदर्शित हैं। इन सभी विशेषताओं का राजसिंह के समय विलोप हो जाता है और वह दस से सोलह भुजाओं के साथ उपस्थित मिलने लगती हैं। विष्णु और ब्रह्मा का भी यहाँ अनवरत अंकन मिलता है लेकिन वे शिव के प्रति समर्पण

प्रकट करते ही प्रस्तुत होते हैं। गजलक्ष्मी की उपस्थिति छिटपुट रूप में मिलती है।

मुख्यतः प्रमुख आकृति का निर्माण यहां केन्द्रीय कोष्ठ में किया गया है जबकि अन्य को पार्श्व कोष्ठों पर अभिव्यंजित किया गया है। लेकिन मामल्लपुरम में एक मिथक कथा को एक ही पटल पर जीवंत किया गया है। यहां शिव को सृजनकर्ता और संहारक दोनों ही भूमिकाओं में दिखाया गया है जहाँ विष्णु और ब्रह्मा दोनों ही उनकी अभ्यर्थना कर रहे हैं।

मूर्तियों में जीवंत आलंकारिकता, श्रेष्ठता और सूक्ष्मता सभी तत्वों की उल्लेखनीय प्रस्तुति हुई है। इनमें से अधिकांश अंकनों को पलस्तर से आवरित कर दिया गया है लेकिन जहां भी यह पलस्तर जीर्ण हो गया है वहां मूर्तियों का सौन्दर्य और वास्तविक कार्य निखर कर सामने आ गया है। पत्थर पर उत्कीर्णन का कार्य पूरे मनोयोग और सावधानी के साथ किया गया है। पलास्तर के कारण पत्थरों पर किया गया प्रतिमांकन का कार्य अपने को क्षरण से बचाए रखने में सक्षम रहा है।[7] पलास्तर के अभाव में हुए क्षरण के प्रभाव को त्रिपुरान्तकेश्वर और एरावतेश्वर के मन्दिर के सन्दर्भ में देखा जा सकता है।

मामल्लपुरम में बाद की मूर्तियों में एक हाथ से अपनी श्रद्धा प्रकट करने के दृश्यांकन उतनी कुशलता से नहीं किए गए हैं। सभी कोष्ठों के ऊपर मकर तोरण स्थित हैं और गणेश सहित सभी बैठी मुद्रा में अंकित आकृतियाँ मकर तोरण के मध्य में है। मन्दिर की भित्ति की सभी दीवारें मनोहारी अलंकरणों से युक्त है और कोष्ठ के निचले भाग पर कुछ बौनी आकृतियों तथा हस्तिमुख को ऊँकेरा गया है। आरम्भिक युग की तरह आकृतियों के अंकन में लयात्मकता का अभाव है। महिला मूर्तियाँ तनुकाय और विस्तृत कटि से युक्त हैं। सभी शैव मूर्तियों को जबरदस्ती उत्कीर्णित करने का प्रयास किया गया है तथा पहले की अपेक्षा ये छोटे कद की हो गई है। मूर्तियों द्वारा निचले वस्त्र के व्यवहार में मामल्लपुरम शैली की छाप है ओर ये बाएँ स्कन्द से दाएँ हाथ तक यज्ञोपवित धारण किए हुए, अपने उपकरणों को सहज रूप से थामे हुए है। हस्तमुद्राओं के सन्दर्भ में केवल वरदमुद्रा और अभयमुद्रा का ही अंकन हुआ है। शिव को प्रायः कई भुजाओं के साथ अभिव्यक्त किया गया है और दुर्गा चिरपरिचित

करदमुकुट के अभाव में आदिवराह मन्दिर की गजलक्ष्मी की तरह शिरोभूषा धारण किए हुए है। शेष सभी देवताओं के अंकन में परम्परागत किरिट का ही उपयोग किया गया है।

कैलाशनाथ मन्दिर राजसिंह द्वारा अर्जित कलात्मक परिपक्वता की द्योतक है। शोर मन्दिर अनेक मूर्तियों से युक्त है लेकिन आज इनमें से अधिकांश का क्षय हो गया है। संलग्न भित्ति के उत्तर में ऊपरी पटल पर छह सन्तों को प्रदर्शित किया गया है जिसमें तपश्चर्या की मुद्रा में एक पैर पर खड़ा है और उसके साथ नीचे की ओर बिल्ली, बन्दर और दो मृग अंकित है। इस मन्दिर में तीन सोमस्कन्द पटल हैं जो महिषासुरमर्दिनी मण्डप की आद्य–शैली का अनुसरण करते प्रस्तुत होते हैं। चतुर्भुत शिव को शुकासन में पार्वती के साथ बैठे उत्कीर्णित किया गया है और इन दोनों के मध्य बैठा स्कन्द अपने माता–पिता के वात्सल्य का उपभोग कर रहा है।

मन्दिर की पिछली भित्ति पर ही अपने गणों के साथ दुर्गा का अंकन किया गया है। सभी गण हाथ में अस्त्रों को धारण किए देवी के आदेश की प्रतीक्षा कर रहे हैं, इस अंकन में महिषासुरमर्दिनी और त्रिमूर्ति गुहा के शिव के अंकन में प्रयुक्त कलात्मक निकषों का अनुपालन हुआ है। एक पैर विश्राम कर रही दुर्गा हाथ में धनुष लिए यहाँ सिंहासन पर विराजमान हैं और ओजपूर्ण प्रकट हो रही है।

त्रिमूर्ति गुहा के पिछले हिस्से में 10 फुट लम्बे विश्रामरत विष्णु को दिखाया गया है लेकिन यह कलांकन अनंतशायी विष्णु की तरह उत्कृष्ट नहीं हो पाया है। पनमलाई मन्दिर में भी पृष्ठ भाग पर सोमस्कन्द का अंकन किया गया है जो कैलाशनाथ मन्दिर के अंकन से सादृश्य रखता .है।

दक्षिणी भित्ति पर विष्णु को उनके पाँच रूपों में अंकित किया गया है। इनमें खड़ी मुद्रा में विष्णु, गरूड़ पर विराजमान विष्णु और उनके तीन अवतारों का अंकन प्रमुख है। हिरण्यकश्यप से संघर्षरत नरसिंह, त्रिविक्र के रूप में विष्णु का भी उत्कृष्ट अंकन हुआ है। इससे यह स्पष्ट हो जाता है कि राजसिंह के शैव मत के सन्दर्भ में विष्णु को किस रूप में स्वीकार किया जा रहा था।

कैलाशनाथ मन्दिर की भित्तियों और देवकुलिकाओं में शिव को विविध रूपों में प्रदर्शित किया गया है और इनमें शिव की लिंगोद्भव मूर्ति विधिवत संरक्षित अवस्था में है। संभवतः पल्लव काल में निर्मित यह अपनी तरह की पहली प्रतिमा है लिंगोद्भव रूप में शिव की सबसे उल्लेखनीय प्रस्तुति एक गण के ऊपर गुडिमल्ल में प्रतिष्ठा के रूप में हुई है।

कांचीपुरम के लिंगोद्भव पटल में शिव को सम्भंग मुद्रा में इस तरह प्रस्तुत किया गया जो उनकी पूर्णता की द्योतक है। राजसिंह शैली की सभी प्रतिमाओं में अभयमुद्रा में अंकित शिव की हथेलियाँ कुछ मुड़ी हुई हैं। कोष्ठ के ऊपर मकर तोरण का विशद् अलंकरण किया गया है।

शिव की नृत्यमूर्ति राजसिंह शैली के मूर्तिकारों की अनन्य उपलब्धि है। यहाँ शिव को विभिन्न नृत्यमुद्राओं में प्रदर्शित किया गया है और सभी अंकन ऊर्जा से ओतप्रोत, संतुलित अवस्था में निर्मित है।

शिव की नृत्यमूर्ति के साथ गर्भगृह की भित्ति और देवकुलिकाओं में शिव की संहारमूर्ति और अनुग्रहमूर्तियों का कलांकन किया गया है जिनमें त्रिपुरान्तक संहारमूर्ति, चन्देशानुग्रहमूर्ति, विष्णुग्रहमूर्ति, कन्कलमूर्ति प्रमुख हैं। अगली प्रमुख कृति गजासुर संहारमूर्ति है।

कैलाशनाथ मन्दिर के आलिन्द से लगी भित्ति पर 32 पुरूष आकृतियों को ऊँकेरा गया है जिन्हें नागस्वामी, पाददेवता मानने पर बल देते हैं और जो आठों दिशाओं में नियुक्त द्वारपालों के परिचायक हैं। पाददेवताओं की कैलाशनाथ में यह विशिष्ट प्रकार की आरम्भिक प्रस्तुति है। इससे यह स्पष्ट हो जाता है कि पाद–देवताओं और वास्तु–पुरूषों की अवधारणा का आठवीं शताब्दी में ही विकास हो गया था। आलिन्द से लगी उत्तरी और दक्षिणी भित्ती पर अनेक बार (18) मूर्तियों में अंकित की गई उमा, वृक्ष के नीचे प्रफुल्ल और युवती के रूप में साकार हुई हैं। भित्ति से संलग्न अन्य दुर्गा प्रतिमा में भी वह उपरोक्त मुद्रा में ही खड़ी उत्कीर्णित की गई हैं लेकिन यहाँ उनके पतले पैरों और कटि के ऊपर शरीर के बोझ में तारतम्य का अभाव हैं इसके बावजूद भी इसे एक उत्कृष्ट कृति माना जा सकता है।

मन्दिर की भित्ति पर गजलक्ष्मी अभिप्राय का अनेक बार अंकन किया गया है। कलाकार के द्वारा पूरे कला–कौशल के साथ प्रदर्शित गजलक्ष्मी

के अंकन के कारण मामल्लपुरम में ये मूर्तियाँ आज भी अपने जीवंतता, ताजगी और सौन्दर्य के द्वारा दर्शकों को बरबस अपनी ओर आकर्षित करती हैं। लक्ष्मी को यहां दो हाथियों द्वारा पवित्र जल से स्नान कराते हुए प्रदर्शित किया गया है। विशिष्ट आन्तरिक कलात्मक दृष्टि से सम्पन्न इस मूर्ति में नरसिंहवर्मन के मूर्तिकारों की परिपक्व कल्पना शक्ति और कौशल की पहचान होती है। कैलाशनाथ मन्दिर की भित्ति पर राजसिंह के कलाकारों द्वारा वर्गाकार में भी गजलक्ष्मी अभिप्राय का अंकन देखने को मिलता है।

देवकुलिकाओं में वर्णित सप्त–मातृका समूह की मूर्तियाँ पल्लव काल में इस दिशा में किए गए प्रारम्भिक अंकन की परिचायक है। यहां सभी अभिप्रायों को एक ही आयताकार आसन पर गणेश और वीरभद्र के बाएँ बैठे उत्कीर्णित किया गया है। बैठे द्वारपालों का अंकन राजसिंह के मूर्तिकारों की अन्य विशेषता है।

राजसिंह और उसकी पत्नी रंगपताका का अंकन ठीक पार्वती और शिव की तरह सोमस्कन्द प्रकरण के सापेक्ष किया गया है। राजदंपत्ति का यह कलात्मक अंकन मूर्तिकार ने पूरे कौशल के साथ किया है लेकिन बाद में किए गए पलस्तर के कारण इस मूर्ति का सौन्दर्यबोध काफी सीमा तक मर गया है।

राजसिंह के समय प्रचलन में रही मूर्तिकला को देखकर मूर्तियों के निर्माण में प्रयुक्त दो विधियों का अनुमान लगाया जाता है। प्रथम ये एक प्रस्तर खण्ड पर निर्मित कर भित्ति में संलग्न की गई या फिर प्रयुक्त भित्ति में ही उत्कीर्णित कर दी गई।

नन्दीवर्मन द्वितीय द्वारा निर्मित वैकुण्ड पेरूमल के मन्दिर में उसके साथ ही कई राजाओं के अभिषेक को जीवंत किया गया है। नन्दीवर्मन ने मुक्तेश्वर मन्दिर का भी निर्माण करवाया जिसमें गर्भगृह स्थित पटल में वैकुण्ड पेरूमल मन्दिर की ही भान्ति मूर्तियों का परिष्कार किया गया।

अपरजितवर्मन पल्लव प्रतिष्ठा के क्रम में आनेवाला अंतिम महत्वपूर्ण, शासक था और उसके समय में तिरूतन्नी में नम्बि अप्पि द्वारा एक मन्दिर का निर्माण कराया गया। इस मन्दिर का निर्माण ग्रेनाइट से किया गया और मूर्तियों के तक्षण के लिए भी इसी पत्थर का उपयोग हुआ।

धातुमूर्तियों के अंकन से प्रभावित इस काल की मूर्तियों में मामल्लपुरम की सी भव्यता का अभाव है।

चूँकि यह काल पल्लव और चोल शासकों के मध्य सत्ता के नियंत्रण का संक्रमण काल था, अतः कला भी इससे अछूती नहीं रही और इसमें पल्लव के साथ आरम्भिक चोल युगीन प्रभाव भी परिलक्षित हुआ। इस काल की मूर्तियाँ राष्ट्रकूट काल की तरह ऊर्जावान लेकिन स्थूलकाय है। शंखाब, ग्रीवा, भरे स्तन और गोल स्कन्धों का इन मूर्तियेां में पूरे मनोयोग से अंकन किया गया। दृढ़ ठोडीं ओर तीक्ष्ण नासिका से युक्त चोल विशेषता वाली मूर्तियों का अंकन इसी युग में आरम्भ हुआ।

कावेरीपकम, सत्यमंगलम और तिरूतन्नि में भी पल्लव प्रभाव वाले अन्तिम समय की मूर्तियाँ मिली है। कावेरीपकम और सत्यमंगलम की मूर्तियों में भव्यता का प्रभाव है और ये कलागत रूप से मानवीय सौन्दर्य की तनुकाय प्रवृत्ति के अनुगमन की परिचायक है।

महेन्द्रवर्मन प्रथम चित्रकला को प्रश्रय देने वाला मुख्य शासक था। उसके समय बने मामन्डुर के गुहा मन्दिर में पल्लव युगीन चित्रकला के विलुप्त हो चुके गौरवपूर्ण अध्याय की झलक देखने को मिल जाती है।

पनामलाई और कांचीपुर के संरचनात्मक मन्दिरों में मामन्डुर के चित्रांकन के कुछ दशकों बाद सम्पन्न किए गए अंकनों के अवशेष देखने को मिलते हैं। सिर पर मुकुट और छत्र धारण किए मुग्धभाव से शिव के नृत्य को निहारते हुए पार्वती का पनामलाई में जीवंत अंकन किया गया है। यहां पार्वती ठीक द्वितीय शती में अमरावती में या पाँचवी शताब्दी में वाकाटकों के अधीन अजंता में निर्मित रानी के चित्र की तरह एक पैर को मोड़े हुए पूरे वैभव के साथ चित्रित की गई है। परवर्ती चोल काल में त्रिभूवमन में एक सुरासुन्दरी के कलांकन में इसी तरह की मनोरम कलात्मक मुद्रा का दर्शन होता है। कांची के कैलाशनाथ में अंकित ललाटतिलक मुद्रा में नृत्य करते शिव को निहारते पार्वती के अंकन को पनामलाई में भी दोहराया गया है। राजसिंह के समय कैलाशनाथ में निर्मित सोमस्कन्द और कुमार के दृश्यांकन भी पल्लव कालीन चित्रकला के उत्कृष्ट साक्ष्य प्रस्तुत करते हैं।

सन्दर्भ

1. शिवराममूर्ति, 'साउथ इण्डियन पेण्टिंग्स' : पृ0 48
2. के0आर0 श्रीनिवासन, "दि पल्लव आर्किटैक्चर ऑफ साउथ इण्डिया" : ऐंशियण्ट इण्डिया – 14, पृ0 119
3. 'साउथ इण्डियन इन्स्क्रिप्शन्स' : भाग – 12 : सं0–94
4. 'एपिग्राफिक इण्डिका' : भाग–7, पृ0–193
5. लॉगहर्स्ट, 'पल्लव आर्किटैक्चर' : सं0 40, पृ0 20
6. वही , पृ0 23
7. ए0री0, 'पल्लव आर्किटैक्चर' : पृ0 21

चोल वास्तुकला (05.3.1 से 05.3.4 तक)

दक्षिण में कला की श्रेष्ठता को पराकाष्ठा पर पहुंचाने का श्रेय वास्तव में चोल शासकों विशेषतः राजराज प्रथम (985–1014ई0) एवं राजेन्द्र प्रथम (1014–42ई0) तथा राजाधिराज (1042–52ई0) जैसे पराक्रमी व कलाप्रिय शासकों को है। इनके समय में चोल कला का प्रभाव हिन्द चीन व हिन्देशिया तक जाकर फैला। इस काल के पराक्रमी एवं अजेय शासकों ने न केवल अपने साम्राज्य की सीमान्तर्गत कलिंग, आन्ध्र, कर्नाटक, मैसूर, मध्यप्रदेश का गोंडवाना एवं बंगाल आदि प्रदेश अपने बाहुबल से शामिल कर लिये थे वरन राजेन्द्र प्रथम ने तो बंगाल के पाल–नरेश को परास्त करके एवं गंगा तक आने की प्रसन्नता में गंगैकोण्ड की उपाधि धारण कर ली थी तथा गगैकोण्डपुरम नामक नगर की स्थापना की। राजेन्द्र प्रथम के पश्चात् चोल शासकों का शासन लगभग 150 वर्षों तक रहा, लेकिन चालुक्यों पाण्ड्यों आदि के साथ निरंतर होने वाले युद्धों ने चोल–शक्ति को शनैःशनैं क्षीण कर दिया और अंत में पारस्परिक विद्वेष की अग्नि में झुलसे हुए चोल शासन का अंत सन् 1310–11 ई0 में अलाउद्दीन खिलजी के सेनापति मलिक काफूर के हाथों सदा–सदा के लिए हो गया।

अपने 400 वर्षों के शासनकाल में चोल शासकों ने वास्तुकला की प्रगति के लिए भी अभूतपूर्व सहयोग का प्रदर्शन किया एवं ऐसे विशाल तथा अभूतपूर्व मन्दिरों का निर्माण कराया, जो दर्शकों और कलाविदों के लिए आकर्षक कलातीर्थ सिद्ध होकर रह गये। इन मन्दिरों में वास्तुकला एवं तक्षणकला की श्रेष्ठता की चरमसीमा दिखाई देती है। विशाल वर्गाकार विमान, विस्तृत, आँगन आकर्षक गोपुरम मंडप से युक्त तंजोर के मंदिर तथा श्रीरंगम का वैष्णव मंदिर चोल कला के आदर्श उदाहरण के अंतर्गत आते हैं।

प्रारम्भिक चोल काल में अपेक्षाकृत छोटे मन्दिरों का निर्माण हुआ। उनके कुछ उदाहरण कोंरंगनाथ और विजयालय चोलेश्वर मन्दिर है। ये छोटे मन्दिर भी तक्षण कला की दृष्टि से उत्तर भारत के मन्दिरों से अधिक सजीव एवं शानदार है। वैसे विजयालय नामक शासक (नवीं शदी का

पूर्वार्द्ध) ही मन्दिर–निर्माण का प्रारम्भकर्ता माना जाता है। और उसके द्वारा मन्दिरों के निर्माण का शुभारम्भ तंजोर के दुर्गा मन्दिर से माना जाता है। इस मन्दिर का गर्भगृह वृत्ताकार है ओर उसका व्यास साढ़े आठ फीट है। मन्दिर का विमान अवतलीय पंक्तियों वाला है। निचली पंक्तियां वर्गाकार हैं तथा ऊपर वाली गोल है। मन्दिर के गोल शिखर में भी कुंड अलंकृत है। गर्भगृह के सम्मुख स्तम्भों पर आधारित मण्डप है। मुख्य मन्दिर के चारों ओर सात लघु मन्दिर है[1]।

चोल नरेश आदित्य प्रथम (880–907ई0) जो कि शैव था, के शासनकाल में निरूकुट्टल में सुन्दरेश्वर मन्दिर का निर्माण हुआ। यह मन्दिर चोलवास्तु के मध्यवर्ती युग का परिचायक है। इसका गर्भगृह भी दुर्गामन्दिर की भांति वृत्ताकार ही है पर इसमें अर्धमण्डप, मुखमण्डप तथा विमान की योजना भी है।[2]

चोल वस्तुकला की श्रेष्ठता का काल राजराज प्रथम (985–1014ई0) के समय से प्रारम्भ होता है। राजराज प्रथम शैव था। अतः उसने शिव के नाम पर 'वृहदीश्वर मन्दिर' का निर्माण सन् 1000ई0 के लगभग कराया। उसके द्वारा बनवाये जाने के कारण यह मन्दिर उसके नाम पर राजराजेश्वर मन्दिर भी कहा जाता है। वास्तु–विन्यास, प्राकार–योजना, भव्यता, विशालता, कलात्मक सौन्दर्य और तक्षणकला की दृष्टि से यह मन्दिर चरमोत्कृष्ट पर है। इस मन्दिर की विस्तार योजना 500 फीट लम्बा व 250 फीट चौड़ाई में सुव्यवस्थित है। मन्दिर की ऊँचाई 216 फीट एवं उसका आधार 82 फीट है। इस मन्दिर में मध्यकालीन वास्तु शास्त्र के सभी लक्षण विद्यमान है। इस मन्दिर में 14 तल एवं 2 गोपुरम है। मन्दिर का चौकोर शिखर ऊपर की ओर पिरामिडाकृति में कोणाकार होता चला गया है। ऊपर का गुम्बद एक ही बड़े पत्थर का बना है, जिसका भार 80 टन और उसकी ऊँचाई 25 फीट है।[3]

उस समय जब क्रेनों की व्यवस्था उपलब्ध नहीं थी, इतनें बड़े पत्थर को इतनी ऊँचाई पर पहुँचाना एक विचारणीय प्रश्न है। मन्दिर का गर्भगृह मण्डप और विमान ह्रदयाकर्षक है। मन्दिर की भित्तियों का चप्पा–चप्पा भली भांति अलंकृत है। मन्दिरों की भित्तियों पर राजराज प्रथम की विजयों तथा पौराणिक आख्यानों पर आधारित दृश्यों का सुन्दर

व कलापूर्ण अलंकरण है। विमान के नीचे गर्भगृह के विभिन्न कोणों में प्रतिष्ठित कलापूर्ण देव–प्रतिमायें, दक्षिण–पश्चिम कोण में नृत्य–मुद्रा में नटराज शिव की मूर्ति, पश्चिम भित्ति पर तेजोमय शिवलिंग मूर्ति, दक्षिणी भित्ति पर गणेशजी की मूर्ति और उत्तरी भित्ति पर चंद्रिकेश अग्रमूर्ति तथा मूर्तियों के चारों ओर प्रस्तर फलकों पर देव देवांगनाओं, यक्ष–यक्षणियों, गगन–वितरणियों, अप्सराओं आदि की सुन्दर प्रतिमाओं का अलंकरण हुआ है। मन्दिर में स्थापित शिवलिंगम और सामने का शिववाहन नन्दी भी विशेष आकर्षण के केन्द्र है।

चोल वास्तु का दूसरा श्रेष्ठ उदाहरण गंगैकोण्डचोलापुरम का विशाल शिव मन्दिर 'वृहदीश्वर मन्दिर' भी कला के इतिहास में अविस्मरणीय है। तंजौर से 38 मील दक्षिण पूर्व में स्थित यह मन्दिर राजेन्द्र प्रथम (1014–1042 ई0) के द्वारा निर्मित हुआ, जो स्वयं बहुत बड़ा शैव था। इसका निर्माण लगभग 1025 ई0 में हुआ था। मन्दिर का विस्तार 340 फीट लम्बा व 110 फीट चौड़ा है जिसका, विशाल मण्डप 175 फीट लम्बा व 95फीट चौड़ा है जो 150 स्तम्भों पर आधारित है। स्तम्भ रचना ही इस विशाल मण्डप के मानो प्राण है। विमान की ऊँचाई 186 फीट है। इस मन्दिर के गर्भगृह में स्थापित लगभग 20 फीट ऊँचा व विशाल शिवलिंग भी एक प्रमुख आकर्षण का केन्द्र है। मन्दिर का शिखर तंजोर के राजराजेश्वर मन्दिर की ही भांति चौकोर पिरामिडाकृति रूप में है। शीर्ष पर एक गोल विशाल गुम्बद है जिसके चारों ओर मध्य में अलंकरण के लिए चार तोरण सदृश लघु शिखरों का निर्माण है। गुम्बद के केन्द्र में लघु हर्मिका एवं कलश है। मन्दिर का ऊँचा अधिष्ठान एवं उसकी चातुर्दिक की भित्तियां तथा विशाल मण्डप का वितान व उसके लम्बे, ऊँचे शीर्षयुक्त कलापूर्ण स्तम्भों का चप्पा–चप्पा विभिन्न प्रकार के देव प्रतिमाओं के साथ–साथ अन्य प्रतिमाओं से पूर्णरूपेण अलंकृत है। स्तम्भ रचना में चौपहल, अष्टपहल आदि का अलंकरण देखते ही बनता है।

इन दोनों विशाल मन्दिरों की संरचना में चोल शासकों के समय की समृद्धि एवं उनकी धार्मिक सहिष्णुता के दर्शन भलीभांति होते हैं।

दक्षिण भारत के इन दो विशाल मन्दिरों के अतिरिक्त चोल शासकों द्वारा निर्मित अन्य मन्दिरों में 'चिदम्बरम् काम शिव–मन्दिर' तिन्नेवेली जिले

का तिरूवालीश्वरम् का मन्दिर, श्रीरंगम, वैष्णव मन्दिर एवं कम्पहरेश्वर के मन्दिर भी कला के इतिहास में अपना विशिष्ट स्थान रखते है।

चोलों द्वारा पल्लवित यह वास्तुकला उनके नाम पर कला के इतिहास में चोल कला के नाम से ही जानी जाती है।

सन्दर्भ

1. भा. वास्तु का इति. – पृ. 131–प्रा. भा. का राज. सां. इति. – पृ. 621।
2. वही– पृ. 131।
3. भा. का वृहद इति (ओ. प्र. केला) – पृ. 312 प्रा. भा. का राज. सा. इतिहास (चौधरी)–पृ. 621।

पाण्ड्य मन्दिर के गोपुरम (05.4.1 से 05.4.2 तक)

भारत के सुदूर दक्षिण में तमिलदेश में दो सो वर्षो तक (ई0सं0. 1150–1350) तक पाण्ड्यवंशी नरेशों ने शासन किया। दक्षिण भारत के प्रत्येक राज्यवंश ने अपनी अवधि में स्थापत्यकला में विशेष योगदान दिया और नए–नए आकार प्रकार के मन्दिर तैयार किए। पल्लवों ने रथ एवं सिंह स्तम्भ का निर्माण कराया, तो पल्लव शासन के पिछले युग में गोपुरम् का शुभारम्भ कांचीपुरम के कैलाशनाथ मन्दिर में किया गया। चालुक्य होयसल शैली के पट्टकदल के विरूपाक्ष के मन्दिर में भी प्राथमिक रूप से देखते हैं, किन्तु स्थापत्य की जगह उसी से सम्बद्ध मूर्तिकला पर विशेष ध्यान दिया गया। उन मन्दिरों की बाहरी दीवार पर पट्ट–पर–पट्ट उत्कीर्ण है जिनमें पशु पक्षी के अतिरिक्त रामायण महाभारत की कहानियां खुदी है मन्दिर की मनोहारी मूर्तिकला अपनी निजी विशेषता रखती है। 11वीं सदी में तंजौर तथा गंगैकोण्ड चोलपुरम में चोल राजाओं ने जिस रूप में विशाल मन्दिर तैयार कराया, पिछली सदी में उस आदर्श की सुरक्षा न हो सकी। चोल राज्यवंश के उत्तराधिकारी पाण्ड्य हुए। उसके पश्चात् पाण्ड्य लोगों ने नवीन विचारधारा से काम लिया। मन्दिर निर्माण कार्य में उनका तनिक भी योगदान नहीं है तो भी द्रविड़ शैली के मन्दिरों के स्थापत्य को गहरे रूप में प्रभावित किया। इसके शासन से पूर्व कलाकारों ने मन्दिर की बनावट मे ही अपनी कुशलता एवं प्रतिभा का परिचय दिया विशेषतः चोल मन्दिर विमान के निर्माण में उसी के पश्चात् ही पाण्ड्य नरेशों के मस्तिष्क में इस बात की जानकारी आन्दोलित हो उठी कि दक्षिण भारत में प्राचीन पुण्य एवं कलापूर्ण भव्य मन्दिरों की बहुलता हैं अतएव, उस परम्परा का अनुसरण न कर तथा नए मन्दिरों का निर्माण अनावश्यक समझ कर स्थापत्य की ओर यानी विमान को अधिक सौन्दर्यमय तैयार करने की नीति से पाण्ड्य राजा उदासीन हो गए। उनका विचार था कि नए मन्दिरों का निर्माण न कर प्राचीन मन्दिरों के समीप क्षेत्र को स्थापत्य की दृष्टि से अधिक सुन्दर तैयार किया जाये। अतः विद्यमान मन्दिरों की वृद्धि न करें उनको सुन्दर भव्य तथा आकर्षक बनाने का प्रयत्न किया। इस कारण गर्भगृह को स्पर्श तक न किया गया और चारों तरफ परकोटे तथा विशाल

शिखरसहित द्वार यानी गोपुरम का निर्माण करवाया। इस शब्द (गो–पुर) को वैदिक युग के ग्रामीण ग्राय द्वार के आधार पर गढ़ा गया। नगरद्वार तथा कालांतर में मन्दिरों के द्वार से सम्बद्ध किया गया।

गौपुरम या द्वार शिखर ईंट गारे से बने थे और अनेक खण्डों की पर्वत श्रृंगाकार इमारत थे। पाण्ड्य युग में मन्दिरों के बड़े आयताकार द्वार से ऊपर पंक्ति पर पंक्ति की बनावट क्रमशः चौड़ाई में कम होती गई। उसी ने गोपुरम का वास्तविक रूप धारण कर लिया जो विशाल आकार की डेढ़ सौ फुट ऊँचाई तक उठते गए हैं। इस शिखर के समतल शीर्ष पर बेलनाकार छत वर्तमान हैं, जिसके किनारों पर त्रिभुजाकार या गोलाकार छज्जे भी बने हैं गोपुरम की सारी सतह पर पौराणिक देवी देवताओं, असुरों तथा गंधर्वों आदि की सजीव मूर्तियां खुदी है। तेरहवीं सदी में गोपुरम् का समष्टि रूप पूर्ण विकसित दिशा में दीख पड़ता है। द्वार की अधिरचना यानी गोपुरम का रूप विमान से भी अधिक आकर्षक तथा शानदार है। बाहरी दीवार में मंडपनुमा आकार को भी स्थान दिया गया, जो एक के ऊपर दूसरा तीसरा बनता गया है। उस स्थान की खुदाई के गोपुरम के बाहरी भाग पर उत्कीर्ण किया गया। इस प्रकार गोपुरम का परिमाण बढ़ता गया और लंबवत् ऊँचा हो गया। पाण्ड्य शासन में निर्मित गोपुरम पिछले द्रविड़ शैली के मन्दिरों के नमूना बन गए। उनके अंकरण में भित्तिस्तम्भ को भी स्थान मिला। वह क्रमशःदक्षिण भारत के स्थापत्य का आदर्श बन गया। श्रीरंगम का जंबुकेश्वर मन्दिर पाण्ड्य कालीन (12वीं सदी का) गोपुरम से युक्त है। चिदंबरम् का गोपुरम पाण्ड्य शैली का प्रतिरूप है। जिसे सुन्दर पाण्ड्यनरेश ने बनवाया था।

द्रविड़ शैली के मन्दिरों में दूसरी नवीनता स्तम्भ तथा उनके शीर्ष का है जिसे पाण्ड्य नरेशों ने समाविष्ट किया था। स्तम्भ शीर्ष में पुष्प आकार जोड़कर अधिक सुन्दर बनाया गया था और वह शीर्ष से लटकता दीख पड़ता है। दक्षिण भारत की शैली में समकेन्द्रित परकोटे बनने लगे, जो प्रमुख मन्दिर के चारों तरफ निर्मित किए गए। उनमें सबसे भीतरी परकोटे का निर्माण पाण्ड्य राजाओं ने किया था।

पाण्ड्य कालीन गोपुरम कई मंजिल के बनाए गए थे। निचली दो मंजिलें लंबवत् ठोस प्रस्तर की बनी हैं, जिससे गोपुरम की नींव स्थायी

रूप से मजबूत है। उसकी ऊपरी अधिरचना में हलके सामग्री ईंट तथा सीमेंट का प्रयोग किया गया है। यह भाग कई कक्ष के है तथा क्रमशः ऊपर की दिशा में वे छोटे होते गए हैं। गोपुरम का शीर्ष भाग अनुपात में आधार का आधा है और शीर्ष में पचीस कोण का ढाल है। इस तरह बारहवीं सदी के पश्चात् द्रविड़ शैली के मन्दिरों में दो मीनारें दीखने लगी। –

1. विमान तथा
2. गोपुरम

विमान की चौकार योजना आरम्भ हुई थी, जिनके सिरे पर गोलाकार गुम्बज है लेकिन गोपुरम की प्रारम्भिक परिकल्पना आयताकार है तथा शीर्ष आकार भी उसी रूप का ही है। इसकी तुलना बौद्ध चैत्य कक्ष से कर सकते हैं।

गोपुरम का आकार तथा स्वरूप स्थिर हो जाने पर उनके बनावट में अंतर नहीं आ सका। उसे स्थायित्व मिल गया। पाण्ड्य युग के गोपुरम परम्परागत प्रकार के मिलते हैं, उनका अलंकरण वास्तुशिल्पीय रीति के है। बाहरी सतह पर कालान्तर में अलंकारिक प्रकार जोड़े गए। पाण्ड्य काल में मन्दिर–निर्माण का प्रश्न ही न रहा। दारासुरम का ऐरावतेश्वर मन्दिर चौदहवीं सदी का ही है जिसे पाण्ड्यों के अंतिम काल में माना जा सकता है। उनमें स्तम्भ तथा शीर्ष की बनावट उस युग में ही पूर्ण हुई। संक्षेप में यह कहना युक्तिसंगत होगा कि पाण्ड्ययुगी गोपुरम ने पिछले दक्षिण भारतीय मन्दिरों के आदर्श उपस्थित किया।

राष्ट्रकूट शैली (05.5.1 से 05.5.3 तक)

राष्ट्रकूट नरेशों ने गुहामन्दिरों के निर्माण में अधिक रूचि ली उनके द्वारा निर्मित गुहामन्दिरों (जिनमें ब्राह्मण, बौद्ध व जैन धर्म से सम्बन्धित) अधिकांशतः एलोरा में ही निर्मित हुए हैं। इनमें भी राष्ट्रकूट नरेश (754–72ई0) द्वारा निर्मित कैलाश मन्दिर शैलवास्तु का अप्रतिम उदाहरण है।

कैलाश मन्दिर एलोरा गुफा–समूह का ही सर्वश्रेष्ठ मन्दिर है। वह भारत क्या संसार का भी श्रेष्ठ पाषाणोत्कीर्ण स्थापत्य कहा जा सकता है। यह भारतीय कलाकारों की स्थापत्य और शिल्प के क्षेत्र में अप्रतिम देन है। इसकी प्रमाणबद्धता विशाल है, सामर्थ्यवान है, प्रभाव चिरन्तन और अपरिमेय है, नाजुक उभार वाली शिल्पाकृतियों के विपुल आयोजन में चमत्कारी व विस्मस्यकारी आकर्षण एवं मनोरमता है।[1]

इस गुफा मन्दिर की सबसे बड़ी विशेषता है कि यह विशाल शिला–खण्ड को खोदकर इसे उत्कीर्ण किया गया है जबकि अन्य गुफायें सामने से पीछे की ओर समतल खोदी गई है। इसकी खुदाई ऊपर से नीचे की ओर गहराई लिए हुए खोदी गई है। इसके अतिरिक्त गुफा के अन्दर तथा बाहर का भाग भी जिसे शिल्पकारी के लिए प्रयुक्त किया गया है, उसी एकमात्र शिलाखण्ड का एक अविभाज्य अंग है। जीवित और भारी भरकम विशालकाय चट्टान को काटकर ही मन्दिर का निर्माण किया गया है। ऐसा लगता है कि निर्माताओं ने भूगर्भीय चैत्यों और विहारों की परम्परागत निर्माण पद्धति का परित्याग करके एक सर्वथा नवीन शैली को अपनाया है।[2]

इस गुफा मन्दिर की लम्बाई लगभग 280 फुट और चौड़ाई 160 फुट और उत्कीर्ण शिलाखण्ड की ऊँचाई 110 फुट है। सामने की ओर पाषाण का एक परदा है, जिसके बाहरी भाग में शिव और विष्णु की उनके पारिपार्षदों सहित विशाल मूर्तियाँ हैं। अन्दर की तरफ दोनों ओर दो कमरे है और तनिक आगे जाने पर कमलासना लक्ष्मी की मूर्ति है।[3]

लगभग 25 फुट ऊँचे अधिष्ठान (चूबतरे) पर आधारित यह मन्दिर शिव को समर्पित है और उसकी लम्बाई 164 फुट व चौड़ाई 109 फुट

है। मुख्य गर्भगृह की लम्बाई–चौड़ाई 15 फुट है। आँगन की तलभूमि से मन्दिर के शिखर तक की ऊँचाई 96 फुट है। इस मन्दिर के शिल्प में एक उल्लेखनीय बात यह है कि मुख्य देवालय या गर्भगृह की दोनों बाहरी दीवारों पर रामायण और महाभारत के कथाप्रसंगों को प्रदर्शित किया गया है। इसी प्रकार अधिष्ठान की दीवारें नाना प्रकार की क्रियाओं में संलग्न हाथियों के समूह, शार्दूलों, सिंहों तथा अन्य शिल्पाकृतियों से भलीभाँति अलंकृत है। चबूतरे पर बनाया गया मंडप भी अतिशय भव्य और प्रशस्त है तथा यह 16 खम्भों और दोनों ओर की दीवारों पर आधारित है। खम्भों में ऊपर से नीचे तक सुन्दर कलाकृतियाँ उत्खचित है[4]।

मुख्य व बाहरी तौर पर यह मन्दिर केवल तीन ही भागों–विमान, गर्भगृह एवं मण्डप से युक्त है। गर्भगृह भी ऊपर चार तलीय शिखर से युक्त है। शिखर पर आमलिका बनी है। मन्दिर के भूतलीय कक्ष से चतुर्थ मंजिल तक पहुँचने के लिए सोपान–मार्ग बने हुए हैं। प्रकाश के लिए अलंकृत गवाक्षों का भी प्रबन्ध है, यद्यपि संख्या में ये अधिक नहीं है। मन्दिर के चारों ओर एक–एक लम्बी वीथिका है एवं इस मुख्य मन्दिर के चारों ओर अनेक देवताओं से सम्बन्धित लघु मन्दिर भी हैं। प्रमुख मन्दिर गज–पृष्ठाकृति के रूप में है। वास्तु–रचना में बौद्ध–चैत्यानुरूप यह मन्दिर विभिन्न प्रकार के पौराणिक आख्यानों पर आधारित 42 दृश्यों से शोभायमान है। इनमें नटराज, अर्द्धनारीश्वर उमा–महेश्वर, महिषासुर मर्दिनी नृसिंहावतार शिव का कल्याण सुन्दर (वैवाहिक रूप), इन्द्र–इन्द्राणी एवं रावण द्वारा कैलाश पर्वत को उठाने वाली कतिपय मूर्तियाँ तो जैसे इस मन्दिर की मूर्ति–कला के नाम पर जीवंत उदाहरण है। इनमें भी कल्याण सुन्दर–प्रतिमा और रावण द्वारा कैलाश पर्वत उठाये जाने वाली प्रतिमा तो मूर्तिकला के इतिहास में श्रेष्ठतम उदाहरण माने जाते हैं[5]।

एलोरा के अन्य गुहा शिल्प

एलोरा के गुफा–समूह में दक्षिण की ओर पहली बारह गुफायें बौद्ध–धर्माबलम्बियों की हैं इनमें से दसवीं विश्वकर्मा चैत्य–गुफा को छोड़कर बाकी सभी विहार है। इन सभी बौद्ध गुफाओं में पहली पाँच अपेक्षाकृत पुरानी है। इन पाँचों में भी 'महानवाद' नामक पाँचवी गुफा को छोड़ बाकी चार गुफायें आकार–प्रकार संयोजन आदि में प्रायः अजन्ता की गुफाओं से बहुत कुछ साम्य है। ये सभी एक –मंजिली गुफायें हैं और इनमें सामने की ओर बरामदा, बीच में गर्भगृह अंतिम भाग में देवस्थान एवं दायें–बायें भिक्षुओं या उपासकों के निवासनार्थ कोठरियां हैं।[6]

अगली सात गुफायें अपेक्षाकृत बाद में संभवतः सावतीं सदी में बनाई गई है। दसवीं विश्वकर्मा नामक चैत्य गृह के बाद ग्यारहवीं गुफा 'दोन ताल' के नाम से जानी जाती है। यह यथार्थतः तीन तलीय गुफा है। इस गुफा के सामने के बरामदे 103 फुट लम्बे व 9 फुट चौड़े हैं। दूसरी मंजिल के बरामदे के सामने की ओर 8 चौकोणीय खम्भे हैं और बरामदे की पिछली दीवार में पाँच प्रवेशद्वार हैं। इस गुफा में अनेक कोठरियाँ और मूर्तियां हैं। विशेष रूप से बुद्ध की प्रतिमायें पदमपाणि बोधिसत्व, वज्रपाणि बोधिसत्व, वज्रायुध एवं अनेक स्त्री–पुरूषाकृतियां।[7]

बारहवीं गुफा एलोरा में अंतिम व सर्वश्रेष्ठ गुफा है। तिमंजलीय होने के कारण इसे 'तीन ताल' कहा जाता है। तीनों ही मंजिलों के अग्रभाग सादे आठ–आठ खम्भों पर आधारित है। सबसे निचले तल में आठों ही खम्भों के एक के पीछे एक खम्भों की दो कतारें और हैं। जिनसे दो गलियारे निकल आये हैं। अंतिम कतार में 6 खम्भे हैं। इस प्रकार निचले तल में कुल 30 खम्भे हैं। इसमें तीन कोठरियाँ हैं। पिछली दीवार में बीचों–बीच देवगृह है।[8]

इस गुफा के मध्यवर्ती तल में भी आठ–आठ खम्भों की दो पंक्तियां हैं, जिससे समूचे तल के तीन भाग हो गये हैं। संरचना में सबसे ऊपर का तला निराला है। इसमें आठ–आठ पंक्तिबद्ध खम्भों के पाँच गलियारे हैं। मध्यवर्ती देवगृह के सामने भी दो खम्भे हैं। इस प्रकार इस तिमंजिले भाग में सर्वाधिक खम्भों की संख्या 42 है।[9]

इस गुफा के शिल्प की एक प्रमुख विशेषता यह और है कि इसमें भगवान बुद्ध के महत्वपूर्ण जीवन प्रसंगों और महायानपन्थ की अपेक्षाकृत विशेषताओं को सजीव व मार्मिक ढंग से प्रस्तुतीकरण किया गया है। सबसे ऊपर के भाग में उत्तर की ओर सात ध्यानस्थ बुद्धों की मूर्तियों (विपश्य, भिखी, विश्वभू, क्रकचंद, कनकमुनि, कश्यप और शाक्य सिंह) तथा दक्षिण की ओर ध्यानी बुद्धों और बोधिसत्वों की मूर्तियाँ विशेष आकर्षण का केन्द्र बिन्दु है।[10]

ब्राह्मण गुफायें[11]

अंतिम बौद्ध 'तीन ताल' गुफा के उत्तर–पश्चिम में कुछ दूरी पर जो सोलह गुफायें हैं वे सभी ब्राह्मण–गुफाओं के नाम से जानी जाती है। इन गुफाओं में तेरहवीं व अट्ठाइसवीं गुफायें अंतिम हैं। शिल्प रचना विचारधारा और कल्पना की दृष्टि से इनकी पूर्ववर्ती बौद्ध–गुफाओं से कोई साम्यता नहीं है। साम्यता है तो यह है कि इन्हें भी द्रविड़ शैली में चट्टानों को काट–काट कर बनाया गया है।

प्रत्येक देवालय आंगन में ऊँचे चबूतरे पर बना हुआ है और कुछ सीढ़ियां चढ़कर गर्भगृह में प्रवेश करना पड़ता है। इन गुफाओं के प्रवेशद्वार अपेक्षाकृत छोटे ओर अलंकृत हैं। कभी–कभी प्रवेशद्वार के पीछे पत्थर की एक दीवार का पर्दा भी रहता है, जिस पर देवी–देवताओं के चित्र खुदे हुए हैं। इस प्रकार के पर्दायुक्त दीवारों वाले मंदिरों में 15वीं दशावतार तथा 16वीं कैलाश गुफा प्रमुख रूप से उल्लेखनीय है। प्रायः सभी गुफाओं में देवालयों के चारों ओर प्रदक्षिणा पथ भी है। एक या दो गुफाओं (जैसे कि 21 वीं रामेश्वर गुफा) में उपासना मन्दिर भी है। गुफाओं के अन्दर की सभी दीवारें, चबूतरों की दीवारें तथा खम्भे व उनके शीर्षभाग विभिन्न प्रकार के चित्रों व कलापूर्ण आलेखनों से पूर्णरूपेण अलंकृत है।

अधिकांशतः गुफा–मन्दिरों के मूलनायक भगवान शिव ही है। फिर भी प्रायः सभी गुफा–मन्दिरों में शैव व वैष्णव मूर्तियाँ एक साथ पाई जाती है, जो तत्कालीन शासकों की धर्म–सहिष्णुता की नीति की परिचायक है। इन प्रतिमाओं में रौद्र, विकराल, सौम्य, दया, करूणा, शान्त, क्रोध, भय,

उग्र, श्रृंगार, ग्लानि, पश्चाताप, संहार, अनुग्रह, हास्य, आश्चर्य आदि सभी भाव स्पष्टतः बड़े ही सहज व सजीव रूप में उभरकर सामने आये है।

इन सोलह गुफा मन्दिरों में चौदहवीं गुफा ब्राह्म गुफा, पन्द्रहवीं गुफा दशावतार गुफा, सोलहवीं गुफा कैलाश या रंगमहल गुफा (भगवान शिव के दिव्य धाम की अनुकृति) होने के कारण कैलाश नाम तथा नाना रंगों में चित्रांकित होने के कारण 'रंगमहल' की संज्ञा दी गई है। इक्कीसवीं गुफा रामेश्वर गुफा बाइसवीं गुफा नीलकंठ गुफा तेइसवीं गुफा तेलधाणी गुफा, चौबीसवीं गुफा कुम्भारवाड़ा गुफा पच्चीसवीं गुफा जनवासा गुफा (इसमें चारों ओर उपासना गृह है), छब्बीसवीं गुफा ग्वालिन गुफा, सत्ताइसवीं गुफा वैष्णव गुफा तथा अन्तिम व अट्ठाइसवीं गुफा सीता की नहानी या डूमर लेणी गुफा के नाम से प्रसिद्ध है। शेष चार गुफायें सत्रहवीं गुफा, अठारहवीं गुफा, उन्नीसंवी तथा बीसवीं गुफा सामान्य रूप में शैव देवालय ही है।

इन 16 गुफा मन्दिरेां में सोलहवीं गुफा (जो कैलाश मन्दिर के नाम से विख्यात है एवं जिसके शिल्प कौशल्य के विषय में विस्तापूर्वक पूर्व में वर्णित है) को छोड़कर शेष पन्द्रह गुफाओं में दूसरी भव्य तथा विशाल एवं श्रेष्ठतम गुफा के रूप में अट्ठाईसवीं गुफा है। आकार–प्रकार में यह क्रास–चिन्ह की तरह है। देव मन्दिर सहित गर्भगृह 148 फुट लंबा, 149 फुट चौड़ा और लगभग 18 फुट ऊँचा है। गर्भगृह में प्रवेश के लिए तीन द्वार हैं। यह गुफा उत्कृष्ट कलाकृतियों के द्वारा सौन्दर्यभूत है।

जैन गुफायें[12]

ब्राह्मण गुफाओं के बाद जैन गुफाओं का क्रम आता है। यह संख्या में पाँच हैं अर्थात् 29 से 33 वीं गुफा तक।

क्रमबद्धता में उनतीसवीं गुफा 'छोटा कैलाश' के नाम से जानी जाती है। पूर्वोक्त कैलाश गुफा से अधिक सामंजस्य न होते हुए भी द्रविड़ शैली में निर्मित होने तथा कैलाश गुफा के मुख्य सभामण्डप के कुछ हद तक साम्य होने के कारण ही इसको छोटा कैलाश संभवतः कहा गया है। यह गुफा यद्यपि जैन गुफा–समूह में सबसे पहली गुफा है किन्तु रचना

कालक्रमानुसार यह सबसे अंतिम काल की गुफा है। जिसके आधार पर इसका निर्माणकाल तेरहवीं शताब्दीका मध्यकाल माना जा सकता है। गुफा के अन्दर जैन शिल्प और बाहर शैव शिल्प है।

तीसवीं–गुफा सामान्य गुफा है। एवं 31वीं गुफा इन्द्रसभा नाम से है। यह एक स्वतंत्र गुफा न होकर जैन शिल्प के आधार पर एकसंघीय शैल–मन्दिर है। इसमें दो दोतल्ली गुफायें, एक एकतल्ली गुफा और कुछ छोटे–मोटे उपासना गृह सम्मिलित हैं।

इनमें पहली दोतल्ली गुफा इन्द्रसभा के नाम से प्रसिद्ध है। यह एक विशाल शिलाखण्ड को सौ फुट से भी अधिक गहराई तक काटकर बनाई गई है। एक उत्कीर्ण द्वार को पारकर 50 फुट लम्बे व चौड़े वर्गाकार प्रांगण में प्रवेश करने पर मध्य में एक भव्य व विशाल मन्दिर शोभायमान है। प्रवेशद्वार के दाहिनी ओर हाथी की एक विशाल मूर्ति है तथा बाई ओर लगभग 30 फुट ऊँचा एक ध्वज स्तम्भ हैं ।

चैत्यालय का ऊपरी तल्ला भली–भांति शिल्पित 12 खम्भों पर आधारित है। ऊपरी तल्ले में जैन तीर्थंकरों–पार्श्वनाथ, महावीर स्वामी तथा लतावेष्टित बाहुबलि स्वामी की भव्य, विशाल व मनोरम, सजीव प्रतिमायें हैं। इसके अतिरिक्त विद्याधरों, असुरों, गन्धर्वों, उपासकों, द्वारपालों, इन्द्र–इन्द्राणी, सरस्वती आदि की भी प्रतिमाओं का प्रदर्शन देखने को मिलता है। पार्श्व कक्ष में ऐरावत हाथी पर आरूढ़ इन्द्र की मूर्ति निःसन्देह मूर्तिकला की दृष्टि से श्रेष्ठतम कही जा सकती है। इन्द्रसभा की संरचना को देखकर प्रसिद्ध स्थापत्य शिल्पकला विशेषज्ञ पर्सी ब्राउन का कथन है, "इस शैल मन्दिर की रचना इतनी सर्वांगपूर्ण तथा शिल्पचातुर्यपूर्ण है कि वह एलोरा के किसी अन्य गुफा मन्दिर में देखने को नहीं मिलती। भित्तियों पर आकृतियों का उत्कीर्णन ऐसा सुन्दर तथा स्तम्भ विन्यास इतने कौशल से किया गया है कि उसका अन्यत्र कोई दूसरा उदाहरण देखने को नहीं मिलता"।

बत्तीसवीं गुफा का नाम 'जगन्नाथ गुफा' है। यह गुफा मन्दिर इन्द्रसभा की भांति ही खोदा गया हैं यह भी एक दोतल्ला जैन–चैत्य है एवं रचना विन्यास इन्द्रसभा के सदृश ही है, पर आकार–प्रकार में इन्द्रसभा से छोटा अवश्य है। द्वार का तोरण कलापूर्ण है। चैत्य गृह में

सिंहासनस्थ तीर्थंकर महावीर स्वामी की भव्य व आकर्षक विशाल प्रतिमा है। दीवारों और स्तम्भों पर पार्श्वनाथ, शान्तिनाथ, महावीर स्वामी, बाहुबलि, इन्द्र–इन्द्राणि उपासकों आदि की सुन्दर प्रतिमायें भी प्रदर्शित हैं।

सन्दर्भ

1. प्रा. भा. की सां. धरोहर पृ. 33।
2. वही, पृ. 34।
3. वही।
4. वही।
5. भार. वास्तु का इति. पृ. 132।
6. प्रा भा. की सां. धरो.– पृ. 27।
7. वही, पृ. 28।
8. वही, पृ. 29।
9. प्रा. भा. की सां. धरो. – पृ. 29।
10. वही।
11. वही, पृ. 30–37।
12. वही, पृ.–37–39।

होयसल कला (05.6.1 से 05.6.3 तक)

सुदूर दक्षिण भारतीय राज्य–वंशों में द्वारसमुद्र के होयसल वंश का भी शासन और कला के क्षेत्र में महत्वपूर्ण स्थान है। होयसल वंश यादवों की एक शाखा थी। जैसा कि उत्कीर्ण लेखों में इस वंश के राजा को "यादव कुल तिलक" कहा गया है। ये प्रारम्भ में कांची के चोल और बादामी के चालुक्य वंशीय राजाओं के सामन्त थे। इनकी राजधानी प्रारम्भ में बेलपुर (बैलूर) मे थी। ग्यारहवीं शताब्दी के मध्य इस वंश के विनयादित्य और उसके पुत्र एरभंग ने चोल–चालुक्य संघर्ष से लाभ उठाकर अपने को स्वतंत्र किया।

विष्णुबर्धन इस वंश का प्रथम शासक था, जिसने अपने राज्य की सीमा का विस्तार किया और गौरव बढ़ाया। उसने ही बेलापुर से अपनी राजधानी बदलकर द्वारसमुद्र (हालेविद) ले गया। उसने तत्कालीन चालुक्य नरेश विक्रमादित्य षष्ठ पर आक्रमण करके अपने को पूर्ण स्वतंत्र कर लिया और इसके बाद उसने चोल, पाण्ड्य, कदम्ब, गंग आदि राजाओं को भी हराकर सारे मैसूर पर अपना अधिकार कर लिया।

वह प्रारम्भ में जैन धर्म का अनुयायी था, लेकिन बाद में रामानुज के प्रभाव में आने पर वह वैष्णव हो गया। उसने कई सुन्दर व भव्य राजप्रसाद एवं मन्दिर बनवाये, जो कला की दृष्टि से बड़े महत्वपूर्ण है।

इस वंश का सबसे प्रसिद्ध राजा वीर वल्लाव (1172–1125 ई0) हुआ, जिसने अपने वंश में सर्वप्रथम महाराजाधिराज की उपधि से अपने को विभूषित किया। उसके समय में होयसल वंश की गणना दक्षिण भारत के प्रबल व शक्तिशाली राज्यों में होती थी। उसने अपने पितामह विष्णुवर्धन के राज्य की सीमा व प्रतिष्ठा को बढ़ाया।

लेकिन उसके पुत्र नरसिंह के समय में होयसल वंश की शक्ति का ह्रास होना प्रारम्भ हो गया और अंत में सन् 1320 ई0 में दिल्ली के खिलजी वंश के शासक अलाउद्दीन खिलजी के सेनापति मलिक काफूर के द्वारा द्वारसमुद्र पर होने वाले आक्रमण के कारण होयसल वंश अपनी निर्बलता के कारण सदा के लिए नष्ट हो गया। (जिसका विस्तृत विवरण तृतीय अध्याय में उपलब्ध है)

होयसल वंश अन्य राज्यों की तरह नष्ट हो गया, लेकिन उसके गौरव व उसकी प्रतिष्ठा को जीवित रखने के लिए तथा विष्णुवर्धन व वीर वल्लाल जैसे कलाप्रिय शासकों की कलाप्रियता के साक्ष्य स्वरूप आज हालेविद का होयसलेश्वर मन्दिर, मदुरई (मदुरा) का मीनाक्षी मन्दिर तथा रामेश्वर मन्दिर होयसल वास्तु एवं मूर्तिकला के नाम पर श्रेष्ठ उदाहरण दृष्टव्य है।

इस शैली के अन्तर्गत उपरोक्त श्रेष्ठ मन्दिर व अन्य मन्दिर अधिकांशतः पूर्ववर्ती दक्षिण के मन्दिरों की परम्परा में ही जैन व ब्राह्मण (हिन्दू) मन्दिरों की भांति ही निर्मित हुए हैं। इन मन्दिरों की वास्तुकला व मूर्तिकला में शिल्पकारों की सुन्दर भावाभिव्यक्ति, मौलिकता, सृजनशील कल्पना तथा श्रेष्ठ प्रकार का कला कौशल देखने को मिलता है। इन होयसल शैली के मन्दिरों में वैसे देखा जाए तो दक्षिण भारतीय प्रचलित शैलियों का ही परिष्कृत व सुविकसित रूप है और उसके साथ ही अपनी स्वयं की कुछ विशिष्टाओं के कारण यह शैली का अपना एक अलग ही मापदण्ड है।

मन्दिरों का निर्माण विविध प्रकार के आलेखनों व प्रतिमाओं तथा दृश्यांकन से भली–भांति अलंकृत अधिष्ठानों पर ही प्रायः हुआ है। मन्दिरों की आकार–योजना एवं संयोजन–क्रिया में पिरामिड का स्वरूप स्पष्टतः दिखता है उनके निम्न भाग अधिक चौड़े लेकिन ऊपर जाते–जाते उनमें उसी अनुपात में संकरापन होता चला, गया। मन्दिर की छत कोणाकार न होकर प्रायः चपटी होती है। शिखर के स्थान पर अन्य प्रकार के अलंकरण दिखाई देते हैं। मन्दिर का बाह्य भाग पच्चीकारी के कारण बड़ा ही मनोरम व आकर्षक लगता है एवं वह बाहय भाग अनेक प्रकार की प्रतिमाओं तथा आलेखनों से परिपूर्ण रहता है।

होयसल शैली की सर्वश्रेष्ठ कृति हालेविद का होयसलेश्वर मन्दिर है। प्राप्त अभिलेख के आधार पर यह मन्दिर लोक निर्माण विभाग के प्रमुख अधिकारी केतेमल्ल के निरीक्षण में सुदक्ष शिलपकार केदरोज के द्वारा निर्मित किया गया था [1]।

मदुरई व रामेश्वरम के मन्दिरों में कला उत्कृष्टता की चरम सीमा पार कर गई थी। मदुरई के मीनाक्षी मन्दिर की बाहरी लम्बाई 850 फुट व

चौड़ाई 725 फुट है। इस विशाल भव्य व अलंकृत मन्दिर में चार प्रवेश द्वार हैं। अन्दर प्रवेश करने पर फिर द्वार, उपद्वार, विशाल आँगन व उप–आँगन मिलते हैं। इस मन्दिर के विशाल सभामण्डप में अनेक कलापूर्ण स्तम्भ हैं, जिनके आधार व शीर्ष भाग बड़े ही कलात्मकता लिए हुए हैं। इन स्तम्भों पर एवं अन्य स्थलों पर सिंह, पशु–पक्षियों, व अन्य प्रकार की प्रतिमाओं, पौराणिक आख्यानों तथा अनेक प्रकार के आलेखनों का सुन्दर अंकन है। इस मन्दिर की सुरम्यता, मन्दिर के आन्तरिक विस्तृत भाग में निर्मित एक सरोवर से अधिक बढ़ गई है, जो 165 फुट लम्बा व 120 फुट चौड़ा है। इस सरोवर में मन्दिर का प्रतिबिम्ब अपनी अलग ही शोभा बिखेरता है[2]।

सन्दर्भ

1. प्रा. भा. का राज. सां. इतिहास (चौधरी) पृ. 592–94।
2. वही।

अध्याय 6

राजसिंहेश्वर मन्दिर की वास्तुकला और मूर्तिकला का विवरण (06.0.1 और 06.0.3 तक)

राजसिंहेश्वर मन्दिर परिसर का निर्माण, असंलग्न भवन सहित पूर्व–पश्चिम की दिशा में एक आयताकार चौहद्दी के मध्य स्थित सभागार और मुख्य मन्दिर से मिलकर हुआ है। आँगन के अन्दर राजसिंह के पुत्र महेन्द्र द्वारा निर्मित एक अन्य आयताकार छोटा मन्दिर है जो इससे अलग एक प्रवेश द्वार पर स्थित है। आनुपातिक रूप से अद्यतन प्रवृत्तियों से युक्त एक गोपुरम के अतिरिक्त छोटे आकार के आठ लघु मन्दिर हैं जिनमें कम से कम दो राजसिंह की रानियों द्वारा निर्मित कराए गए हैं। सामने की ओर के खुले ओसारे में अपने स्वामी को देखते हुए शिव के वाहन का अंकन किया गया है।

मुख्य विमान (06.1.0.a से 06.1.0.c तक)

राजसिंहेश्वर मन्दिर का विमान सम–चतुराश्र–चंतुष्तल विमान है जिसके साथ अष्टकोणीय द्रविड़ शिखर और सात संलग्न छोटे मन्दिर और

आदितल संयुक्त है। इन सभी के अपने स्वतंत्र प्रवेश द्वार हैं और ये मूर्तियों से युक्त हैं। पूर्व की दिशा में बाद में एक अर्द्धमण्डप के भी नियोजित किए जाने के वास्तुगत साक्ष्य हैं।

मुख्य विमान के साथ उत्कृष्ट अलंकरण से युक्त ऊँचा पादबन्ध अधिष्ठान स्थित है और इसके जगती मुख का आयताकार गलपादों में विभाजन किया गया है। इन गलपादों के मध्य भूत, कुछ पशुओं और बौनों का अंकन किया गया है। ये सभी आनन्दमग्न भाव से विभिन्न मुद्राओं में नृत्यरत है और अवसर के अनुकूल संगीत वाद्ययंत्रों और अस्त्रों से सुसज्जित है। जगती के निचले भाग को पँखुड़ियों के रूप में अलंकृत किया गया है और इसके ऊपरी भाग को आयताकार और वृत्ताकार अलंकृत अभिप्रायों से सज्जित किया गया है। जगती पर निर्मित त्रिपट्टकुमुद, ऊपर और नीचे दोनों ओर पदमाला अभिप्रायों से युक्त है।

इस पूरी वास्तुकलागत योजना की उपलब्धि के लिए मुख्य विमान की भित्ति और अधिष्ठान को अलग तरह से व्यवस्थित किया गया है। लघु मन्दिरों के प्रस्तर और मुख्य मन्दिर के सान्धार आदितल की बाह्य भित्ति के सन्दर्भ में भी इस निरंतरता का अस्तित्व देखने को मिलता है। कोने के लघु मन्दिरों को कूट–शिखरों और शाल शिखरों के माध्यम से संयोजित किया गया है जो एक तरह से हार और प्रथम तल का भी कार्य सिद्ध करते हैं। कोने के मन्दिर और भद्र मन्दिर के मध्य बाह्य भित्ति पर अतिरिक्त शाल शिखर का और बाह्य भित्ति तथा अर्न्तभित्ति के मध्य आलिन्द में सपाट छत के नीचे एक आदितल का परिष्कार किया गया है जिससे पीछे की ओर निर्मित आन्तरिक प्रदक्षिणा के कारण इस संरचना के प्रतिरूप को कुछ उठा हुआ आधार मिल गया है। दूसरा वर्गाकार तल विन्याश्र सूत्र पर आधारित है और इसके कोने के दोनों कूटों के मध्य हार तथा दो शालाओं का नियोजन किया गया है। पहली बार इसमें तीन पिंजरों का संयोजन किया गया है। तीसरे तल पर चार कर्णकूटों और भद्रशाला के मध्य सामान्य अवस्था में हार का अंकन हुआ है : चौथे तल के साथ पार्श्व पर भूतों का उत्कीर्णन किया गया है। अष्टकोणीय ग्रीवा पर शिव, दक्षिणामूर्ति, विष्णु और ब्रह्मा की आकृतियों को ऊँकेरा गया है और शिखर पर आठों ओर महानासों का निर्माण किया गया है। कूट,

कोष्ठ और पंजर सभी षड्वर्ष प्रकार हैं, का निर्माण विमान के चारों ओर किया गया है।

मुख्य मन्दिर के साथ कोने पर निर्मित अर्द्धस्तम्भों के आधार व्यालयुक्त हैं और आदिताल के संघटन को देखकर इनके मध्य विमान के साथ अष्टपरिवारालयों के समन्वित होने का आभास होता है। गर्भगृह की पृष्ठ भित्ति पर सोमस्कन्द पटल, आठ फुट लम्बे काले पत्थर से निर्मित धारलिंग के मध्य में नियोजित होने के कारण दृष्टिगम्य अवरोध प्रस्तुत करता है। उपान और पट्टिका को छोड़कर जो ग्रेनाइट से बना है, संरचना का अधिकांश भाग बलुवा पत्थर से निर्मित है।

शैव प्रतिमाओं के अंकन के दृष्टिकोण से विमान की भित्ति और संलग्न स्मारक कलात्मक अभिप्रायों का कोश लिए हुए हैं। आकृति विषयक अभिप्रायों के सन्दर्भ में यह मन्दिर सभी पल्लव स्मारकों में अद्वितीय है। मन्दिर में मूर्तियों का अंकन केवल कोष्ठों में और ब्रह्मकाट स्तम्भों पर किया गया है। वरन उसके भिन्न पार्श्वों को भी इस उददेश्य से प्रयुक्त किया गया है । ये मन्दिर की आंतरिक और बाहरी दोनों भित्तियों पर अंकित है। भद्र और कर्ण मन्दिरों के मध्य भित्ति कोष्ठों में, और सभी पटलों पर इनका अंकन पूरे मनोयोग से किया गया है। इस मन्दिर में मकर–तोरण का परिष्कार भी कुशलता से किया गया है।

राजसिंहेश्वर मन्दिर की भित्ति एवं कर्ण कोष्ठ का विवरण

कक्ष संख्या	दिशा	कोष्ठ	विवरण	छायाचित्र
1.2.1	मूर्ति पूर्व की दिशा में	**गर्भगृह**	सोमस्कन्द मूर्ति बैठे हुए शिव और पार्वती तथा गोद में शिशु स्कन्द	
1.2.1.1	मूर्ति पूर्व की दिशा में	**गर्भगृह**	काल मूर्ति	
1.2.2.1	मूर्ति पूर्व की दिशा में	**गर्भगृह का बाह्य** कोष्ठ	संध्या नृत्य मूर्ति	

1.2.3.1	द0पू0 मूर्ति पूर्व की दिशा में	कर्ण मन्दिर	उर्ध्व ताण्डव आन्तरिक कोष्ठ के अन्दर	
1.2.3.2	द0पू0 मूर्ति दक्षिण की दिशा में	कर्ण मन्दिर	उमा प्रसाद **बाह्य** कोष्ठ	
1.2.4.1	मूर्ति दक्षिण की दिशा में	मन्दिर की भित्ति	उमा महेश्वर	

1.2.5.1	द0 मूर्ति पूर्व की दिशा में	भद्र मन्दिर	सोमस्कन्द मूर्ति बैठे हुए शिव और पार्वती तथा गोद में शिशु स्कन्द आन्तरिक कोष्ठ के अन्दर	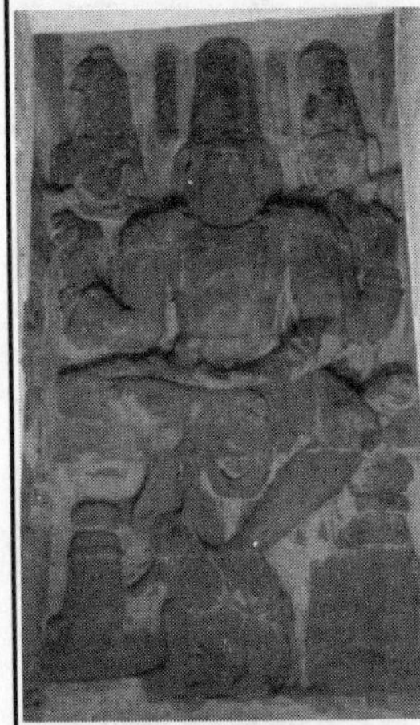
1.2.5.2	द0 मूर्ति दक्षिण की दिशा में	भद्र मन्दिर		 व्याख्यान दक्षिणा मूर्ति **बाह्य** कोष्ठ
1.2.6.1	मूर्ति दक्षिण की दिशा में	मन्दिर की भित्ति		 लिंगोद्भव (वराह के साथ) ब्रह्मा और विष्णु

1.2.7.2	द0 मूर्ति दक्षिण की दिशा में	कर्ण मन्दिर	भिक्षाटन मूर्ति **बाह्य** कोष्ठ	
1.2.7.1	द0प0 मूर्ति पश्चिम की दिशा में	कर्ण मन्दिर	भिक्षाटन मूर्ति आन्तरिक कोष्ठ के अन्दर	
1.2.8.1	मूर्ति पश्चिम की दिशा में	मन्दिर की भित्ति	उर्ध्व–ताण्डव मूर्ति पार्वती और साथ में संगीतकार	

1.2.9.1	मूर्ति पश्चिम की दिशा में	भद्र मन्दिर	गंगाधरमूर्ति आन्तरिक कोष्ठ के अन्दर	
1.2.10.1	मूर्ति पश्चिम की दिशा में	मन्दिर की भित्ति	संध्या नृत्य मूर्ति नन्दी के साथ (ब्रह्मा और विष्णु)	
1.2.11.1	उ0प0 मूर्ति पश्चिम की दिशा में	कर्ण मन्दिर	त्रिपुरान्तक मूर्ति आन्तरिक कोष्ठ के अन्दर	

1.2.11.2	उ0प0 मूर्ति उत्तर की दिशा में	कर्ण मन्दिर	कालसंहार मूर्ति **बाह्य** कोष्ठ	
1.2.12.1	मूर्ति उत्तर की दिशा में	मन्दिर की भित्ति	त्रिपुरान्तक मूर्ति दुर्गा और भैरवी	
1.2.13.2	उ0 मूर्ति उत्तर की दिशा में	भद्र मन्दिर	**बाह्य** कोष्ठ जलंधरसंहार मूर्ति	

1.2.13.1	उ0 मूर्ति पूर्व की दिशा में	भद्र मन्दिर	सोमस्कन्द मूर्ति आन्तरिक कोष्ठ के अन्दर बैठे हुए शिव और पार्वती तथा गोद में शिशु स्कन्द	
1.2.14.1	उत्तर मूर्ति उत्तर की दिशा में	मन्दिर की भित्ति	दुर्गा कौशिकी और ज्येष्ठा	
1.2.15.2	उ0पू0 मूर्ति उत्तर की दिशा में	कर्ण मन्दिर	गंगाधर मूर्ति **बाह्य** कोष्ठ	

1.2.15.1	उ0पू0 मूर्ति पूर्व की दिशा में	कर्ण मन्दिर	नृत्य मूर्ति आन्तरिक कोष्ठ के अन्दर	

संलग्न कर्ण मन्दिर तीन जोड़ी व्यालपाद या सिंहपाद अर्द्धस्तम्भों से युक्त है। भद्र मन्दिर में ऐसे दो जोड़े हैं जिससे आकृति विषयक अंकन के लिए पार्श्व भित्ति पर विस्तृत धरातल सुलभ हो जाता है।

भद्र कोष्ठों के पार्श्वों पर हरिहर, गणेश, अभ्यर्थनारत देवताओं का दक्षिण : नटेश, गणेश, वीणाधर शिव, दुर्गा आदि का उत्तर और नृत्यरत शिव का पश्चिम में अंकन किया गया। पश्चिमी भित्ति पर क्रीड़ारत गणों और चामरग्रहिणियों को उत्कीर्णित किया गया है।

प्राकार भित्ति के देवकुलिक (06.2.01 से 06.2.03 तक):

मुख्य मन्दिर, अर्द्धमण्डप और महामण्डप के साथ संलग्न प्राकार भित्ति में, 58 लघु स्मारक संबद्ध हैं। ये सभी मन्दिर सम–चतुराश्र– द्वितल विमान हैं जिनमें हार के अभाव में ग्रीवाओं और विष्णुचन्द्र शिखरों का निर्माण किया गया है। महानासी और शिखरों का कुशलता से निर्माण किया गया है और उत्तर तथा दक्षिण की दिशा में द्वितल देवकुलिक में विष्णु और ब्रह्मा को प्रतिष्ठित किया गया है। देवकुलिक के आलिन्द सिंहपद और शाला तथा द्वारशोभा द्वार नागपद स्तम्भों से युक्त है।

प्राकार कक्षों की आंतरिक भित्ति में संभवतः स्कन्दसोम प्रकरण अंकन चित्रण किया गया था। प्राकार और मन्दिर के बाहरी भाग के

मध्य बड़ी संख्या में मूर्तियों का उत्कीर्णन किया गया है। इनका विवरण तालिका संख्या में प्रस्तुत किया गया है।

कैलाशनाथ मन्दिर में अनेक मूर्तियों का उत्कीर्णन किया गया है। आलिन्द में स्थित मूर्तियों को 1) परिवार कुल के देव, 2) विष्णु के रूप, 3) शिव के संहार और अनुग्रह रूप, 4) वास्तुपाद देव और 5) उमा के रूप, के सन्दर्भ में वर्गीकृत किया जा सकता है। आलिन्द की उत्तरी और दक्षिणी भित्ति के साथ गणपति, सुब्रमण्य, दुर्गा, ब्रह्मा, विष्णु, ज्येष्ठ, सप्त मातृका, अगस्त्य, भैरवी, एकादश रूद्र, चण्डी और नन्दी बारह परिवार कुल के देवों का अंकन किया गया है। इनमें से किसी भी देव का अंकन पूर्वी या पश्चिमी भित्ति पर नहीं किया गया है, इनमें से अधिकाँश दक्षिण भित्ति में ही केन्द्रित है और प्रदक्षिणापथ के साथ उपर्युक्त क्रम में ही उत्कीर्णित किए गए हैं।

परिशिष्ट – देवकुलिका की मूर्तिकला

कक्ष संख्या	अवस्थिति	मूर्ति का विवरण	फलक संख्या
2.1.2.1	महेन्द्रवर्मन मन्दिर के दक्षिण पूर्वी प्राकार में पश्चिम की ओर	सोमस्कन्द मूर्ति, बैठे हुए शिव और पार्वती तथा गोद में शिशु स्कन्द, मूर्ति के ऊपर चित्रकला के साक्ष्य	
2.1.S 1 और 2 के मध्य	दक्षिण पूर्वी प्राकार में पश्चिम की ओर, 1 और 2 के मध्य	राजसी–युगल, मूर्ति के ऊपर चित्रकला के साक्ष्य	
2.2.2.1	दक्षिण पूर्वी प्राकार में पश्चिम की ओर	सोमस्कन्द मूर्ति, बैठे हुए शिव और पार्वती तथा गोद में शिशु स्कन्द, मूर्ति के ऊपर चित्रकला के साक्ष्य	

2.2.S 2 और 3 के मध्य	दक्षिण पूर्वी प्राकार में पश्चिम की ओर, 2 और 3 के मध्य	राजसी–युगल, मूर्ति के ऊपर चित्रकला के साक्ष्य	
2.3.2.1	दक्षिण पूर्वी प्राकार में पश्चिम की ओर	सोमस्कन्द मूर्ति, बैठे हुए शिव और पार्वती तथा गोद में शिशु स्कन्द, मूर्ति के ऊपर चित्रकला के साक्ष्य	
2.3.S 3 और 4 के मध्य	दक्षिण पूर्वी प्राकार में पश्चिम की ओर, 3 और 4 द0पू0 पार्श्व के मध्य	राजसी–युगल, मूर्ति के ऊपर चित्रकला के साक्ष्य	

2.4.2.2	पश्चिम की ओर लघु मन्दिर का खुला भाग,	गणपति का आधारपटल प्रतिमा के साथ, मूर्ति उत्तर की दिशा में	
2.4.S 4 और 5 के मध्य	दक्षिणी भित्ति के आंतरिक भाग में, मूर्ति उत्तर की ओर	बरगद के वृक्ष के नीचे बैठी स्त्री का अंकन और दाएँ खड़ी परिचारिका, बाँए ओर घुटनों को मोड़े बैठा एक योगी तथा विशालकाय पशु हाथियों का अंकन, मूर्ति के ऊपर चित्रकला के साक्ष्य।	
2.5.2.2	5वें लघु मन्दिर का **बाह्य** कोष्ठ, मूर्ति उत्तर की ओर	अष्टभुजी सिंहवाहिनी दुर्गा, बाएँ खड़ा अतिरिक्त गन्धर्व, मूर्ति के ऊपर चित्रकला के साक्ष्य,	

2.5.S 5 और 6 के मध्य	दक्षिणी भित्ति के आंतरिक भाग में, मूर्ति उत्तर की ओर	राजसी–युगल, मूर्ति के ऊपर चित्रकला के साक्ष्य	
2.6.2.1	6वें लघु मन्दिर का **बाह्य** कोष्ठ, मूर्ति उत्तर की ओर	स्कन्द मूर्ति	
2.6.S 6 और 7 के मध्य	दक्षिणी भित्ति के आंतरिक भाग में, मूर्ति उत्तर की ओर	राजसी–युगल, मूर्ति के ऊपर चित्रकला के साक्ष्य	

2.7.2.2	7वें लघु मन्दिर का **बाह्य** कोष्ठ, मूर्ति उत्तर की ओर	चाँवरधारिणी के साथ वृक्ष के नीचे स्त्री का अंकन (पार्वती ?) और साथ में एक अभ्यर्थनारत व्यक्ति और दो अन्य	
2.7.S 7 और 8 के मध्य	दक्षिणी भित्ति के आंतरिक भाग में, मूर्ति उत्तर की ओर	राजसी–युगल, मूर्ति के ऊपर चित्रकला के साक्ष्य	
2.8.2.2	8वें लघु मन्दिर का **बाह्य** कोष्ठ, मूर्ति उत्तर की ओर	 दो अश्वों द्वारा चलित रथ की सवारी करते अष्टभुजी त्रिपुरान्तकमूर्ति और उनके साथ ब्रह्मा और दो गंधर्वों का अंकन	

2.8.S 8 और 9 के मध्य	दक्षिणी भित्ति के आंतरिक भाग में, मूर्ति उत्तर की ओर	मृग और मयूर के साथ एक वृक्ष के नीचे बैठी हुई स्त्री का अंकन (पार्वती ?)। उनके दाहिनी ओर एक परिचारिका	
2.9.2.2	9वें लघु मन्दिर का **बाह्य** कोष्ठ, मूर्ति उत्तर की ओर	 गरूड़ पर विष्णु	
2.9.S 9 और 10 के मध्य	दक्षिणी भित्ति के आंतरिक भाग में, मूर्ति उत्तर की ओर	राजसी–युगल, मूर्ति के ऊपर चित्रकला के साक्ष्य	

2.10.2.2	10वें लघु मन्दिर का **बाह्य** कोष्ठ, मूर्ति उत्तर की ओर	युद्धरत अष्टभुजी नरसिंह मूर्ति के ऊपर चित्रकला के साक्ष्य	
2.10.S 10 और 11 के मध्य	दक्षिणी भित्ति के आंतरिक भाग में, मूर्ति उत्तर की ओर	योगी और परिचारिका के मध्य वृक्ष के नीचे खड़ी स्त्री का अंकन (उमा ?)। और नीचे महिष	
2.11.2.2	11वें लघु मन्दिर का **बाह्य** कोष्ठ, मूर्ति उत्तर की ओर	युद्धरत स्कन्द एवं इन्द्र, मध्य में ब्रह्मा का अंकन, मूर्ति के ऊपर चित्रकला के साक्ष्य	

<table>
<tr><td>2.11.S 11 और 12 के मध्य</td><td>दक्षिणी भित्ति के आंतरिक भाग में, मूर्ति उत्तर की ओर</td><td>हाथी ओर मयूर के बीच वृक्ष के नीचे खड़ी हुई वाद्य–वादन रत स्त्री का अंकन (पार्वती ?)। उनके दाहिनी ओर एक परिचारिका</td><td></td></tr>
<tr><td>2.12.2.2</td><td>12वें लघु मन्दिर का बाह्य कोष्ठ, मूर्ति उत्तर की ओर</td><td colspan="2">
त्रिविक्रम के रूप में विष्णु विविध आयुधों के साथ। बायी ओर वामन अवतार को भूदान करता राजा बलि</td></tr>
<tr><td>2.12.S 12 और 13 के मध्य</td><td>दक्षिणी भित्ति के आंतरिक भाग में, मूर्ति उत्तर की ओर</td><td>राजसी–युगल, मूर्ति के ऊपर चित्रकला के साक्ष्य</td><td></td></tr>
</table>

2.13.2.2	13वें लघु मन्दिर का **बाह्य** कोष्ठ, मूर्ति उत्तर की ओर	समुद्रमन्थन और विष्णु	
2.13.S 13 और 14 के मध्य	दक्षिणी भित्ति के आंतरिक भाग में, मूर्ति उत्तर की ओर	हाथी ओर मयूर के बीच वृक्ष के नीचे खड़ी हुई स्त्री का अंकन (पार्वती ?)। उनके दाहिनी ओर एक परिचारिका	
2.14.2.2	14वें लघु मन्दिर का **बाह्य** कोष्ठ, मूर्ति उत्तर की ओर	दसभुजी शिव नृत्य मूर्ति नन्दी के साथ	

2.14.S 14 और 15 के मध्य	दक्षिणी भित्ति के आंतरिक भाग में, मूर्ति उत्तर की ओर	हाथी ओर मयूर के बीच वृक्ष के नीचे खड़ी हुई स्त्री का अंकन (पार्वती ?)। उनके दाहिनी ओर एक परिचारिका	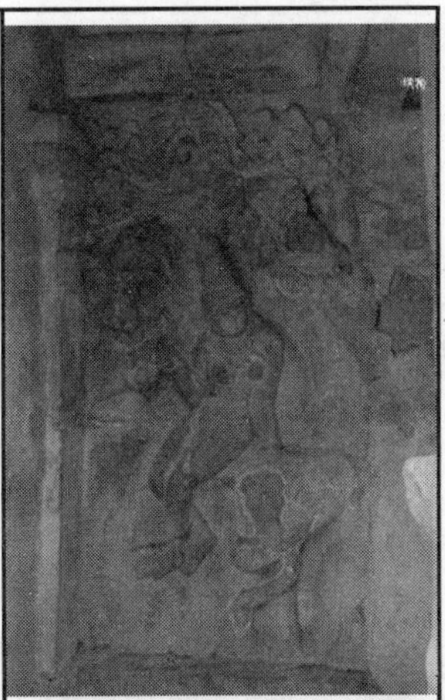
2.15.2.2	15वें लघु मन्दिर का **बाह्य** कोष्ठ, मूर्ति उत्तर की ओर	ब्रह्मा का पांचवा शीष काटकर लिए हुए अष्टभुजी शिव	
2.15.S 15 और 16 के मध्य	दक्षिणी भित्ति के आंतरिक भाग में, मूर्ति उत्तर की ओर	राजसी–युगल, मूर्ति के ऊपर चित्रकला के साक्ष्य	

2.16.2.2	16वें लघु मन्दिर का **बाह्य** कोष्ठ, मूर्ति उत्तर की ओर	किरातार्जुन युद्ध में शिव आखेटक के रूप में राजपुरूष (अर्जुन) से शूकर के लिए युद्ध करते हुए और अंत में अर्जुन द्वारा गलती का ज्ञान हो जाना	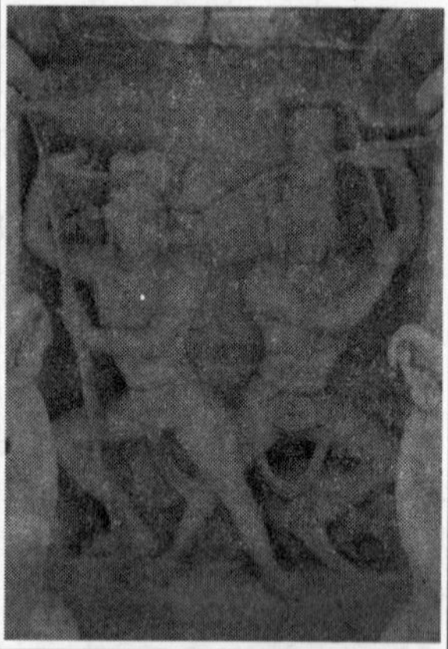
2.16.S 16 और 17 के मध्य	दक्षिणी भित्ति के आंतरिक भाग में, मूर्ति उत्तर की ओर	दो हाथियों और एक पक्षी के मध्य वृक्ष तले खड़ी हुई स्त्री का अंकन (पार्वती ?)।	
2.17.2.2	17वें लघु मन्दिर का **बाह्य** कोष्ठ, मूर्ति उत्तर की ओर	जलंधरसंहार मूर्तिः चतुर्भुजी शिव अक्षमाल और कमण्डल लिए हुए	

2.17.S 17 और 18 के मध्य	दक्षिणी भित्ति के आंतरिक भाग में, मूर्ति उत्तर की ओर	राजसी–युगल,	
2.18.2.2	18वें लघु मन्दिर का **बाह्य** कोष्ठ, मूर्ति उत्तर की ओर	अष्टभुजी शिव अपने आयुधों के साथ, उनके बाएँ ओर अंजलिहस्त मुद्रा में विष्णु और नीचे की ओर मानवाकार में पाँच फणों से युक्त आदिशेष	
2.18.S 18 और 19 के मध्य	दक्षिणी भित्ति के आंतरिक भाग में, मूर्ति उत्तर की ओर	राजसी–युगल	

2.19.2.2	19वें लघु मन्दिर का **बाह्य** कोष्ठ, मूर्ति उत्तर की ओर	अंधकासुरसंहार मूर्ति : चतुर्भुज जटाधारी शिव को अंधकासुर (?) पर आक्रमण करते हुए दिखाया गया है	
2.19.S 19 और 20 मध्य	दक्षिणी भित्ति के आंतरिक भाग में, मूर्ति उत्तर की ओर	ज्येष्ठा देवी	
2.20.2.1	20वें लघु मन्दिर आन्तरिक कोष्ठ के अन्दर, मूर्ति उत्तर की ओर	ब्रह्मा अपनी पत्नी के साथ	

2.20.2.2	20वें लघु मन्दिर का **बाह्य** कोष्ठ, मूर्ति पूर्व की ओर	रावण को वरदान देते हुए ब्रह्मा	
2.20.2.3	20वें लघु मन्दिर का **बाह्य** कोष्ठ, मूर्ति पश्चिम की ओर	ब्रह्मा वरदान देते हुए	
2.20.S 20 और 21 के मध्य	दक्षिणी भित्ति के आंतरिक भाग में, मूर्ति उत्तर की ओर	महिषासुरमर्दिनी : महिष के शीष पर आयुधों के साथ आरूढ़ दुर्गा	

<table>
<tr>
<td>2.21.2.2</td>
<td>21वें लघु मन्दिर का बाह्य कोष्ठ, मूर्ति उत्तर की ओर</td>
<td>त्रिपुरान्तक रूप में शिव</td>
<td>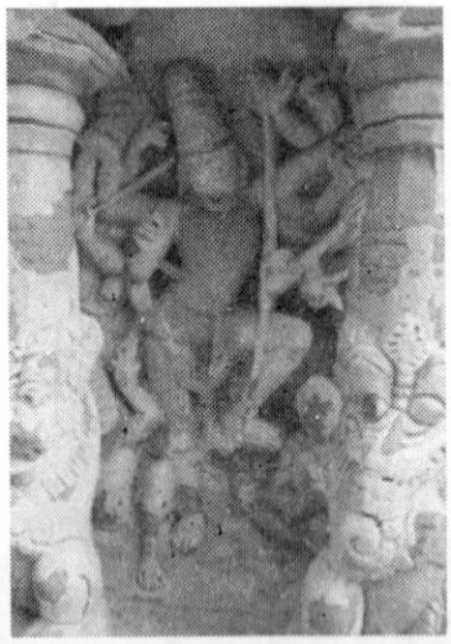</td>
</tr>
<tr>
<td>2.21.S 21 और 22 के मध्य</td>
<td>दक्षिणी भित्ति के आंतरिक भाग में, मूर्ति उत्तर की ओर</td>
<td colspan="2">
सप्तमातृकाएँ : ब्राह्मी, महेश्वरी, कौमारी, वैष्णवी, वाराही, इन्द्राणी और चौमुण्डी दत्र और आयुध धारण किए हुए</td>
</tr>
<tr>
<td>2.22.2.2</td>
<td>22वें लघु मन्दिर का बाह्य कोष्ठ, मूर्ति उत्तर की ओर</td>
<td>कालसंहारमूर्ति : में यम के ऊपर आरूढ़ शिव</td>
<td></td>
</tr>
</table>

2.22.S 22 और 23 के मध्य	दक्षिणी भित्ति के आंतरिक भाग में, मूर्ति उत्तर की ओर	अष्टभुजी शिव हाथ में सर्प, घण्टी और त्रिशूल धारण किए हुए	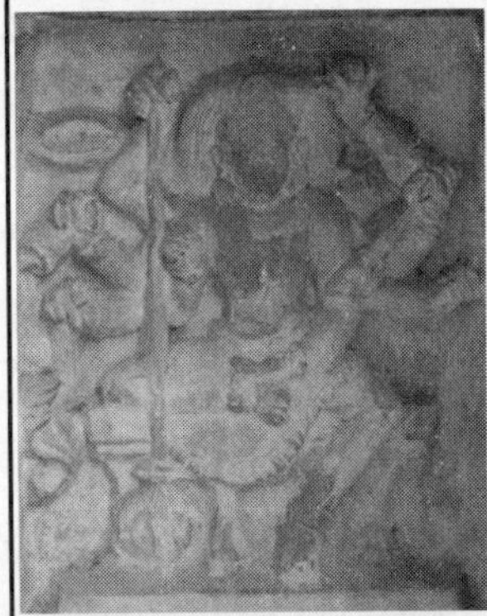
2.23.2.2	23वें लघु मन्दिर का **बाह्य** कोष्ठ, मूर्ति उत्तर की ओर	गजासुरसंहारमूर्तिः पार्वती के साथ हाथी के मस्तक पर आरूढ़ शिव	
2.23.S 23 और 24 के मध्य	दक्षिणी भित्ति के आंतरिक भाग में, मूर्ति उत्तर की ओर	चार परिचारकों के साथ योगी (अगस्तय ?)	

2.24.2.2	24वें लघु मन्दिर का **बाह्य** कोष्ठ, मूर्ति उत्तर की ओर	गंगाधरमूर्ति, मूर्ति के ऊपर चित्रकला के साक्ष्य	
2.24.S 24 और 25 द0प0 पार्श्व के मध्य	दक्षिणी भित्ति के आंतरिक भाग में, मूर्ति उत्तर की ओर	परिचारकों के साथ राजसी–युगल, मूर्ति के ऊपर चित्रकला के साक्ष्य	
2.25.2.2	25वें लघु मन्दिर का **बाह्य** कोष्ठ, मूर्ति उत्तर की ओर	संध्या नृत्य मूर्ति नन्दी और पार्वती के साथ	

<table>
<tr><td>2.25.S
25 और
26 के
मध्य</td><td>पश्चिमी
भित्ति के
आंतरिक
भाग में,
मूर्ति पूर्व की
ओर</td><td colspan="2">
परिचारकों के साथ राजसी–युगल</td></tr>
<tr><td>2.26.2.1</td><td>26वें लघु
मन्दिर
आन्तरिक
कोष्ठ के
अन्दर,
मूर्ति पूर्व की
ओर</td><td>सोमस्कन्द प्रकरण
बैठे हुए शिव और
पार्वती तथा गोद
में शिशु स्कन्द</td><td></td></tr>
<tr><td>2.26.S
26 और
27 के
मध्य</td><td>पश्चिमी
भित्ति के
आंतरिक
भाग में,
मूर्ति पूर्व की
ओर</td><td>परिचारको
के साथ
राजसी–युगल,
मूर्ति के ऊपर
चित्रकला के
साक्ष्य</td><td></td></tr>
</table>

2.27.2.1	27वें लघु मन्दिर आन्तरिक कोष्ठ के अन्दर, मूर्ति पूर्व की ओर	सोमस्कन्द प्रकरण, बैठे हुए शिव और पार्वती तथा गोद में शिशु स्कन्द, ब्रह्मा सहित विष्णु मूर्ति के ऊपर चित्रकला के साक्ष्य	
2.27.S 27 और 28 के मध्य	पश्चिमी भित्ति के आंतरिक भाग में, मूर्ति पूर्व की ओर	राजसी–युगल, मूर्ति के ऊपर चित्रकला के साक्ष्य	
2.28.2.1	28वें लघु मन्दिर आन्तरिक कोष्ठ के अन्दर, मूर्ति पूर्व की ओर	सोमस्कन्द प्रकरण, बैठे हुए शिव और पार्वती तथा गोद में शिशु स्कन्द, ब्रह्मा सहित विष्णु मूर्ति के ऊपर चित्रकला के साक्ष्य	

2.28.S 28 और 29	पश्चिमी भित्ति के आंतरिक भाग में, मूर्ति पूर्व की ओर	परिचारकों के साथ राजसी–युगल, मूर्ति के ऊपर चित्रकला के साक्ष्य	
2.29.2.1	29वें लघु मन्दिर आन्तरिक कोष्ठ के अन्दर, मूर्ति पूर्व की ओर	सोमस्कन्द प्रकरण, बैठे हुए शिव और पार्वती तथा गोद में शिशु स्कन्द, ब्रह्मा सहित विष्णु मूर्ति के ऊपर चित्रकला के साक्ष्य	
2.29.S.1 29 और पश्चिमी द्वार के मध्य	पश्चिमी भित्ति के आंतरिक भाग में, मूर्ति पूर्व की ओर	परिचारकों के साथ राजसी–युगल, मूर्ति के ऊपर चित्रकला के साक्ष्य	

2.29.S.2 पश्चिमी द्वार और 30 के मध्य	पश्चिमी भित्ति के आंतरिक भाग में, मूर्ति पूर्व की ओर	परिचारकों के साथ राजसी–युगल, मूर्ति के ऊपर चित्रकला के साक्ष्य	
2.30.2.1	30वें लघु मन्दिर आन्तरिक कोष्ठ के अन्दर, मूर्ति पूर्व की ओर	सोमस्कन्द प्रकरण, बैठे हुए शिव और पार्वती तथा गोद में शिशु स्कन्द, मूर्ति के ऊपर चित्रकला के साक्ष्य	
2.30.S 29 और 30 के मध्य	पश्चिमी भित्ति के आंतरिक भाग में, मूर्ति पूर्व की ओर	राजसी–युगल, मूर्ति के ऊपर चित्रकला के साक्ष्य	

2.31.2.1	31वें लघु मन्दिर के आन्तरिक कोष्ठ के अन्दर, मूर्ति पूर्व की ओर	छत्र के नीचे सोमस्कन्द प्रकरण, बैठे हुए शिव और पार्वती तथा गोद में शिशु स्कन्द, मूर्ति के ऊपर चित्रकला के साक्ष्य	
2.31.S 31 और 32 के मध्य	पश्चिमी भित्ति के आंतरिक भाग में, मूर्ति पूर्व की ओर	छत्र के नीचे राजसी–युगल, मूर्ति के ऊपर चित्रकला के साक्ष्य	
2.32.2.1	32वें लघु मन्दिर के आन्तरिक कोष्ठ के अन्दर, मूर्ति पूर्व की ओर	छत्र के नीचे सोमस्कन्द प्रकरण, बैठे हुए शिव और पार्वती तथा गोद में शिशु स्कन्द,	

2.32.S 32 और 33 के मध्य	पश्चिमी भित्ति के आंतरिक भाग में, मूर्ति पूर्व की ओर	छत्र के नीचे राजसी–युगल, मूर्ति के ऊपर चित्रकला के साक्ष्य	
2.33.2.1	33वें लघु मन्दिर आन्तरिक कोष्ठ के अन्दर, मूर्ति पूर्व की ओर	छत्र के नीचे सोमस्कन्द प्रकरण, बैठे हुए शिव और पार्वती तथा गोद में शिशु स्कन्द, मूर्ति के ऊपर चित्रकला के साक्ष्य	
2.33.S 33 और 34 के मध्य	पश्चिमी भित्ति के आंतरिक भाग में, मूर्ति पूर्व की ओर	छत्र के नीचे राजसी–युगल, मूर्ति के ऊपर चित्रकला के साक्ष्य	

2.34.2.1	34वें लघु मन्दिर आन्तरिक कोष्ठ के अन्दर, मूर्ति पूर्व की ओर	चित्रकला के साक्ष्य	
2.34.S 34 और 35 के मध्य	उत्तरी भित्ति के आंतरिक भाग में, मूर्ति दक्षिण की ओर	छत्र के नीचे राजसी–युगल,	
2.35.2.2	35वें लघु मन्दिर का **बाह्य** कोष्ठ के अन्दर, मूर्ति पूर्व की ओर	चन्देशानुग्रही मूर्तिः चतुर्भुजी शिव चन्देश को अभय दान देते हुए	

2.35.S 35 और 36 के मध्य	उत्तरी भित्ति के आंतरिक भाग में, मूर्ति दक्षिण की ओर	परिचारक और चौरी के साथ वृक्ष के नीचे खड़ी स्त्री का अंकन (पार्वती ?)	
2.36.2.2	36वें लघु मन्दिर के **बाह्य** कोष्ठ के अन्दर, मूर्ति पूर्व की ओर	पाशुपातास्त्रदान मूर्ति चतुर्भुजी शिव अर्जुन को पाशुपातास्त्र दान देते हुए	
2.36.S 36 और 37 के मध्य	उत्तरी भित्ति के आंतरिक भाग में, मूर्ति दक्षिण की ओर	परिचारक, शुक और हाथी के साथ खड़ी स्त्री का अंकन (पार्वती ?)	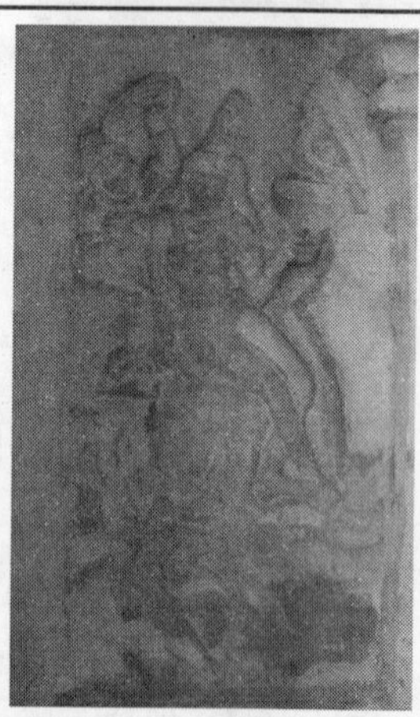

2.37.2.2	37वें लघु मन्दिर के **बाह्य** कोष्ठ के अन्दर, मूर्ति पूर्व की ओर	व्याख्यान दक्षिणामूर्ति	
2.37.S 37 और 38 के मध्य	उत्तरी भित्ति के आंतरिक भाग में, मूर्ति दक्षिण की ओर	एकादश रूद्र एक ही पंक्ति में बैठे हुए	
2.38.2.2	38वें लघु मन्दिर का **बाह्य** कोष्ठ के अन्दर, मूर्ति दक्षिण की ओर	उर्ध्व–ताण्डव मूर्ति मूर्ति के ऊपर चित्रकला के साक्ष्य	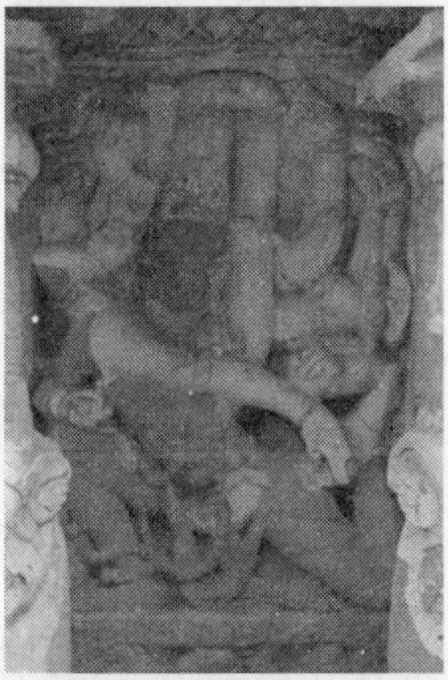
2.38.S 38 और 39 के मध्य	उत्तरी भित्ति के आंतरिक भाग में	स्थान रिक्त	

2.39.2.1	39वें लघु मन्दिर का आन्तरिक कोष्ठ के अन्दर, मूर्ति दक्षिण की ओर	परिचारकों के साथ छत्र के नीचे श्रीदेवी और भूदेवी के साथ अर्द्धपद्मासन में विष्णु, मूर्ति के ऊपर चित्रकला के साक्ष्य	
2.39.2.2	39वें लघु मन्दिर का **बाह्य** कोष्ठ के अन्दर, मूर्ति पूर्व की ओर	त्रिविक्रम के रूप में विष्णु विविध आयुधों के साथ। मूर्ति के ऊपर चित्रकला के साक्ष्य	
2.39.S 39 और 40 के मध्य	उत्तरी भित्ति के आंतरिक भाग में, मूर्ति दक्षिण की ओर	छत्र के नीचे राजसी–युगल	

2.40.2.2	40वें लघु मन्दिर का **बाह्य** कोष्ठ के अन्दर, मूर्ति दक्षिण की ओर	रावणानुग्रह मूर्ति	
2.40.S 40 और 41 के मध्य	उत्तरी भित्ति के आंतरिक भाग में, मूर्ति दक्षिण की ओर	परिचरों पक्षी और हाथियों के मध्य वीणावादनरत स्त्री का अंकन (पार्वती ?)	
2.41.2.2	41वें लघु मन्दिर का **बाह्य** कोष्ठ के अन्दर, मूर्ति दक्षिण की ओर	कालानुग्रह मूर्ति (?)	

2.41.S 41 और 42 के मध्य	उत्तरी भित्ति के आंतरिक भाग में, मूर्ति दक्षिण की ओर	योगी और परिचारिका के साथ वृक्ष के नीचे खड़ी स्त्री का अंकन (उमा ?)।	
2.42.2.2	42वें लघु मन्दिर का **बाह्य** कोष्ठ के अन्दर, मूर्ति दक्षिण की ओर	रावण कैलाश को हिलाते हुए	
2.42.S 42 और 43 के मध्य	उत्तरी भित्ति के आंतरिक भाग में, मूर्ति दक्षिण की ओर	राजसी–युगल, मूर्ति के ऊपर चित्रकला के साक्ष्य	

2.43.2.2	43वें लघु मन्दिर का **बाह्य** कोष्ठ के अन्दर, मूर्ति दक्षिण की ओर	विष्णानुग्रह मूर्तिः शंख और चक्र लिए विष्णु, शिव–पार्वती को कमल अर्पित करते हुए	
2.43.S 43 और 44 के मध्य	उत्तरी भित्ति के आंतरिक भाग में, मूर्ति दक्षिण की ओर	परिचरों, पक्षी और हाथियों के मध्य खड़ी स्त्री का अंकन (पार्वती?)।	
2.44.2.2	44वें लघु मन्दिर का **बाह्य** कोष्ठ के अन्दर, मूर्ति दक्षिण की ओर	कल्याणसुंदमूर्तिः ब्रह्मा शिव और पार्वती को विवाह के लिए ले जाते हुए	

2.44.S 44 और 45 के मध्य	उत्तरी भित्ति के आंतरिक भाग में, मूर्ति दक्षिण की ओर	परिचरों एंव पशु के मध्य खड़ी स्त्री का अंकन (पार्वती ?)।	
2.45.2.2	45वें लघु मन्दिर के **बाह्य** कोष्ठ के अन्दर, मूर्ति दक्षिण की ओर	छत्र के नीचे शिव और पार्वती	
2.45.S 45 और 46 के मध्य	उत्तरी भित्ति के आंतरिक भाग में, मूर्ति दक्षिण की ओर	राजसी–युगल, मूर्ति के ऊपर चित्रकला के साक्ष्य	

2.46.2.2	46वें लघु मन्दिर के **बाह्य** कोष्ठ के अन्दर, मूर्ति दक्षिण की ओर	गंगाधर प्रकरण	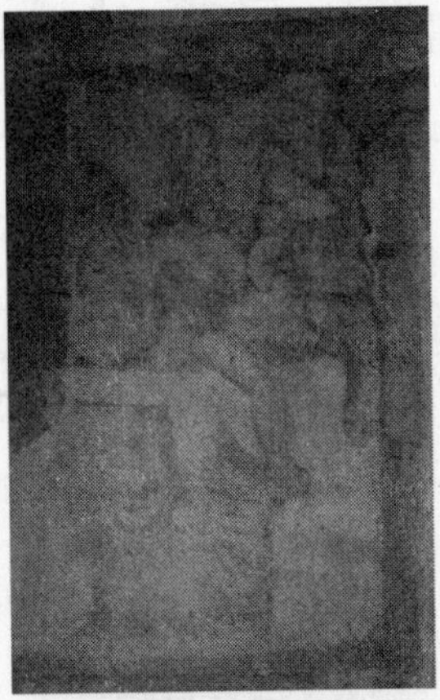
2.46.S 46 और 47 के मध्य	उत्तरी भित्ति के आंतरिक भाग में, मूर्ति दक्षिण की ओर	परिचरों, पक्षी और हाथियों के मध्य खड़ी स्त्री का अंकन (पार्वती ?)।	
2.47.2.2	47वें लघु मन्दिर के **बाह्य** कोष्ठ के अन्दर, मूर्ति दक्षिण की ओर	कामानुग्रहमूर्तिः शिव और पार्वती के साथ अंजलिहस्त मुद्रा में कामदेव	

2.47.S 47 और 48 के मध्य	उत्तरी भित्ति के आंतरिक भाग में, मूर्ति दक्षिण की ओर	दो मृगों और परिचर के साथ वृक्ष के नीचे उमा	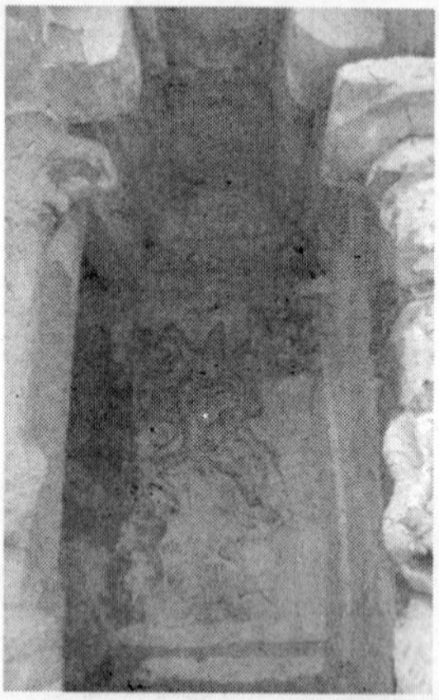
2.48.2.2	48वें लघु मन्दिर के **बाह्य** कोष्ठ के अन्दर, मूर्ति दक्षिण की ओर	वीणाधर रूप में शिव, मूर्ति के ऊपर चित्रकला के साक्ष्य	
2.48.S 48 और 49 के मध्य	उत्तरी भित्ति के आंतरिक भाग में, मूर्ति दक्षिण की ओर	राजसी–युगल, मूर्ति के ऊपर चित्रकला के साक्ष्य	

2.49.2.2	49वें लघु मन्दिर के **बाह्य** कोष्ठ के अन्दर, मूर्ति दक्षिण की ओर	लिंगोद्भवमूर्तिः ऊपर विस्मय मुद्रा में गंधर्व और नीचे चतुर्भुजी देवता, मूर्ति के ऊपर चित्रकला के साक्ष्य	
2.49.S 49 और 50 के मध्य	उत्तरी भित्ति के आंतरिक भाग में, मूर्ति दक्षिण की ओर	योगी और परिचारिका के साथ वृक्ष के नीचे खड़ी स्त्री का अंकन (उमा ?)।	
2.50.2.2	50वें लघु मन्दिर के **बाह्य** कोष्ठ के अन्दर, मूर्ति दक्षिण की ओर	गंगाधर प्रकरण, मूर्ति के ऊपर चित्रकला के साक्ष्य	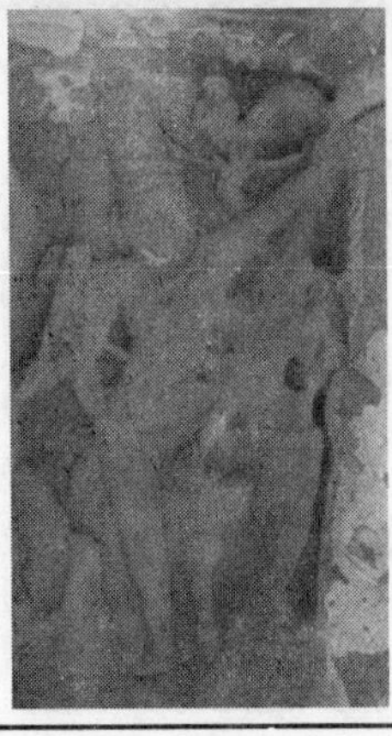

2.50.S 50 और 51 के मध्य	उत्तरी भित्ति के आंतरिक भाग में, मूर्ति दक्षिण की ओर	राजसी–युगल	
2.51.2.2	51वें लघु मन्दिर के **बाह्य** कोष्ठ के अन्दर, मूर्ति दक्षिण की ओर	छत्र के नीचे सोमस्कन्द प्रकरण, बैठे हुए शिव और पार्वती तथा गोद में शिशु स्कन्द, मूर्ति के ऊपर चित्रकला के साक्ष्य	
2.51.S 51 और 52 के मध्य	उत्तरी भित्ति के आंतरिक भाग में, मूर्ति दक्षिण की ओर	परिचर सहित खड़ी स्त्री का अंकन (उमा ?) और साथ में पक्षी और वृषभ	

2.52.2.2	52वें लघु मन्दिर के **बाह्य** कोष्ठ के अन्दर, मूर्ति दक्षिण की ओर	भैरव रूप	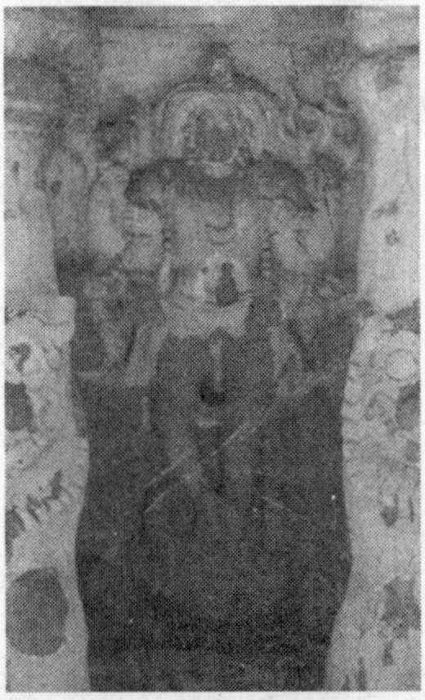
2.52.S 52 और 53 के मध्य	उत्तरी भित्ति के आंतरिक भाग में, मूर्ति दक्षिण की ओर	छत्र के नीचे राजसी–युगल, मूर्ति के ऊपर चित्रकला के साक्ष्य	
2.53.2.2	53वें लघु मन्दिर के **बाह्य** कोष्ठ के अन्दर, मूर्ति दक्षिण की ओर	भिक्षाटन मूर्तिः खड़े जटाभर शिव की उपासनारत विष्णु और ब्रह्मा	

2.53.S 53 और 54 के मध्य	उत्तरी भित्ति के आंतरिक भाग में, मूर्ति दक्षिण की ओर	परिचरों, पक्षी और हाथियों के मध्य खड़ी स्त्री का अंकन (उमा ?)	
2.54.2.2	54वें लघु मन्दिर के **बाह्य** कोष्ठ के अन्दर, मूर्ति दक्षिण की ओर	आत्मलिंग की उपासना करते हुए रावण और बालि	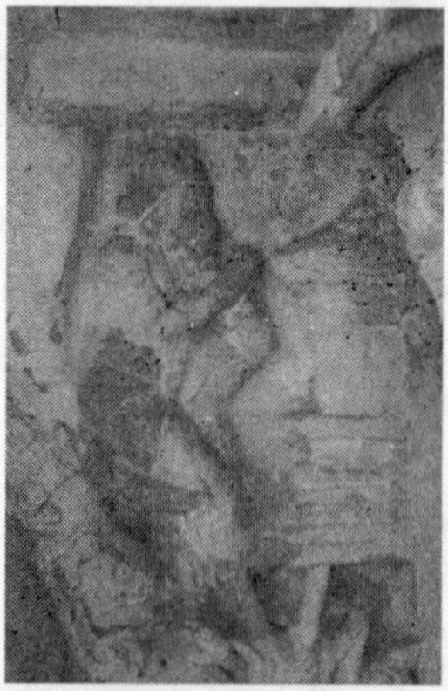
2.54.S 54 और 55 के मध्य	उत्तरी भित्ति के आंतरिक भाग में, मूर्ति दक्षिण की ओर	चन्देश मूर्ति	

2.55.2.2	55वें लघु मन्दिर के **बाह्य** कोष्ठ के अन्दर, मूर्ति दक्षिण की ओर	चन्देश मूर्ति	
2.55.S 55 और 56 के मध्य	पूर्वी भित्ति के आंतरिक भाग में, मूर्ति पश्चिम की ओर	छत्र के नीचे सोमस्कन्द प्रकरण, बैठे हुए शिव और पार्वती तथा गोद में शिशु स्कन्द, मूर्ति के ऊपर चित्रकला के साक्ष्य	
2.56.2.1	56वें लघु मन्दिर के आन्तरिक कोष्ठ के अन्दर, मूर्ति पश्चिम की ओर	छत्र के नीचे सोमस्कन्द प्रकरण, बैठे हुए शिव और पार्वती तथा गोद में शिशु स्कन्द, मूर्ति के ऊपर चित्रकला के साक्ष्य	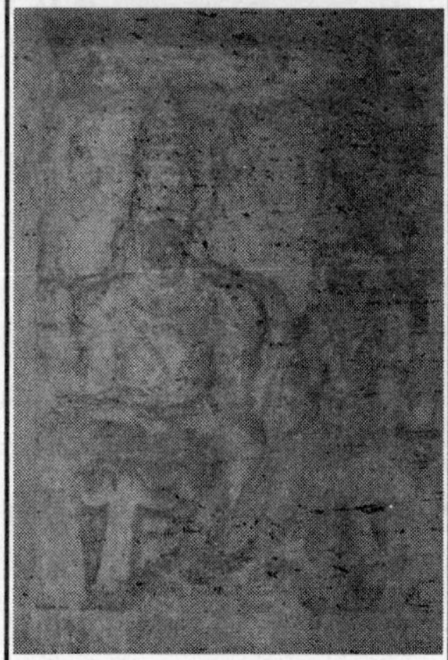

2.56.S 56 और 57 के मध्य	पूर्वी भित्ति के आंतरिक भाग में, मूर्ति पश्चिम की ओर	छत्र के नीचे राजसी–युगल, मूर्ति के ऊपर चित्रकला के साक्ष्य	
2.57.2.1	57वें लघु मन्दिर के आन्तरिक कोष्ठ के अन्दर, मूर्ति पश्चिम की ओर	छत्र के नीचे सोमस्कन्द प्रकरण, बैठे हुए शिव और पार्वती तथा गोद में शिशु स्कन्द, मूर्ति के ऊपर चित्रकला के साक्ष्य	
2.57.S 57 और 58 के मध्य	पूर्वी भित्ति के आंतरिक भाग में, मूर्ति पश्चिम की ओर	छत्र के नीचे राजसी–युगल, मूर्ति के ऊपर चित्रकला के साक्ष्य	

2.58.2.1	58वें लघु मन्दिर के आन्तरिक कोष्ठ के अन्दर, मूर्ति पश्चिम की ओर	छत्र के नीचे सोमस्कन्द प्रकरण, बैठे हुए शिव और पार्वती तथा गोद में शिशु स्कन्द, मूर्ति के ऊपर चित्रकला के साक्ष्य	
2.59.1	पूर्वी भित्ति के निकट द्वार, मूर्ति दक्षिण की ओर, दक्षिण	गजलक्ष्मी	
2.60.1	पूर्वी भित्ति के निकट द्वार, मूर्ति उत्तर की ओर,	सोलहभुजी सिंहवाहिनी दुर्गा, मूर्ति के ऊपर चित्रकला के साक्ष्य,	

महेन्द्रवर्मनेश्वर मन्दिर (05.3.01 से 05.3.2.6 तक)

पूर्व की दिशा में गोपुरा के स्थान पर एक आयताश्र द्वितल विमान का निर्माण किया गया है जो शीर्ष पर शाला शिखरों तथा पूर्व की ओर रूख किए मुख मण्डप से युक्त है। इसमें स्थित लघु मन्दिर को आज नारद लिंग मन्दिर के नाम से जाना जाता है लेकिन सोपान पर लिखे गए अभिलेख में इसके लिए महेन्द्रवर्मनेश्वरगृहम का व्यवहार किया गया है। यह मन्दिर दो बड़े और छोटे आँगनों के ठीक मध्य में है । इस मन्दिर का अधिष्ठान, मुख्य मन्दिर की ही तरह है और केवल जगती को छोड़कर जिसपर नाचते और गाते हुए पिशाचों का अंकन किया गया है, लेकिन यहाँ अलंकरण अभिप्रायों का प्रायः अभाव है। उपान और पट्टिका के लिए ग्रेनाइट का प्रयोग किया गया है और पूर्व की ओर स्थित प्रवेश पर स्थित ग्रेनाइट के प्रस्तरखण्ड पर हाथी की सूँड़ की तरह का एक अलंकरण अभिप्राय प्रयुक्त किया गया है। मन्दिर में महामण्डप से होक्रर प्रविष्ठ हुआ जा सकता है और पार्श्व के इन मण्डपों पर मानवाकार आकृतियों को परिलक्षित किया जा सकता है। मन्दिर की पिछली भित्ति पर भी मूर्तियों का अंकन किया गया है।

द्वारमण्डप के अन्दर की ओर दाहिने भाग में नृत्यरत शिव और बाई ओर भैरव को प्रदर्शित किया गया है[1]। पूर्व की ओर अभिमुखी भित्ति में कोष्ठों के दोनों ओर लक्ष्मी तथा कोष्ठ और द्वार के मध्य द्वारपालों का चाँवर लिए अंकन किया गया है। मुख्य गर्भगृह सोमस्कन्द पटल से युक्त है जिसके सामने काले पत्थर से निर्मित लिंग प्रतिष्ठित है।

महेन्द्रवर्मनेश्वर गृहम का बाह्य रूप :

दक्षिण की ओर दक्षिणाभिमुखी एक विस्तृत पटल पर भिक्षाटन के दृश्य का उत्कीर्णन किया गया है जो मुख्य मन्दिर से समरूपता रखता है। इसके ऊपर अलंकृत मकर तोरण के साथ गणेश का मूर्त्यांकन भी किया गया है।

पश्चिमी भित्ति पर सोमस्कन्द प्रकरण का अंकन हुआ है । साथ में संहार ताण्डव के सन्दर्भ में शिव अपने परम्परागत अस्त्रों के साथ गजासुर का शमन करते हुए प्रदर्शित हैं।

महेन्द्रवर्मनेश्वर गृहम के दोनों प्रवेशों पर दोनों ओर मूर्तियों का उत्कीर्णन किया गया है। दक्षिणवर्ती प्रवेश पर दाहिनी तरफ एक अभिलेख के साथ सिंहवासिनी दुर्गा का अंकन हुआ है । इस पटल की व्यवस्थापना मामल्लपुरम की ही तरह की गई है लेकिन महिष के मुखयुक्तमहिषासुर का यहाँ लोप हो गया है। दुर्गा सोलह भुजाओं के साथ सिंह पर सुखासन में विराजमान है, उनके हाथ में छत्र और त्रिशूल है और अपनी अन्य भुजाओं में वे चक्र, शँख, धनुष धारण किए हुए हैं। मूर्तिकार ने उन्हें किरीटमुकुट, उदरबन्द और कर्णिकाओं के साथ बाजूबन्द जैसे अलंकरणों से सुशोभित करके प्रस्तुत किया है। साथ ही उनके सिंह को क्रूर भाव से अपने शत्रु को देखते हुए जीवंत किया गया है।

गृहम के उत्तरी द्वार के साथ संलग्न अभिलेख के साथ सुखासन मुद्रा में कमल पुष्प पर विराजमान लक्ष्मी का उत्कीर्णन किया गया है एक अन्य सन्दर्भ में वह दूसरे पुष्प पर पैर रखे हाथ में पुष्प धारण किए हुए प्रदर्शित है। लक्ष्मी के साथ दो चामरधारी स्त्रियाँ खड़ी हैं और ऊपर दो हाथी अपनी सूँड़ में धारित जलाच्छादित कलश से देवी को स्नान करा रहे हैं। इस अंकन को शुभंकर के परिचायक के रूप में ग्रहण किया जा सकता है।

प्रवेशद्वार पर स्थित आठ लघु मन्दिर (06.4.0.1 से 06.4.C3.1 तक):

बाहरी प्रांगण में उत्तर–दक्षिण दिशा में स्वतंत्र रूप से सम–चतुराश्र–द्वितल विमानों के रूपमें आठ लघु मन्दिर अवस्थित हैं और ये सभी द्रविड़ शिखरों और मुखमण्डपों से युक्त हैं जिन पर सोमस्कन्द और अन्य मूर्तियों का अंकन किया गया है। इनमें से दो गोपुर के दक्षिण में और शेष उत्तर में है।

ये देवकुलिक समर्पण के उद्देश्य से निर्मित किए गए हैं और अभिलेखों में नित्यविनितेश्वर जैसे नाम का उल्लेख लिए हुए मिलते हैं[2]। दक्षिण में स्थित पाँचवा मन्दिर राजसिंह की प्रिय रानी रंगपताका[3] का

अभिलेख लिए हुए है जिसका निर्माण उसी के द्वारा करवाया गया था अन्य मन्दिर का निर्माण उसकी अन्य रानी द्वारा करवाया गया था जिसका नाम विलुप्त हो चुका है[4]।

आन्तरिक पंक्ति में निर्मित इन देवकुलिकों के बाहर शैव दृष्टान्तों का निर्माण किया गया है जिनमें से सोमस्कन्द, लिंगोद्भव, कालारि, योगमूर्ति, संहार ताण्डव, गजसंहार, त्रिपुरान्तक, दक्षिणामूर्ति, हरिहर और ऊर्ध्वताण्डव मुख्य प्रकरण हैं। इन सभी मन्दिरों में उपासना के लिए मुख्यतः धारलिंग का निर्माण किया गया है और पीछे के भाग में सोमस्कन्द का भी अंकन हुआ है। मुख्य मन्दिर के पास गोपुरम प्रवेश द्वार शोभा प्रकार का है। दक्षिण–पूर्व में एक निधि का परिष्कार भी हुआ है और नन्दी को मन्दिर की ओर देखते हुए बाहर आकर्षक रूपमें प्रतिष्ठित किया गया है।

महामण्डप :

मुख्य विमान के सामने की ओर राजसिंह मण्डप प्रतिष्ठित हैं एक दूसरे के सामने खुलने वाले प्रवेश और युगल स्तम्भों से युक्त इस मण्डप की छत समतल आधारवाली है। इनमें से अधिकाँश स्तम्भ अन्दर की ओर पंक्ति में अपने ऊपर धरनी का भार धारण किए हुए हैं । सामने के द्वार के स्तम्भ बलुवा पत्थर से निर्मित हैं जबकि अन्दर के स्तम्भों के दण्ड ग्रेनाइट से बने हुए हैं लेकिन उनपर आधारित शीर्ष बलुवा पत्थर के ही हैं। संलग्न भित्तियों के अर्द्धस्तम्भ व्याल आधार लिए हुए कोनों पर बने हुए हैं। कोष्ठों में द्वारपालों को मकर तोरणों के साथ पूर्व की ओर रूख किए शीर्ष पर अंकित किया गया है। लक्ष्मी और सरस्वती दक्षिण में और दुर्गा तथा ज्येष्ठा उत्तर में उपस्थित हैं।

मुख्य सभागार में देवियों की प्रस्तुति विशेष महत्व रखती हैं। क्योंकि आगमों में इसे शक्ति और मुख्य मन्दिर को पौरूष के परिचायक के रूप में स्वीकार किया गया है।

मन्दिर आधारित मुख्य प्रतिमाशास्त्रीय लक्षण

कैलाशनाथ मन्दिर में लगभग सभी प्रमुख हिन्दू देवी–देवताओं का अंकन देखने को मिलता है। शिव, ब्रह्मा, गणेश, विष्णु, दुर्गा जैसे हिन्दू देवी–देवताओं के साथ यहाँ मन्दिर के प्रांगण में ज्येष्ठा देवी और सप्तमातृकाओं तक के मूर्त्यांकन की प्रधानता देखने को मिलती है।

सभी प्रमुख देवी–देवताओं को सम्मिलित करने के बाद भी यहाँ शिव के अंकन पर विशेष बल दिया गया है और उन्हें संहार और अनुग्रह दोनों प्रकार की मूर्तियों में जीवंत किया गया है। संहार मूर्तियों में कालान्तक, गजासुर, त्रिपुरासुर संहार और अनुग्रह में रावणानुग्रह, विष्णु अनुग्रह, चण्डेशानुग्रह आदि मूर्तियाँ प्रमुख हैं। इनके अतिरिक्त शिव की भिक्षाटन, लिंगोद्भव और दक्षिणा मूर्तियों का भी अंकन प्रमुखता के साथ किया गया है।

शैव आगमों में शिव की 108 नृत्यमुद्राओं का उल्लेख मिलता है। इन मुद्राओं में से कटिसम, ललित, तलसम्फोटित, ललाटतिलकम, चतुर, ताण्डव, नदंत आदि मुद्राओं की कलात्मक प्रस्तुति कैलाशनाथ में देखने को मिलती है।

सोमस्कन्द मूर्ति : उमासहित सुखासन मूर्ति के क्रम में सोमस्कन्द का अंकन मूर्ति में उमा और शिव के मध्य किया जाता है।

कैलाशनाथ मन्दिर में गर्भगृह की आन्तरिक पिछली भित्ति में इस निमित्त निर्मित मूर्ति में शिव को ललितासन मुद्रा में बैठे हुए दिखाया गया है। चतुर्भुजी शिव यहाँ गले में हार और यज्ञोपवित धारण किये हुए है । उनका एक हाथ क्षैतिज रूप में ऊपर की ओर फैला हुआ है जबकि अन्य एक हाथ ध्यान की मुद्रा में बद्ध है। उनका बाँया पैर भूमि की ओर लटका हुआ है और एक हाथ टूट चुका है। उसी आसन की पुनरावृत्ति में बैठी हुई उमा का शरीर आगे की ओर मुड़ा हुआ है और वह अपने बाएँ हाथ पर शरीर को टिकाए हुए शिशु स्कन्द का लाड़ कर रही है। शिव के दोनों ओर पार्श्व में ब्रह्मा और विष्णु विराजमान हैं।

तलसंफोटित नृत्य मूर्ति : नाट्य शास्त्र के अनुसार यदि नृत्य करते हुए द्रूतगति से एक पैर इस प्रकार ऊपर की ओर उठ जाए जिसमें पदतल भूमि की ओर हो तो उसे तलसंफोटित नृत्य कहा जाता है।

अर्थात् –

"द्रुतमुत्क्षिण्य रणुंस्ताद्य पातयेत्।
तलसंफोटितौ हस्तौ तलसंफोटितौ स्मृतो।।"

इस मूर्ति में शिव को आठ भुजाओं में प्रदर्शित किया गया है और उनका एक हाथ उल्लेखनीय रूप से पताका और दूसरा अभय मुद्रा में है। शेष सभी भुजाएँ नृत्य की मुद्रा में हैं।

उमा–महेश्वर मूर्ति : रजसिंहेश्वर मन्दिर की भित्ति के दक्षिण दिशा के कोष्ठ में स्थित चतुर्भुजी शिव की ललितासन मुद्रा में निर्मित इस मूर्ति की गणना भी सुखासन मूर्तियों में की जाती है। एक पैर से भूमि का स्पर्श करने को उद्यमशील इस मूर्ति में शिव का एक हाथ ध्यान की मुद्रा में है और उमा ललितासन में अपने बाएँ हाथ पर शरीर के बोझ को डाले हुए आगे की और मुड़ी हुई बैठी अंकित की गई हैं। शिव के चरण तले भक्तों की एक टोली बैठे हुए और साथ में चाँवरधारी खड़ी मुद्रा में उपस्थित है।

लिंगोद्भव मूर्ति : लिंग पुराण, कूर्मपुराण, वायुपुराण और शिव पुराण के दृष्टान्तों से ज्ञात होता है कि ब्रह्मा और विष्णु के अभिमान का मर्दन करने के लिए शिव एक ज्योतिर्मय प्रज्जवलित लिंग के रूप में प्रस्फुटित हुए कांची के राजसिंहेश्वर मन्दिर की भित्ति के दक्षिण दिशा के कोष्ठ में स्थित कैलाशनाथ मन्दिर स्थित लिंगोद्भव मूर्ति में इसी दृष्टान्त के अनुकूल लिंग के मध्य में अष्टभुजी शिव का अंकन किया गया है। वे अपनी भुजाओं में परशु, शूल, अक्षयमाला आदि धारण किए एक हाथ अभयमुद्रा और दूसरा कटिवलम्बित मुद्रा मे किए हुए प्रतिष्ठित हैं। शिव की जटा, मुकुट से अलंकृत है जिसमें चन्द्रकला शोभायमान है। घुटने तक निर्मित इस मूर्ति के नीचे चतुर्भुज एवं वराहमुख विष्णु अंकित है जो अपने दोनों हाथों से भूमि को खोद रहे हैं। अन्य दोनों हाथों में शँख–चक्र है

और ऊपर की ओर उड़ते हुए ब्रह्मा चित्रित हैं। दोनों पार्श्वो में भी चतुर्भुज ब्रह्मा और विष्णु को मूर्तियों में अभिव्यंजित किया गया है।

चतुरम (ऊर्ध्व ताण्डव) नृत्य मूर्ति : राजसिंहेश्वर मन्दिर की भित्ति के पश्चिम दिशा के कोष्ठ में स्थित इस मूर्ति में शिव द्वारा सम्पन्न किए जा रहे एक विशेष नृत्य का अंकन किया गया है। गोपीनाथ राव इसे शिव द्वारा अचानक नृत्य के मध्य धारण की जानेवाली मुद्रा मानने पर बल देते हैं। शिव के ऊर्ध्व ताण्डव नृत्य के ही एक स्वरूपमें उन्हें अपना एक हाथ और घुटना ऊपर की ओर उठाए दिखाया गया है। उनके भिन्न–भिन्न हाथों में विविध प्रकार के आयुध हैं और वे एक हाथ गजहस्त मुद्रा में किए अन्य हाथों के अर्चिता मुद्रा और तीन उँगलियों को समकोण पर मोड उनके मध्य अपने अंगूठे को स्थिर किए चतुरम मुद्रा में प्रदर्शित किए गए हैं। शिव का दिव्य और दैदिप्यवान मुखमण्डल उनकी भीषण मुद्रा से अप्रभावित दर्शकों में उनके शान्तियुक्त तेज और शक्तिसम्पन्नता को एक साथ प्रकट करता है। संगीतवादकों के साथ उनके इस नृत्य को मुग्ध भाव से निहारते हुए पार्वती का भी उल्लेखनीय अंकन किया गया है।

ललाटतिलकम और ऊर्ध्व ताण्डव मूर्ति : नाट्य वेद के अनुसार जब नृत्य करते हुए बिच्छु के डंक की भांति एक पैर ललाट की ओर उठा हो तो इस मुद्रा को ललाटतिलकम कहते हैं। राजसिंहेश्वर मन्दिर की भित्ति के पश्चिम दिशा के कोष्ठ में स्थित इस मूर्ति में अष्टभुजी शिव को अपने दाएँ पैर को ऊपर उठाकर अपने किरीट का स्पर्श करने का प्रयास करते हुए दिखाया गया हे। इस मुद्रा का प्रदर्शन शिव द्वारा प्रदर्शित प्रत्येक नृत्य मुद्रा को काली द्वारा दोहरा लिए जाने पर उन्हें स्पर्धा में परास्त करने के उद्देय से किया गया जिसमें अंततः इस मुद्रा की दुरूहता के कारण शिव ही विजित हुए। इस अंकन में शिव को इस जटिल मुद्रा को भी सहज रूप से सम्पन्न कर लिए जाने का अंकन किया गया है। उनकी सभी भुजाएँ आकाश की ओर उठी हैं ओर वाम पाद धरातल पर स्थिर हैं। उनकी गतिशीलता का आभास उनके द्वारा धारण किए गए परिधान पर प्रदर्शित बलों द्वारा जीवंत हो चला है। बैल और मनुष्य दोनों प्राणियों के शीर्ष से युक्त नन्दी भी शिव की इस भूमिका से आह्लालादित

है ओर नर्तन में उनका सक्रिय सहयोग कर रहा है। नन्दी द्वारा इस मुद्रा के माध्यम से महायोग की समाप्ति का आभास हो रहा है। कैलाशनाथ मन्दिर के गर्भगृह के प्रवेशद्वार पर बायीं ओर भी उत्कीर्णित इस मूर्ति में शिव को एक साथ रौद्र, वीर और वीभत्स तीन भिन्न विरोधाभासी मुद्राओं का एक साथ अनुसरण करते हुए अंकित किया गया है।

त्रिपुरान्तक मूर्ति : राजसिंहेश्वर मन्दिर की भित्ति के उत्तर दिशा के कोष्ठ में स्थित इस मूर्ति में शिव को अलिधा मुद्रा में बैठे दिखाया गया है। महाभारत के अनुसार तारकासुर नामक तीन दानवों ने अपने दुष्कृत्यों से ऋषियों और देवताओं को संत्रस्त कर रखा था। शिव ने उनके अत्याचार से देवताओं को त्राण दिलाने के लिए अपना विराट रूप धारण किया और एक ही बाण से तीनों असुरों का नाश कर दिया।

इस मूर्ति में अष्टभुजी शिव अपने एक हाथ में धनुष धारण किए हुए हैं और दूसरा हाथ विजय मुद्रा में अपनी कटि पर अवलम्बित किए हुए अपने अनुपस्थित शत्रु (यहाँ अनुपस्थित) निहार रहें हैं। ब्रह्मा का अंकन एक सारथि के रूप में हुआ है लेकिन उनका रथ यहाँ अंकित नहीं हो पाया है। ऊर्ध्व भाग पर स्थित छत्र और नीचे किया गया उनके गणों का मूर्त्यांकन उनकी सर्वोच्चता के दावे को प्रशस्त करता है

दुर्गा : राजसिंहेश्वर मन्दिर की भित्ति के उत्तर दिशा के ही कोष्ठ में स्थित इस मूर्ति में शक्ति के रूप में युद्ध क्षेत्र की भयानक विभिषिका के प्रति अप्रतिभ भाव से दृढ़ स्वरूप में दुर्गा का अंकन किया गया है। त्रिभंग मुद्रा में खड़ी दुर्गा का एक पैर सिंह की पीठ पर और दूसरा धरती पर विश्राम की स्थिति में आवलम्बित है। दुर्गा के मुख पर व्याप्त व्यंग्यपूर्ण भाव शत्रु के भावी काल के प्रति उनकी भविष्यदृष्टि को प्रशस्त करते प्रतीत हो रहे हैं। महिषासुर मर्दन के दृष्टान्त के विपरित यहाँ दुर्गा को शुम्भ और त्रिशुम्भ के वध के लिए तत्पर प्रकट किया गया है। शुम्भ को काली, ब्राह्मी, वैष्णवी और वाराही के अपने ही रूपों से हत करने के बाद अपनी मौलिक शक्ति को शुम्भ के भ्राता त्रिशुम्भ द्वारा मिली चुनौती के परिष्कार हेतु अपनी सर्वोच्चता के उदघोष को पुष्ट करते हुए त्रिशुम्भ के भी वध किए जाने का उल्लेख देवीके महात्म्य में मिलता है [6]।

व्याख्यान दक्षिणा मूर्ति : दक्षिण भद्र मन्दिर के दक्षिण में स्थित कर्ण मन्दिर के मुख्य कोष्ठा में इस मूर्ति में शिव को वटवृक्ष के नीचे सव्य ललितासन में एक पैर भूमि पर लटकाए दूसरे को अपनी जँघा पर रखे हुए प्रदर्शित किया गया है। उनका एक हाथ टूट गया है, दाहिने हाथ में वे अक्षमाला और पीछे के बाएँ हाथ में वे अग्नि को धारण किए हुए हैं।

समस्त विद्या, ज्ञान और दर्शन के प्रणेता के रूप में इन कलाओं को अभिव्यक्त करते हुए उनकी भूमिका को मूर्तिकला में दक्षिणामूर्ति के नाम से जाना जाता है। इस दृश्यांकन में व्याख्यान देते हुए उत्कीर्णित किया गया है। इस कलांकन में उनके व्याख्यान को सुनते हुए श्रोता वर्ग में ऋषियों के साथ सर्प, मृग और उनके आसन पर सर्प तक का अध्यानस्थ भाव में मुद्रांकन हुआ है। कलाकार इस अंकन में वन के शान्त और एकाग्रसम्पन्न वातावरण के साथ श्रोताओं की प्रभावित मनोदशा को ऊँकेरने में सफल रहा है।

भिक्षाटन मूर्ति : कर्ण मन्दिर के मुख्य कोष्ठा में शिव की भिक्षायाचना के स्वरूप को अंकित किया गया है। पौराणिक कथा के अनुसार शिव ब्रह्मा का सिर काटने के पश्चात् उसी कपाल में भिक्षा माँगते हुए विष्णु के पास पहुँचे और द्वार पर विश्वक्षेन द्वारा रोकने पर उसे भी अपने क्रोध का भाजन बनने से नहीं रोक पाए। इस पाप से मुक्ति के लिए वे काशी गए और वहाँ जा भिक्षाटन कर इस पाप से मुक्त हुए।

द्विभुजी शिव को इस कलांकन में जयभार, पाँव में खड़ाऊँ और कानों में कुण्डल धारण किए हुए प्रदर्शित किया गया है। शिव के भक्तों में एक ऋषि, एक सामान्य जन और ऋषि पत्नी अंजलि का अंकन हुआ है।

ऊपर के कोष्ठा में ऊर्ध्व ताण्डव करते हुए शिव और दोनों किनारों पर किन्नर और गजों का अंकन किया गया है।

त्रिपुरान्तक मूर्ति : कर्ण मन्दिर के मुख्य कोष्ठमें अवस्थित इस मूर्ति में त्रिनेत्र धारी षष्ठभुजी शिव को हार, कुण्डल और बाजूबन्द आदि आभूषणों से सुशोभित होकर अश्व संचलित रथ पर आरूढ़ अभिव्यंजित किया गया है। परमपरा के अनुसार शिव कि रथ में संलग्न अश्व चारों वेद और चक्र सूर्य तथा चन्द्र के परिचायक है।

कालसंहार और यमान्तक मूर्ति : पौराणिक दृष्टान्त के अनुसार मृकणु ऋषि के षोडस वर्षीय पुत्र मार्कण्डेय ने मृत्यु के बन्धन से मुक्त होने के लिए शिव की तपस्या आरम्भ की। काल का समय आने पर यमदूतों और बाद में यमराज ने स्वयं आकर उसे कालपाश में बाँधने का प्रयास किया जिससे कुपित होकर इसी लिंग से प्रकट होकर शिव ने यम के वक्ष पर अपने पाद का प्रहार किया। कुमार की आयु के कभी भी सोलह वर्ष से अधिक न होने के वरदान देने का उल्लेख इस प्रकरण में मिलता है।

कालान्तक या यमान्तक के नाम से प्रचलित इस मूर्ति में शिव के एक पैर को आधारस्तम्भ पर और दूसरे वामपादको यम के वक्ष के पास अंकित किया गया है। अष्टभुजी शिव के एक हाथ में अक्षमाल है, दूसरा तर्जनी मुद्रा में और एक हाथ विस्मय की मुद्रा में है। वे यज्ञोपवित, कुण्डल, बाजूबन्द से सज्जित हैं। यम को भयाक्रान्त उनके पैरों के नीचे पड़ा दिखाया गया है।

यमान्तक मूर्ति में शिव को यम के सिर पर अपने वामपाद का प्रहार करते दिखाया गया है। अलंकरणों से शोभित शिव हाथ में त्रिशूल और पाशा धारण किए हुए हैं और उनकी भुजाएँ विस्मय की मुद्रा में यम को उसके दुस्साहस के लिए प्रताड़ित कर रही हैं। शिव और यम दोनों के ऊपरी दाँत बाहर की ओर निकले हुए हैं जिनसे शिव के क्रोध और यम के पराजित होने का संकेत मिलता है।

योग दक्षिणा मूर्ति : कैलाशनाथ मन्दिर स्थित योग दक्षिणा मूर्ति में शिव को योगी के रूप में चित्रित किया गया है। इस अंकन में वे उत्कुटिकासन में दोनों एड़ियों को आपस में सटाकर, पीठ को आराम की मुद्रा में किए बैठे हुए हैं। उनकी भुजाओं का अग्रभाग आसन से उठे घुटनों पर रखा हुआ है जो आसन में स्थिरता लाने के लिए एक योगपट्ट से आबद्ध किए हुए है [7]। इस कलांकन में एक व्यक्ति का जो शिव के पैरों के बोझ तले दबा हुआ है का उल्लेखनीय रूप से अंकन किया गया है जो संभवतः अज्ञान के रूप में मुयलक का मानवीकृत रूप है और प्रायः नटराज के पैरों तले उत्कीर्णित किया जाता है।

चतुर्भुजी शिव दोनों हाथों में अक्षमाल और कमण्डल धारण किए हुए गहन मुद्रा में ध्यानमग्न हैं। मुख्य कोष्ठ में ऊपरी ओर करबद्ध रूप

में सूर्य और चन्द्र का अंकन किया गया है। किनारे पर ब्रह्मा और विष्णु उन्हें श्रद्धांजलि अर्पित कर रहे हैं। इस अंकन में सती की मृत्यु के कारण व्यथित होकर शिव के ध्यान में जाने को उत्कीर्णित किया गया है।

गंगाधर मूर्ति : कर्ण मन्दिर के उत्तरी मुख्य कोष्ठ में अंकित इस दृश्य में चतुर्भुजी शिव को अस्थिर मुद्रा में वामपक्ष में खड़ी पार्वती के साथ विस्मय की मुद्रा में अंकित किया गया है। उनका एक हाथ कटक, पिछला हाथ कटयावलय की मुद्रा में है और वे अपने बाएँ हाथ में गंगा को धारण किए हुए हैं।

सप्तमातृका : देवकुलिका में अंकित सप्तमातृका समूह की मूर्तियाँ पल्लव कालीन मूर्तिकला के इतिहास में गौरवपूर्ण स्थान रखती है। इस अंकन में सभी मातृकाएँ एक आयताकार आसन पर एक साथ बैठी हुई हैं और उनके दाएँ भाग में गणेश और वीरभद्र बैठे हुए अंकित किए गए हैं।

नाम के प्रतिकूल ये मातृकाएँ अपने साथ किसी शिशु को नहीं लिए हुए हैं और चतुर्भुज रूप में प्रस्तुत हैं। दाएं से बाएं क्रम में वे ब्राह्मी, महेश्वरी, कौमारी, वैष्णवी, वराही, इन्द्राणी और चौमुण्डी हैं। सभी देवियाँ अपने हाथ में छत्र और अपने से सम्बद्ध आयुध लिए हुए हैं चामुण्डी के हाथ में त्रिशूल और पात्र हैं।

मार्कण्डेयपुराण के अनुसार जब देवी दुर्गा चण्ड और मुण्ड नाम के असुरों का नाश कर रहीं थी तब सभी देवताओं ने अपनी शक्ति को किसी न किसी रूप में दुर्गा को समर्पित किया [8]। पुराण के अनुसार इन मातृकाओं की संख्या आठ थी और ये इस रूप में भयानक छवि रखती थी[9]। चण्ड और मुण्ड का संहार करने के लिऐ उसे चौमुण्डी भी कहा गया है[10]। कैलाशनाथ मन्दिर में इन देवियों को अपने वाहनों के अभाव में अंकित किया गया है और यहाँ नरसिंही का अंकन नहीं हुआ है इस अभाव के परोक्ष में मूर्तिगत रूप से केवल सात देवियों के अस्तित्व का अनुमान होता है।[11] यहां ब्राह्मणी और महेश्वरी को तीन भुजाओं और अन्य को पँचमुखी अंकित किया गया है लेकिन यहाँ पांचवे मुख का प्रस्तुतिकरण कला की सीमा को देखते हुए नहीं हो पाया है।

कैलाशनाथ मन्दिर की चित्रकला

नरसिंह द्वितीय के शासन काल में निर्मित स्मारकों में अत्यन्त सीमित मात्रा में ऐसे अवशेषों की उपलब्धि हुई है जहाँ आज भी पल्लव काल में अभिव्यंजित चित्रकला के साक्ष्य उपलब्ध होते हैं। कैलाशनाथ मन्दिर में अंकित चित्रकला को ढूँढ, निकाल, प्रकाशित करने का श्रेय पाँण्डिचेरी के प्रो0जे0 दुब्रियल को जाता है।

यद्यपि, पल्लवयुगीन चित्रकला के विकास की विभिन्न अवस्थाओं का अध्याय तृतीय में वर्णन किया जा चुका है, तथापि यहाँ रंगों और चित्रों की उस विशेष प्रकृति का विवरण प्रस्तुत किया जा रहा है जो अपनी विशिष्टता के आधार पर दर्शकों को अपनी ओर आकर्षित करती है।

कार्यविधि :

कैलाशनाथ मन्दिर में सामान्यतः चित्रकला के अंकन के लिए खुरदरे रवेदार बलुआ पत्थर का उपयोग किया गया है। यहां पाषाण धरातल के रूखेपन को दूर करने के लिए, पत्थर की सतह को चूने के महीन घोल से लेपित किया गया है तदनुपरान्त इस कोमल और सपाट सतह पर चित्रों का निर्माण किया गया है। छवियों को अंकित करने के पूर्व चूने के पलस्तर से बचने का प्रयास करते हुए, सतह पर चूने के घोल की कई परतों को प्रयुक्त किया गया है। भित्ति चित्रों को अंकित करने के लिए जिस कलात्मक तकनीकी का प्रयोग किया गया उसमें सर्वप्रथम गीली सतह पर रंग को लेपित किया गया है। तदनुपरान्त उस पर एक पतली पलस्तर की परत चढ़ाकर, महीन चूने का घोल प्रयुक्त किया गया।

क्रम	प्रयुक्त रंग	प्रयुक्त सामग्री
	पीला	पीला गेरू
	लाल	लाल गेरू
	हरा	टेरा वर्टे
	नीला	प्राकृतिक अल्ट्रामैरीन या लापिज लाजुली
	काला	कालिख (दीपक) और साथ में चिपचिपा पदार्थ
	श्वेत	चूना

सोमस्कन्द के अंकन में कलाकार ने रेखाओं के मोहक और उत्कृष्ट प्रवाह को साकार किया है। यहाँ शिव और पार्वती के मध्य में बालक स्कन्द को बैठे हुए प्रदर्शित किया गया है। एक ओर शिव के गण तथा दूसरी ओर पार्वती के साथ आकर्षक परिचारिकाएँ भी उपस्थित है। सोमस्कन्द, पल्लव शासकों द्वारा संरक्षित कला का एक प्रिय विषय है और सोमस्कन्द की चित्रकला में प्रस्तुति का यह अकेला उदाहरण है, अतः पल्लव चित्रकला के अध्ययन के सन्दर्भ में इसका विशेष महत्व है। इस चित्र में माता–पिता के साथ नटखट शिशु का अंकन दर्शकों को अपनी ओर सहज रूप से आकर्षित करता है :–

रथांगनांनोर्वा भाव बन्हनम बभूव यत
प्रेम परस्पराश्रयम् विभक्त मप्येकसुतेन
लट तयोह परसपरस्योपरि पर्यचियत (रघुवंश III, 24)

कैलाशनाथ मन्दिर के प्रदक्षिणा पथ पर विचरण करते हुए यहाँ छोटे कोष्ठकों और भित्ति पर चित्रकला के जीवंत साक्ष्यों की उपस्थिति को पर्यवेक्षित किया जा सकता है। कक्ष संख्या 1 में शिव की भुजाओं के चित्रित अवशेषों को देखा जा सकता है। कक्ष संख्या 11 में स्थित शिव के पल्लव कालीन अंकन में शिव के बाँयें नेत्र, नासिका, ओष्ठ, गाल और कानों में कुण्डल तथा स्कन्ध पर याज्ञोपवित को आसानी से चिन्हित किया जा सकता है। कक्ष संख्या 12 में अंकित एक चित्र में शिव के सुन्दर मुख और शरीर के दाएँ भाग को देखा जा सकता है। यहाँ शिव की जटा के अंकन में बादामी के अंकन से समरूपता स्पष्टतः परिलक्षित होती है। कक्ष संख्या 23 में स्थित शिव के चित्रांकन में उनके दाएँ कन्धे पर एक पवित्र धागे को देखा जा सकता है। उनके दाएँ हाथ के निचले भाग में शूल स्थित है जिसके कण्टक अब विलुप्त हो चुके हैं। इसके साथ चतुर्भुजधारी एक अन्य आकृति का अंकन किया गया है जिसकी केवल दोनों दाहिनी भुजाएँ और दाहिने कन्धे पर अवस्थित पवित्र सूत्र ही चित्र में शेष है। कक्ष संख्या 26 और 27 के मध्य स्थित आलिन्द में पार्वती की सज्जित शिरोभूषा को अंकित किया गया है। कक्ष संख्या 34 में प्रस्तुत मोहक रेखाचित्र में

लाल रंग के एक महापुरूष को चित्रित किया गया है। जिसके सिर पर किरिट है लेकिन उसके शरीर के दाहिने स्कन्ध और ऊपरी धड़ तथा बायी उरू की ही पहचान की जा सकती है [12] । इस किरिट की सज्जा में चोल कला के प्रभाव को सरलता से अनुभव किया जा सकता है। कक्ष संख्या 46 के निचले भाग पर लाल आभा से युक्त एक चतुभुर्ज आकृति को चित्रित किया गया है। जिसने कमर पर कटिसूत्र धारण कर रखा है, उसका दाहिना हाथ कटिसूत्र के बन्ध पर विश्रामरत है और ऊपरी दाहिने हाथ की उँगलियाँ उसके वक्ष पर अवस्थित है।

संभवतः यहां स्थित सभी चित्रों में सर्वाधिक बल सोमस्कन्द के अंकन पर दिया गया है। जिसकी रचना कक्ष संख्या 41 की पिछली भित्ति पर की गई है। यद्यपि यहां पर अब नाममात्र का रंग ही शेष रह गया है तथापि शिशु के मस्तक की परिधि में प्रभासमान सिन्दूरी प्रभामण्डल के आधार पर कलाकार द्वारा रंगों के संयोजन पर दिए गए विशेष ध्यान को आसानी से परिलक्षित किया जा सकता है।

दुर्भाग्य से आज इन चित्रों का अस्तित्व केवल कुछ रेखाओं तक ही सिमट कर रह गया है लेकिन तब भी इन्हें सोमस्कन्द समूह से संबद्ध किया जा सकता है। यहां शिव बैठी हुई मुद्रा में प्रदर्शित हैं, उनका, दाहिना पैर नीचे स्पर्श कर रहा है और उनका बाँया पैर आसन पर आवलम्बित है। इस चित्र में अंकित उनका जटामुकुट आज विलुप्त हो चुका है लेकिन शेष बच गए कान की लौ ओर चेहरे के उभारों को देख कर इस चित्र की रमणीयता का सहज अनुमान लगाया जा सकता है और इस चित्र के धड़ के आधार पर शरीर के उभारों का कलात्मक मूल्यांकन किया जा सकता है। शरीर के ऊपरी दोनों हाथ प्रायः पूर्ण अवस्था में हैं लेकिन अंक पर अवलम्बित निचली बायीं भुजा की हथेली नष्ट हो चुकी है और शरीर पर स्थित यज्ञोपवित वक्र के रूप में झूल रहा है और मोड़दार कोमल परिधान से मेल खा रहा है तथा शरीर पर अलंकरण के नाम पर कुजूर और उदरबन्द की अनोखी छटा उदीयमान हो रही है। उनके बगल में बालक सोमस्कन्द अपनी बाल सुलभ चंचलता और मोहकता के साथ अभिव्यंजित है और उसके बाल–मस्तक पर छोटा शिरोभूषण सज्जित है। इस बालक की माँ के अंकन में कलाकार ने अपने पूरे कलात्मक कौशल

का प्रयोग किया है। वह अपना एक पैर आसन पर रखे विराजमान है जबकि उसका दूसरा पैर गुदगुदी पादपीठिका पर रखा हुआ है। यद्यपिं इस चित्र में चित्रित उमा का मुख काल की मार से धूमिल हो गया है तथापि रत्नजड़ितमुकुट और पुष्प गुंथित केश सज्जा तथा गोदं में अपने पुत्र को लिए उसका दुलार करती माँ की मुद्रा को देखकर, इस चित्र की सुन्दरता और वास्तविक रूप का आकलन किया जा सकता है। उमा के परिपूर्ण वक्ष, तनुकाय कटि और विस्तृत नितम्बों के अंकन के आधार पर चित्रकार नारीगत सौन्दर्य के निर्धारित मापदण्डों के प्रति पूरी तरह से समर्पित प्रदर्शित होता है। नारी ग्रीवा में स्थित हार में यथास्थान रत्न का अंकन, विभिन्न प्रकार के बाजूबन्द और कलाईबन्द तथा नीचे की ओर झूलते हुए वस्त्र, जिस रूप में इस चित्र में पूरी कुशलता और जीवंतता के साथ प्रस्फुटित हुए है उस पर कोई भी कलाकार निस्संदेह गर्व कर सकता है। यहां देव दम्पत्ति के आसन के दोनों ओर दो परिचारक उद्धतभाव से प्रदर्शित हैं। शिव के निकट स्थित एक गण मुख पर शान्ति और तेज के अद्‌भुत भाव लिए हुए खड़ा है और उनका दूसरा गण अपने इष्ट की भार्या के निकट कोमल भावों के साथ चित्रित किया गया है।

आँगन के पास स्थित कक्ष में सोमस्कन्द की एक उत्कृष्ट प्रतिमा अवस्थित है। यहाँ शिव और उमा को बैठे हुए दिखाया गया है जिनके पार्श्व में दोनों के मध्य में विष्णु खड़ी मुद्रा में प्रदर्शित है। विष्णु के हाथ में चक्र और शंख हैं ओर उनके हाथ में स्थित शंख से ज्वाला उद्वेलित हो रही है। वे सौम्य मुद्रा में अपनी बायीं ओर बैठै शिव को श्रद्धाभाव से देखते हुए अंकित किए गए हैं। उनके शरीर पर अनेक प्रकार के आभूषण विराजमान हैं जो उनकी छवि को विशेष प्रकार की आभा प्रदान कर रहे हैं।

शिव का अंकन यहाँ जटामुकुट के साथ त्रिनेत्रधारी रूपमें किया गया है जहां उनकी इस अप्रतिभ छवि को विविध अलंकरणों से विभूषित उमा मुग्ध भाव से निहार रही है।

इस पट्टिका के शीर्ष भाग पर हरित पृष्ठभूमि में दो छत्रों का अंकन किया गया है। इस चित्र में रेखाओं को पूरी निपुणता के साथ निर्मित किया गया है और कालांतर में जाकर इसमें रंगों को भरा गया है।

इसके अतिरिक्त प्रांगण से संलग्न कक्ष में ही अंकित दिव्य संगीतकारों के रूप में एक किन्नर और किन्नरी का भी चित्रांकन किया गया है। कलात्मक उत्कृष्टता को ध्यान में रखते हुए कला मर्मज्ञ इस चित्र को अजंता शैली के चित्रों के समान ग्रहण करने पर बल देते हैं।

कैलाशनाथ मन्दिर परिसर के अभिलेख

1883 ई0 में कांची स्थित कैलाशनाथ मन्दिर के महत्व को प्रकट करने का श्रेय डॉ0 बर्गेस को जाता है। उन्होंने ही यह मंतव्य प्रस्तुत किया कि इस मन्दिर का निर्माण छठी शताब्दी ई0 में पल्लव शैली में सम्पन्न किया गया ओर इस पर पल्लवयुगीन विशेषताओं से युक्त संस्कृत भाषा में कन्नारी तथा पल्लव–ग्रन्थ लिपि तथा संस्कृत भाषा और तमिल अक्षरों से युक्त लिपि में अभिलेखों का लेखन किया गया।

कैलाशनाथ मन्दिर में मामल्लपुरम और सालुवन्कुप्पम की ही तरह विभिन्न अक्षर संयोजना वाले पल्लव अभिलेख उपलब्ध होते हैं। मामल्लपुरम स्थित मुख्य परिसर में, महामण्डप के निकट स्थित अत्यंतकाम का अभिलेख इस शैली का सबसे प्राचीन अभिलेख है [13]।

क्र0सं0	जारीकर्ता का नाम	अवस्थिति	टिप्पणी
	राजसिंह	केन्द्रीय मन्दिर परिसर की परिधि	ग्रेनाइट खण्ड पर लिखित होने के कारण संरक्षित। पल्लव शैली संस्कृत भाषा के बारह छन्दों में रचित।
	महेन्द्रवर्मन	राजसिंहेश्वर परिसरके बाहर, लघु परिसर की परिधि में	चार छन्दों में जिनमें से प्रथम और अन्तिम अधूरे रूप में अस्तित्व में है।
	रंगपताका	मन्दिर परिसर के तीसरे ताखे पर	पल्लव लिपि और संस्कृत भाषा के तीन छन्दों में
		पूर्वी प्रवेश के दक्षिण में पहले ताखे पर	स्मारक के लिए 'नित्यविनितेश्वरम' का उल्लेख

	राजसिंह	मन्दिर परिसर के चारों ओर	राजा की दो सौ पचास उपाधियों का उल्लेख
	राजसिंह	मुख्य परिसर का स्तम्भ	राजा की उपाधियाँ
	चालुक्य विक्रमादित्य	मण्डप के स्तम्भों पर	कन्नड़ लिपि में 'नन्दीपोतवर्मन' का लेखन

उपर्युक्त अभिलेखों में से एक अभिलेख की रचना कैलाशनाथ मन्दिर के आधारपटल पर की गई है। इस मन्दिर में विभिन्न स्थानों पर अन्य अभिलेख भी लिखित मिले हैं लेकिन इन सबमें सबसे अधिक महत्वपूर्ण वह अभिलेख है जिसमें राजसिंह की ढाई सौ उपाधियों का उल्लेख बाह्य भित्ति के चारों ओर स्थित कक्षों पर पंक्तिबद्ध रूप से किया गया है[14]। चार प्रकार की लिपियों की शैली में लिखित इन अभिलेखों में राजा के पराक्रम, रण–कौशल, धार्मिक आस्थाओं और कला, साहित्य तथा संगीत में उसकी अभिरूचियों का भान हो जाता है। कैलाशनाथ मन्दिर परिसर में स्थित एक छोटे आयताकार मन्दिर की आधारशिला पर लिखित अभिलेख में इसके रचनाकार के रूप में राजसिंह के पुत्र महेन्द्र का उल्लेख मिलता है[15]। जिससे स्पष्ट होता है कि इस मन्दिर के निर्माण के समय राजसिंह जीवित था। कैलाशनाथ मन्दिर के प्रवेश के बाहर आठ छोटे मन्दिर हैं जिन पर लिखित दो अभिलेखों में उनके निर्माणकर्ता के रूप में राजसिंह की रानियों का उल्लेख हुआ है;[16] इनमें से एक अभिलेख प्रायः नष्ट हो गया है। पहले ताखे के ऊपर नित्यविनितेश्वरम का मिलना जो कि राजा की उपाधि का परिचायक है मिलना एक उल्लेखनीय उपलब्धि है।

मन्दिर परिसर में स्थित अन्य महत्वपूर्ण अभिलेख विलुप्तप्राय कन्नारी अभिलेख है जो विक्रमादित्य सत्याश्रय श्रीपृथ्वी वल्लभ से आरम्भ होता है और इसकी चौथी पंक्ति में इस मन्दिर के लिए राजसिद्धेश्वर का उल्लेख मिलता है [17]। अन्य अभिलेख की प्राप्ति राजसिंहेश्वर मन्दिर के महामण्डप और मण्डप के स्तम्भों के मध्य हुई है और यह संस्कृत तथा तमिल भाषा में तमिल तथा ग्रन्थ लिपि में लिखित है।

कांची में कैलाशनाथ मन्दिर के निर्माण के समय ही वातापि के विध्वंस का पल्लवों से प्रतिशोध लेने के लिए चालुक्य राजा विक्रमादित्य द्वितीय ने कांचीपुरम का भी दमन करने का संकल्प किया था पर वह राजसिंहेश्वर मन्दिर के गौरवपूर्ण वैभव को देखकर उससे इतना प्रभावित हुआ कि उसने कांची को पद्धेलित करने का निश्चय त्याग दिया और इस तरह से एक शक्तिशाली राजा एक वास्तुकलात्मक कृति के आगे नतमस्तक हो गया। विक्रमादित्य द्वितीय के मन्दिर में आगमन के साक्ष्य कन्नारी अभिलेख में भी प्राप्त होते हैं।

राजसिंहेश्वर मन्दिर के आधारपटल पर बारह छन्दों में संस्कृत भाषा में लिखित राजसिंह का अभिलेख मिला है। ग्रेनाइट के खण्ड पर लिखित होने के कारण यह अभिलेख पूरी तरह से संरक्षित अवस्था में है। अभिलेख के नौंवे और ग्यारहवें छन्द में इसके निर्माणकर्ता के रूप में राजसिंह का उल्लेख मिलता है। कैलाशनाथ मन्दिर का राजसिंह का आधारपटल अभिलेख गंगा को धारण करने वाले शिव को समर्पित है। गंगा के महत्व को यहाँ शिव की जटाओं से निकलने और तीनों जगत के तड़ाग को जलाच्छादित करने के कारण स्वीकार किया गया है।

अभिलेख के अगले छन्दों में पल्लव शासकों की उपलब्धियों का विवरण प्रस्तुत किया गया है और साथ ही उनकी महानता और इतिहास का भी बखान किया गया है। अगले छन्द में राजा परमेश्वर से हुई उसकी उत्पत्ति को परमेश्वर शिव से हुई कुमार की उत्पत्ति के सदृश वर्णित किया गया है।–

सुब्रह्मण्यः कुमारो गुह इक परमादीश्वरादात्तजन्मा

इसके बाद के तीन छन्दों में उसके गौरव की पुष्टि करते हुए उसे विराट व्यक्तित्व का स्वामी बताया गया है और उसकी विभिन्न उपाधियों का विवरण प्रस्तुत किया गया है। शिव की महिमा को साहित्यगत रूप से जीवंत करते हुए इस मन्दिर को गगन का स्पर्श करने वाला और शिव का स्थाई निवास बताया गया है [19]।

कैलाशनाथ मन्दिर के आधार पर राजसिंह के व्यक्तित्व का निर्धारण :

अभिलेखों में उल्लिखित राजसिंह की उपाधियों से यह स्पष्ट हो जाता है कि वह किस कोटि के विराट व्यक्तित्व का स्वामी था। अप्रतिम सौन्दर्य (एक सुन्दर) से सम्पन्न था और उसके दर्शन मात्र से नेत्र तृप्त (नयन मनोहर) हो जाते थे। अभिलेख में उसकी तुलना उदीयमान चन्द्रमा, बसन्त ऋतु, से की गई है और उसके चलने के आकर्षक ढंग और सौम्यता की प्रशंसा की गई है (उदय चन्द्र, उदय बसन्त, जाति गम्भीर, चारू विलास)। राजसिंह के गुणों की प्रशंसा करते हुए उसके लिए गुणविनीत, गुणालय और गुणोन्नत विशेषणों का भी प्रयोग किया गया है। वह एक वृष की भान्ति (वृषभ दर्भ) अभिमानी था ओर उसके आक्रोश की अवहेलना (असह्य कोप, अवन्ध्यकोप) नहीं की जा सकती थी। वह धैर्य का सागर (धैर्य सागर) था और किसी भी चुनौती से व्याकुल (अकुतो भय्य रहित) नहीं होता था। उसके द्वारा धारण की गई अनेक उपाधियाँ उसके साहस और शौर्य प्रदर्शन के भाव (अतिरनचन्द, रणंजय, शत्रुमल्ल, महामल्ल, नरसिंह, अह्वभीम, रणविक्रम) को निर्दिष्ट करती है।

निर्धनों और निर्बल लोगों के प्रति राजसिंह के लगाव को उसके द्वारा धारित दरिद्रनुकम्पि, खिन्नानुकम्पि और अर्त्तयन उपाधियों में परिलक्षित किया जा सकता है। निर्धनता के उन्मूलन के लिए उसके द्वारा राजकोष से निर्धनों को उदारतापूर्वक दान देने की पुष्टि अभिलेख में दान वर्षा, अविरथ दान और बहु दान जैसे उद्धरणों के माध्यम से हुई है। देशवर्द्धन जैसे विशेषण और चार चक्षु के रूप में गुप्तचरों की व्यवस्था करने के आधार पर उसके राजनीतिक कौशल की देशना की जा सकती हैं धर्म विजयी, धर्म सेतु, अधर्म भिरू और दूरदर्शी विशेषणों के अभिलेख में अंकन के आधार पर यह सहजतापूर्वक आंकलन किया जा सकता है कि वह शासन को युक्तिसंगत बनाने के लिए राजनय के नैतिक और धार्मिक पहलू पर कितना अधिक बल देता था।

राजसिंह अभिलेखों में अपनी कार्यनिष्ठा और मूल्य आधारित कार्यो के लिए अद्भुतचरित, पुण्यश्लोक, उदरकीर्ति और उदरकींति जैसे

विशेषणों से अलंकृत किया गया है। मनु की ही भांति उसका जीवन भी अलौकिक आभा से ओत–प्रोत था। उसने कांची नगर के वैभव और सौन्दर्य के विस्तार के लिए अपनी संपदा का मुक्त हस्त से जनहित में व्यय किया था और अपने इस सुकृत्य के कारण वहकांची महामन और चक्रवर्ती जैसे विशेषणों के उपभोग का अधिकार रखता था।

संगीत के क्षेत्र में अपनी महारतता के कारण उसकी अपेक्षा नारद और तुम्बुरू जैसे संगीतकारों से वीणा नादर, वाद्य विद्याधर और अतोद्य तुम्बुरू से की जाती थी। संगीतकार के साथ–साथ एक कवि और साहित्यकार भी था और उसका कला के प्रति अनुराग केवल साहित्य और संगीत के क्षेत्र में ही सीमित न होकर वास्तुकला, मूर्तिकला और चित्रकला तक विस्तृत था। कला के प्रति उसके इस लगाव के कारण ही उसे कला समुद्र तथा उसके जीवंत व्यक्तित्व के कारण उत्साह नित्य और नित्य उत्साह की उपाधियों से विभूषित किया गया था। वह सदैव ही नए विचारों और प्रयोगों के प्रति उत्साहित रहता था और अपने व्यक्तित्व की परिपूर्णता से सभी को अपनी ओर आकर्षित कर लेता था। अत्यंतकर्म के रूप में वह सदैव नई उपलब्धियों की प्राप्ति के लिए सक्रिय रहता था। अपनी अपरिमित इच्छाओं के पर्यन्त भी वह अपने अभिष्ट की उपलब्धि कर लेने में सक्षम था जिस कारण उसके लिए इच्छापुरा, तृष्णापुरा और अन्त्येच्छ का प्रयोग किया जाता था।

राजसिंह अपने पूर्वज राजा महेन्द्रवर्मन से अत्यधिक प्रभावित था और इसी कारण उसने महेन्द्रवर्मन की उपाधियों से सादृश्य रखने वाली अनेक उपाधियों का व्यवहार किया था। अभिलेख में उसके द्वारा इस क्रम में महेन्द्र की पराक्रम और मट्टविलास की उपाधियों को चारू विलास तथा ललितांकुर का ललितविलास के रूप में परिष्कार किया गया है।

धर्मपरायणता और भगवान शिव के प्रति समर्पण राजसिंह के जीवन का सबसे महत्वपूर्ण पक्ष है। उसके रेयुरू ताम्र दानपत्र में उसके लिए परममहेश्वर, परमब्रहण्य, परमभागवत और शिव ब्रह्मा और विष्णु के अनुयायी होने का उल्लेख किया गया है। लेकिन तीनों देवों के प्रति उसकी आस्था के प्रकटिकरण के बाद भी उसे मुख्यतः शिव का ही अनुयायी माना जाता है क्योंकि उसने अपने लिए शंकरभक्त के व्यवहार

पर अभिलेख में उसने गर्व प्रकट किया है। आधारपटल पर अंकित अभिलेख के आधार पर यह स्पष्ट हो जाता है कि दार्शनिक रूप से उसका शैव सिद्धान्त की अनेक शाखाओं पर अधिकार था। उल्लेखनीय रूप से यह धार्मिक प्रकार के अभिलेखों के क्रम में तमिलनाडु में शैव सिद्धान्त दर्शन के विकास पर प्रकाश डालने वाला अग्रणी अभिलेख है। इस सन्दर्भ में यह एक महत्वपूर्ण तथ्य है कि राजसिंह का उल्लेख यहाँ तमिलदेश के पैंसठ प्रमुख शैव सन्तों में से एक कदावरकोन कलचिंगन के परिप्रेक्ष्य में किया गया है।

राजसिंह ने अभिलेखों की रचना शास्त्रों को दृष्टि में रखते हुए की और उसने इतिहास के प्रति अपने समर्पित रूझान को अभिव्यक्त किया। शास्त्रों के अध्ययन के प्रभाव में उसने सम्यक् कार्यों (ज्ञान चक्षु) को आकार दिया और पवित्र आचरण (आचार परा) पर बल देते हुए समय की पहचान (तत्व वेदि) की। उसने आगम प्रमाणों को अपने वास्तविक प्रणेता के रूप में स्वीकार किया।

अभिलेख और राजसिंह के कृतित्व का संयोजन :

कच्चे पलस्तर को हटाने के बाद कैलाशनाथ मन्दिर स्थित मूर्तियों को उनके वास्तविक सन्दर्भ में देखा जा सकता है। विषयों के सामूहिक अंकन और प्रवाहमान रेखाओं के प्रस्तुतिकरण को देखते हुए कलाकार की संवेदनशील दृष्टि को यहाँ सहज रूप से अन्वेषित किया जा सकता है। इन सर्जनाओं में श्रृंगार, वीरता, रौर्दता और हास्य सभी मनोभावों को सशक्त अभिव्यक्ति मिली है। इन कृतियों को देखकर इसके संरक्षक राजा के व्यक्तित्व के उन विभिन्न पहलुओं का अनुमान हो जाता है। जिनका उल्लेख अभिलेख में विविध उपाधियों के रूप में प्रायंः किया गया है।

कलात्मक रूप से राजसिंह को अत्यन्त प्रिय शिव के ओजपूर्ण संहार–ताण्डव का इन मूर्तियों में प्रमुखता से प्रतिमांकन किया गया है। शिव को यहाँ अपने चारों ओर भुजाओं को गतिबद्ध रूप से नृत्यकला में अभिव्यक्त करते हुए साकार किया गया है नृत्यमुद्रा के कारण उनके शरीर के अंगों का जिस रूप में अंकन हुआ है उसमें सर्वत्र कलात्मक लयबद्धता की उत्कृष्ट प्रवृत्ति चिन्हित होती है। इस मूर्ति को देखकर राजसिंह द्वारा

इस मन्दिर को अत्यद्भुत कहने का निहितार्थ स्पष्ट हो जाता हैं मन्दिर में पौराणिक गाथाओं को जिस तरह से विवरणात्मकता के साथ प्रस्तुत किया गया है उसके आधार पर राजसिंह द्वारा अपने लिए इतिहास प्रिय विशेषण का प्रयोग करना समुचित जान पड़ता है। वशीपद तथा परवार देवों के अंकन को देखकर उसके द्वारा आगमप्रमाण उपाधि के प्रयोग को स्पष्ट किया जा सकता है। उसके द्वारा नित्योत्साह विशेषण के लेखन के मन्तव्य को मन्दिर के आधार पर आनन्दभाव में मग्न बौने गणों को देखकर लगाया जा सकता है।

अर्जुन के साथ लड़ते हुए किरात के अंकन में संघर्ष के दृश्य के उत्कृष्ट कलांकन को देखा जा सकता है। राजसिंह ने इस अंकन में अपनी परिकल्पना अर्जुन के रूप में युद्धार्जुन और संहार–धनंजय की अवधारणा के वशीभूत की।

स्मारक के दक्षिणी–पश्चिमी भित्ति के पार्श्व में ओठों पर आकर्षक मुस्कान लिए हुए भिक्षुवृत्ति करते अंकित किया गया है। आराध्य देवता के साथ में प्रसन्नमुद्रा में ऋषिपत्नियाँ उत्कीर्णित हैं जो मुग्ध भाव से शिव को निहार रही है। इस मूर्ति को राजसिंह द्वारा स्वंय को नयन मनोहर या कमल ललित कहे जाने के परिप्रेक्ष्य में ग्रहण किया जा सकता है। राजसिंह के लिए अभिलेख में कहा गया है कि वह अपनी मनोहारी मुस्कान से मन्मथ की तरह सुन्दरियों को आकर्षित कर लेता था (कलचतुर योशितम रहसि रंजने मन्मथ) [20]। स्मारक की पिछली भित्ति पर शिव को हाथ में वीणा धारण किए हुए प्रदर्शित किया गया है जो अभिलेख में उसके लिए उपमेय वीणा नारद, वाद्य विद्याधर और अतोद्य तुम्बुरू के अनुकूल प्रस्तुत होता है।

राजसिंह की इस अभिलेख लेखन परम्परा का निर्वाह उसके पुत्र महेन्द्र के अभिलेख में भी मिलता है जहाँ वह राजसिंह को पृथ्वी पर कृत युग का सूत्रपात करने वाला घोषित करता है [21]। इस तरह से यह स्पष्ट हो जाता है कि कैलाशनाथ मन्दिर को केवल राजकीय मन्दिर न मानते हुए इसे इसके राजकीय संरक्षक राजसिंह के व्यक्तित्व, आकांक्षाओं और उपलब्धियों के सन्दर्भ स्रोत के रूप में भी ग्रहण किया जा सकता है।

सन्दर्भ

1. ए0 री द्वारा 1909 में इस आकृति के लिए जिमूतकेतु का प्रयोग किया गया
2. साउथ इण्डियन इन्स्क्रिप्शन्स भाग–1, सं0–28
3. 'वही' सं0 29
4. 'वही' सं0 30
5. गोपीनाथ राव "वृश्चिकं चरणंकृत्वा पादस्यांग ष्टकेक तु।
   ललाटे तिलकं कुर्यातललाट तिलकं तु तत्।।"
6. वासुदेव शरण अग्रवालः 'देवी महात्यम्'
   'बलाबले पाद दृष्टेत्वं मा दुर्गे गर्वमावह।
   अन्यासां बलमात्रित्त्य युद्धयसे याऽतिनी'।।
   एकैवाहूं जगतयत्र द्विवतीया का ममापरा।
   पश्यैता दृष्टमययेव विश्न्त्थो मद्विभूतयः।।
   ततः समस्तास्ता देवयो ब्राह्मणीप्रमुखालयम्।
   तस्य देव्यास्तनौ जम्मुरेकेवासीतदाम्बिका।।
   अहं विभूत्या सुभिरिह रूपैर्यदा स्थिता।
   तत्सह्रतं मयैकैव तिठ्ठाम्याजौ स्थिरा भव।।
   पृ0 122–23
7. जे0एन0 बनर्जी, "द डेवलपमैण्ड ऑफ हिन्दू आइकनोग्राफी" :
   पृ0 271–72
8. वा0श0 अग्रवाल, देवीमहात्म्य 8 : 3
   'यस्य देवस्य यदूपं यथा भूषण वाहनम्।
   तद्वदेव द्वि तच्छलि रसुरान् योद्धुमायय।।'
9. वहीं 8 : 22 'ततो देवी शरीरात्त विनिष्क्रान्तति भीषणा।
   चण्डिका शक्ति रत्युग्रा शिवाशतनिनादिनी।।'
10. 'वहीं' 8 : 22 'यस्माच्चण्डं च मुण्डं च गृहीत्वात्वमुपागता।'
    चामुण्डो ततो लोके ख्याता देवी भविष्यति।।
11. जे0एन0 बनर्जी, वही : पृ0 178

12. ई0 हुल्त्ज़, 'साउथ इण्डियन इन्स्क्रिप्शन्स, भाग–1' : अभिलेख संख्या – 24, पृ0– 13

नयोर्ज्जितपराक्रमार्ज्जितमनेन सर्व्वअगत्रयेण
हतकण्टकं प्रणतराजकं भुनता
यशः सदृशमान्मनो भवनमेतदुत्यापितं
हरस्य हरहाररूपमतिमानमत्यत्त्युतम्।।

13. ई0 हुल्तज़, 'साउथ इण्डियन इन्स्क्रिप्शन्स् भाग–1'; पृ09

14. वही, अ0सं0 25

15. वही, अ0सं0 27

16. वही, अ0सं0 29 एवं 30

17. वही, अ0सं0 28

18. वही, अ0सं0 157

19. वही, अ0सं0 12–14, अ0सं0 24

20. वही, अ0सं0 24

"शैले कैलासलीलामपहरति गृहे राजसिंहश्वराख्यां
बिभ्रत्य भ्रलिहाग्रे विरचयतु सदा सन्निधानं वृषांक।।"

21. बी0बी0देसाई, 'रेयुरू कॉपर प्लेट' एपिग्राफिका इण्डिका, भाग–29'; पृ0 77–97

22. ई0 हुल्त्ज़, 'साउथ इण्डियन इन्स्क्रिप्शन्स् भाग–1'; अ0 सं0–24

23. वही, अ0सं0 27 "कृतयुगम अपवम निर्माणो"

सन्दर्भ ग्रन्थ

क) मूल ग्रन्थ सूची

1. ऋृग्वेद का ऐतरेय ब्राह्मण–खण्ड–2, अंग्रेजी अनुवाद मार्टिन होग, दिल्ली। वाराणसी, भारतीय पब्लिशिंग हाउस, 1976.77
2. देवी भागवत पुराण– श्री वेंकटेश्वर स्टीम प्रेस, बंबई सं0 1982
3. प्रतिमालक्षणम्– भारतीय वास्तुशास्त्र, ग्रंथ–4, भाग 2), सं0डी0 एन0 शुक्ला, लखनऊ, सं0 2014
4. भागवतपुराण– (दो खण्ड) गीता प्रेस, गोरखपुर, सं0 2018
5. महाभारत (व्यासकृत), क्रिटिकल एडिशन, पूना, अंग्रेजी अनु0 प्रतापचन्द्र राय, कलकता
6. रामायण– (बाल्मीकि कृत) सं0 नाराण स्वामी, मद्रास, 1933, सं0 एच0 पी0 शास्त्री, लन्दन, 1950–55, वासुदेवाचार्य (सं0 1902), गीताप्रेस, गोरखपुर
7. वास्तुविद्या– (विश्वकर्मा कृत), दीपार्णव (सं0 प्रभाशंकर ओघडभाई सोमपुरा, पलिताणा, 1960) का 22 वां अध्याय
8. शिलप्पादिकारम– अनुवादक वी0 आर0 रामचन्द्र दीक्षितार, दिल्ली, आक्सफोर्ड युनिवर्सिटी प्रेस, 1939
9. देवीमाहतम्य या श्रीदुर्गासप्तशती, अनुवादक स्वामी जगदीश्वनंद, मद्रास, श्री रामकृष्ण मठ, 1955
10. कालिदास कृत कुमारसंभव अंग्रेजी अनुवाद सी0 आर0 देवधर, दिल्ली, मोतीलाल बनारसी दास, 1985

11. मनिमेखलई– अनुवादक डॉ0 प्रेमानंदकुमार, तंजावुर, तमिल युनिर्वसिटी, 1989
12. चेक्किलर कृत पेरियपुराणम्, खण्ड–2, अनुवादक टी0 एन0 रामचंद्रन, तंजावुर, तमिल यूनिर्वसिटी, 1990
13. कालिदास कृत रघुवंश– अंग्रेजी अनुवाद सी0 आर0 देवधर, दिल्ली, मोतीलाल बनारसीदास, 1985
15. शिवपुराण (शिवमहापुराण), खण्ड–2, दिल्ली, नाग पब्लिर्शस, 1986

ख) आधुनिक ग्रन्थ एवं लेख सूची

1. अग्रवाल वासुदेवशरण– इण्डियन आर्ट, वाराणसी, 1965 / स्टडीज इन इण्डियन आर्ट, वाराणसी, 1965
2. आर0 गोपालन 'पल्लवाज ऑव कॉची (मद्रास, 1928)
3. आचार्य पी0 के0 'ए डिक्शनरी ऑफ हिन्दू आर्किटेक्चर' 'इण्डियन आर्किटेक्चर एकार्डिगड मानसार शिल्पशास्त्र, ओक्सर्फोड, 1921
4. आर0 जी0 भंडारकर, ''अर्ली हिस्ट्री ऑफ दि डेक्कन' ''वैणाविजम, शैविज्म, ऐंड माइनर रेलिजस सिस्टम्स''
5. अय्यर, के0 वी0 – 'इण्डियन आर्ट ए शोर्ट इन्ट्रोडक्शन 1958
6. अजित मुकर्जी 'दि स्पिरिट ऑफ दि मेडिकल आर्ट ऑफ इण्डिया', रूपलेखा, खण्ड–26, अंक 2, 1925 पृ0 75–77
7. आनन्द प्रकाश श्रीवास्तव एलोरा की ब्राह्मण देव प्रतिमाएँ, इलाहाबाद 1988
8. आर0 एस0 गुप्ते एवं बी0 डी0 – अजन्ता, एलोरा एवं औरंगाबाद केब्स, बम्बई 1962
9. उपाध्याय वासुदेव– प्राचीन भारतीय स्तूप, गुहा एवं मन्दिर, बिहार हिन्दी ग्रन्थ अकादमी, पटना, 1972
10. ए0 एस0 अल्तेफर– ''राष्ट्रकूटास एण्ड देअर टाइम्स''
11. ए0 एच0 लांगहस्ट– ''महाबलिपुरम स्कल्पचर्स'', मेमॉयर्स ऑव दि आर्कियोलॉजिकल सर्वे ऑफ इण्डिया, 1930
12. एन0 एल0 एन0 राव– ''दि चालूक्याज ऑफ वादामों'', महाराष्ट्र स्टेट गजेटियर, हिस्ट्री भाग–1, बम्बई, 1967, पृ0 201–231

13. एम0 के0 धवलीकर– मास्टरपीसेज ऑव राष्ट्रकूट आर्ट, दि कैलाश, बम्बई, 1983

14. एल0 केड्रिक– इण्डियन टेम्पुल एण्ड स्कल्पचर्स, लंदन, 1912

15. एस0 आर0 बालसुब्रहमण्यम– 1–मिडिल चोल टेम्पुल, फरीदाबाद, 1975

2– अर्ली चोल आर्ट, भाग–1, बम्बई, 1966

16. एस0 केमैली–

1– मास्टरपीसेज ऑव होयसल आर्ट, हलेबिड, बेलूर, सोमनाथ पुर, बम्बई, 1978

2– मास्टरपीसेज ऑव पल्लव आर्ठ, बम्बई, 1982

17. ओ0 सी0 गांगुली–

1–दि आर्ट ऑफ दि पल्लवज, कलकत्ता, इलाहाबाद, बम्बई, 1957

2– दि आर्ट ऑव राष्ट्रकूटज, कलकत्ता, 1958

18. के0 आर0 श्रीनिवासन– 'केव टेम्पुल्स ऑव पल्लवज, दिल्ली, 1964

19. के0 ए0 नीलकांत शास्त्री– ''दि चालुक्याज ऑव बादामी'' ''दि अर्ली हिस्ट्री द दकन'', भाग–1–4, सं0 जीवयाजदानी, आक्सफोर्ड, 1960, पृ0 201–232

''ए0 हिस्ट्री ऑव साउथ इण्डिया'' आक्सफोर्ड यूनिर्वसिटी प्रेस

20. के0 ए0 एन0 शास्त्री– 'पाण्डेय किंगडम (लंदन 1929) 'चोलाज, वालूम्स प्रथम, एण्ड द्वितीय मद्रास, 1935, 1937, सेकेंड एडिशन 1955

21. कुमारस्वामी ए0 के0– 'हिस्ट्री ऑव इण्डियन एण्उ इण्डोनेशियन आर्ट, लंदन, 1927

'दि डांस ऑफ शिवः फोर्टीन एसेज् न्यूयार्क, 1918

22. गोयेटसज, एच0 – 'इण्डिया, फाइव थाइजेंड इयर्स ऑव इण्डियन आर्ट, लंदन, 1951

23. जीमर एच0– दि आर्ट ऑफ इण्डियन् एशिया, इट्स माइथोलोजी एण्ड ट्रांसफारमेशन, शजिल्द, न्यूयार्क, 1955

24. जे0 एर0 बनर्जी– डेवलपमेन्ट ऑफ हिन्दू आइकनोग्राफी द्वितीय संस्करण, कलकत्ता, 1956

25. जे0 डी0 रम0 डेरेड– 'दी होयसल्स' (ऑक्सफोर्ड यूनिवर्सिटी प्रेस), 1957

26. जे0 बर्जेस–
    1. 'रिर्पोट आन दि एलोरा केव डेम्पुल्स', आर्कियोलॉजिकल सर्वे ऑफ इण्डिया, न्यूइम्पीरियल सिरीज, खण्ड–5, लंदन, 1883
    2. 'एन्शियन्ट मान्युमेन्ट्स, टेम्पुल्स एण्ड स्कल्पचर्स ऑव इण्डिया, खण्ड–2, लंदन, 1897

27. ठाकुर उपेन्द्र– सम एसपेक्टस् ऑफ एंशियंट हिस्ट्री एण्ड कल्चर, दिल्ली, 1974

28. डुब्रेल जे0– आइकोनोग्राफी ऑव सदर्न इण्डिया (ए0सी0 मार्टिन द्वारा फ्रेंच से अनूदित), पेरिस, 1937

29. उगलस बैरेट– "दि डांसिग शिव इन अर्ली इण्डियन आर्ट", दि ब्रिटिश अकादमी लंदन, 1963

30. फर्ग्यूसन जे0 – हैण्डबुक ऑफ आर्किटेक्चर, लंदन, 1955, "हिस्ट्री ऑफ इण्डियन एण्ड इस्टर्न आर्किटेक्चर, शजिल्द (जे0 बर्गेस ऑर आर0 पी0 स्पायर्स द्वारा संशोधित एवं सम्पादित, दिल्ली, 1967

31. फ्रेडिरिक एल0 – इण्डियन टेम्पल्स एण्ड स्कल्पचर्स, लंदन, 1959

32. फ्रेब्रिक चार्ल्स– ऐन इन्ट्रोडक्शन टू इण्डियन आर्किटेक्चर, बम्बई, 1963

33. बर्गेस, जे0 – एंशिएंट मान्युमेन्टस, टेमपल्स एण्ड स्कल्पचर्स ऑफ इण्डिया शजिल्द, लन्दन, 1897

34. रैप्सन, ई0 जे0 – (स0) दि कैम्ब्रिज हिस्ट्री ऑफ इण्डिया, भाग–1, कैम्ब्रिज, 1922

35. रौलैंड, बी0 – दि आर्ट एंड आर्किटेक्चर ऑव इण्डिया, लन्दन, 1953

36. हैवेल, इ0 बी0 –
    1. इण्डियन स्कल्पचर्स एंड पेंटिग (द्वि0 सं0), लन्दन, 1928 / ए60
    2. हैन्डबुक ऑफ इण्डियन आर्ट, लन्दन, 1920
    3. दि आइडियल्स ऑव इण्डियन आर्ट, लन्दन, 1920

4. दि एंशिएंट एण्ड मिडिवियल आर्किटेक्चर ऑफ इंडिया, लन्दन, 1915.

37. अय्यर, वी0वेंकटसुब्बा (सं), 'साउथ इण्डियन इन्स्क्रिप्शन्स् भाग–12': मद्रास, 1943

38. अग्रवाल, वा0श, 'देवी महात्म्यम्' : वाराणसी, 1963

39. बनर्जी, जे0एन, 'डेवलपमेंट ऑफ हिन्दू आइकनोग्राफी' : कलकत्ता, 1956

40. गांगुली, ओ0सी, 'द आर्ट ऑफ पल्लवस्' : कलकल्ला, 1957

41. गोपीनाथ राव, 'द एलीमेण्ट्स ऑफ हिन्दू आइकनोग्राफी' 2 भाग

42. हुल्त्ज़, ई, 'साउथ इण्डियन इन्स्क्रिप्शन्स् भाग–12' : मद्रास, 1790
– 'इन्स्क्रिप्शन्स् ऑफ पल्लव डायनेस्टी' : मद्रास, 1916

43. हण्टिंगटन, एस, 'द आर्ट ऑफ एंशिएण्ट इण्डिया–बुद्धिस्ट, हिन्दू, जैन' : टोक्यो, 1985

44. दुब्रियल, जे, 'पल्लव एण्टिक्विटिज़' : लन्दन, 1916

45. क्रैमरिश़, एस, 'द आर्ट ऑफ इण्डिया' : लन्दन, 1955

46. लॉगहर्स्ट, ए0एच, 'पल्लव आर्किटेक्चर भाग 1' : शिमला, 1924
– 'पल्लव आर्किटैक्चर भाग2' : कलकत्ता, 1930

47. महालिंगम, टी0वी, 'कांचीपुरम इन अर्ली साउथ इण्डियन हिस्ट्री' : बम्बई, 1969

48. मिशेल, जी, 'द पैंग्युइन गाइड टू द मॉन्युमैण्ट्स ऑफ इण्डिया बुद्धिस्ट, जैन, हिन्दू' : न्यूयॉर्क, 1989

49. नागस्वामी, आर, 'इनोवेटिव एम्पेरर एण्ड हिस पर्सनल चैपेल एर्थ सैन्चुरी कांचीपुरम–रॉयल पैटरॉन्स् एण्ड ग्रेट टैम्पिल आर्ट' : बम्बई (मार्ग प्रकाशन), 1988

50. पर्सी ब्राउन, 'इण्डियन आर्किटैक्चर बुद्धिस्ट एण्ड हिन्दू' : बम्बई, 1956

51. री, ए, 'पल्लव आर्किटैक्चर' : मद्रास, 1909

52. शिवराममूर्ति, सी, 'साउथ इण्डियन पेंटिंग्स्' : दिल्ली, 1968

53. श्रीनिवासन, के0आर0, 'पल्लव आर्किटैक्चर ऑफ साउथ इण्डिया–एंशियण्ट इण्डिया 14' : नई दिल्ली, 1948

– 'टैम्पिल्स् ऑफ लेटर पल्लव्स् – स्टडिज़ इन इण्डियन टैम्पिल आर्किटैक्चर' : नई दिल्ली 1954

– 'पल्लव्स् ऑफ कांची– फेस 1–2' : एन्साइक्लॉपिडिया ऑफ इण्डियन टैम्पिल आर्किटैक्चर'

54. हेनरिक, जेड, 'मिथ्स् एण्ड सिम्बल्स इन इण्डियन आर्ट एण्ड सिविलाइजेशन' : न्यूयॉर्क, 1962
54. राजेश्वरी, डी0आर, 'द पल्लव स्कल्पचर' : दिल्ली : 1988
56. हार्ले, जे0सी, 'टैम्पिल गेटवेस इन साउथ इण्डिया' : नई दिल्ली, 1963
57. टोमारी, ए, 'ए हिस्ट्री ऑफ फाइन आर्ट्स इन इण्डिया एण्ड वेस्ट' : दिल्ली, 1982
58. गुप्ता, पी0एल, 'भारतीय वास्तुकला' : वाराणसी, 1989
59. सिन्हा, के0 और दिनेश चन्द्र, 'भारतीय प्रतिमा विज्ञान' : नई दिल्ली, 1990
60. श्रीवास्तव, के0सी, 'प्राचीन भारत का इतिहास' : इलाहाबाद : 1998
61. गुप्ते, आर0एस0, 'आइकनोग्राफी ऑफ हिन्दूस', बुद्धिस्ट्स एण्ड जैन्स्: बम्बई : 1980
62. गुप्ता, ए0के और वी0 रामासुब्रमण्यम, 'म्यूरल पेण्टिंग्स ऑफ कैलाशनाथ टैम्पिल – साउथ इण्डियन स्टडिज़' : मद्रास 1979
63. वेंकटरामन– के0 आर0 'होयसलस इन द तमिल कंट्री
64. विद्या प्रकाश– कॉइनेज ऑव साउथ इण्डिया' वाराणसी, 1968
65. याजदानी, जी0– अर्ली हिस्ट्री ऑव द दक्कन, खण्ड–1, लन्दन 1960

शोध प्रत्रिकाएँ

1. एनुअल रिर्पोट ऑव साउथ इण्डियन एपिग्राफी
2. अड्यार लायब्रेरी बुलेटिन
3. आर्कियोलाजिकल सर्वे ऑव इण्डिया, एनुउल रिर्पोट
4. एपिग्राफिका इण्डिया
5. इण्डियन हिस्टोरिकल रिव्यु

6. जर्नल ऑव दि एपिग्राफिकल सोसायटी
7. जर्नल ऑव इण्डियन हिस्ट्री
8. जर्नल ऑव द ओरिएण्टल रिर्सच, मद्रास
9. जर्नल ऑव द न्यूमिस्मेटिक सोसायटी ऑव इण्डिया
10. पुरातत्व
11. पुराणम्

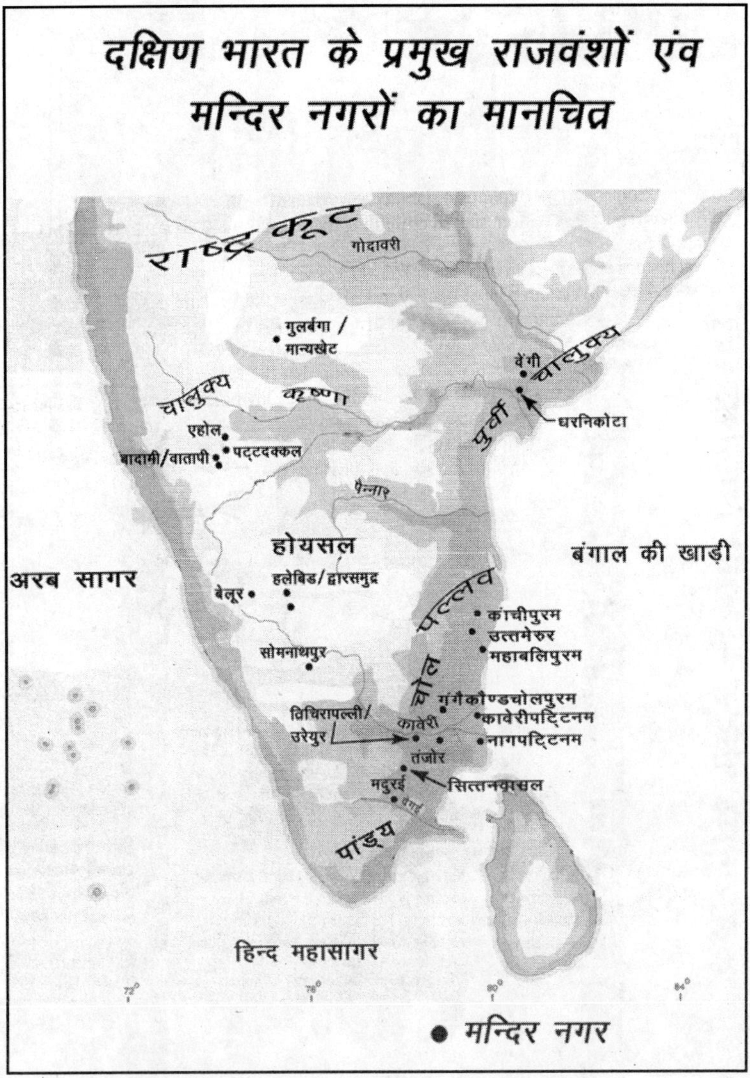

आकृति 1: दक्षिण भारत के प्रमुख राजवंशों एवं मन्दिर नगरों का मानचित्र

कैलाशनाथ मन्दिर – कांची (राजसिंहेश्वर)

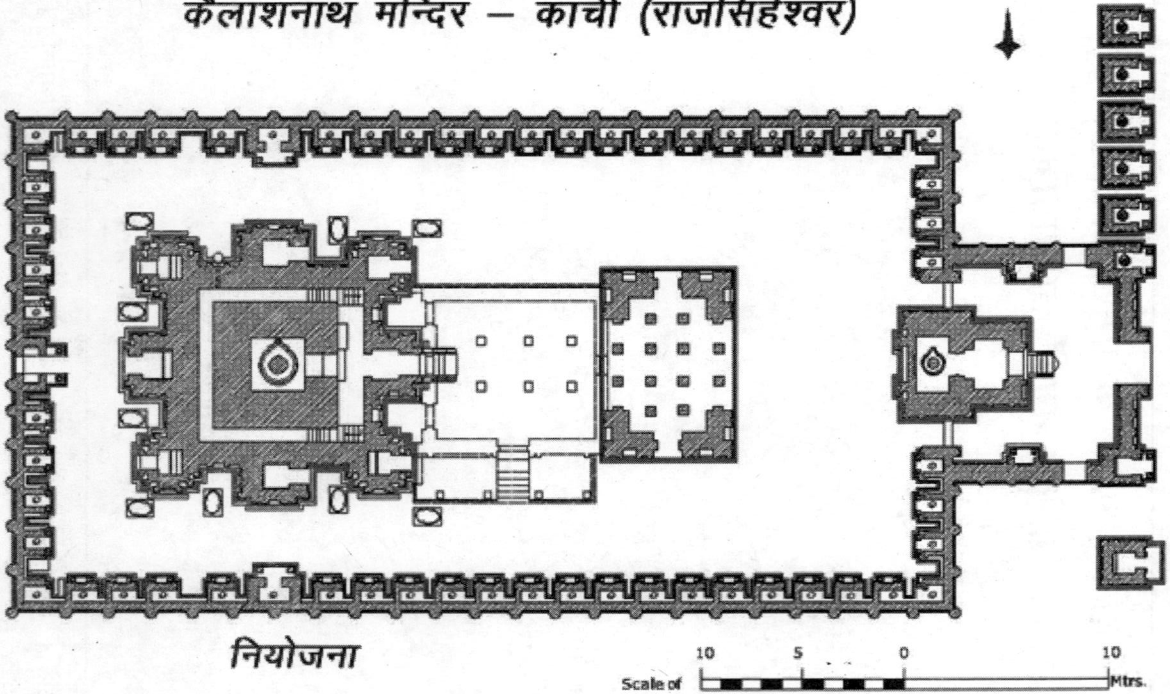

आकृति 2: कैलाशनाथ मन्दिर की नियोजना

कैलाशनाथ मन्दिर – कांची (राजसिंहेश्वर)

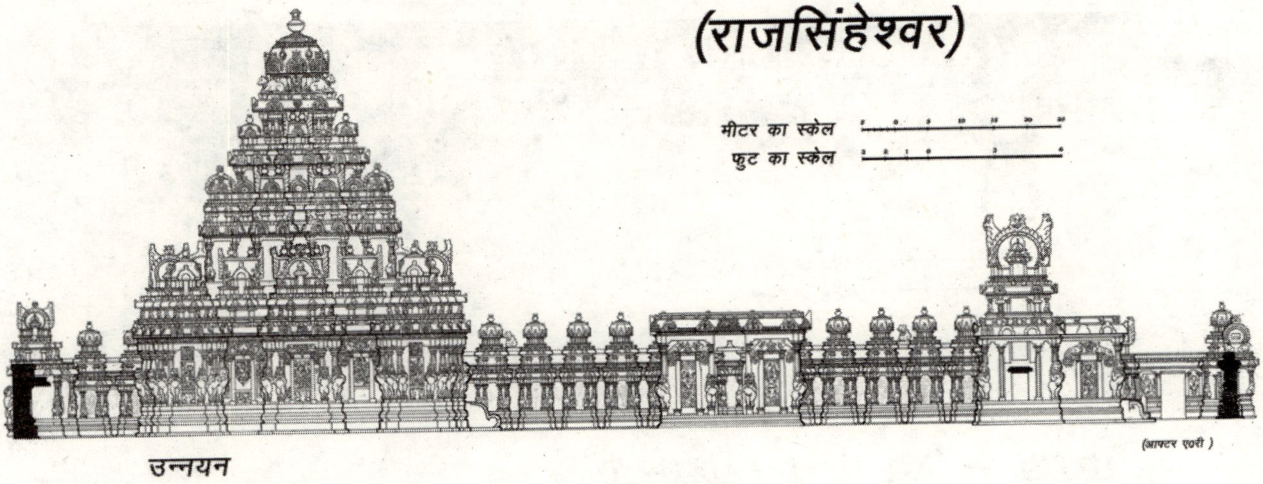

आकृति 3: कैलाशनाथ मन्दिर का उन्नयन

कैलाशनाथ मन्दिर – कांची (राजसिंहेश्वर)

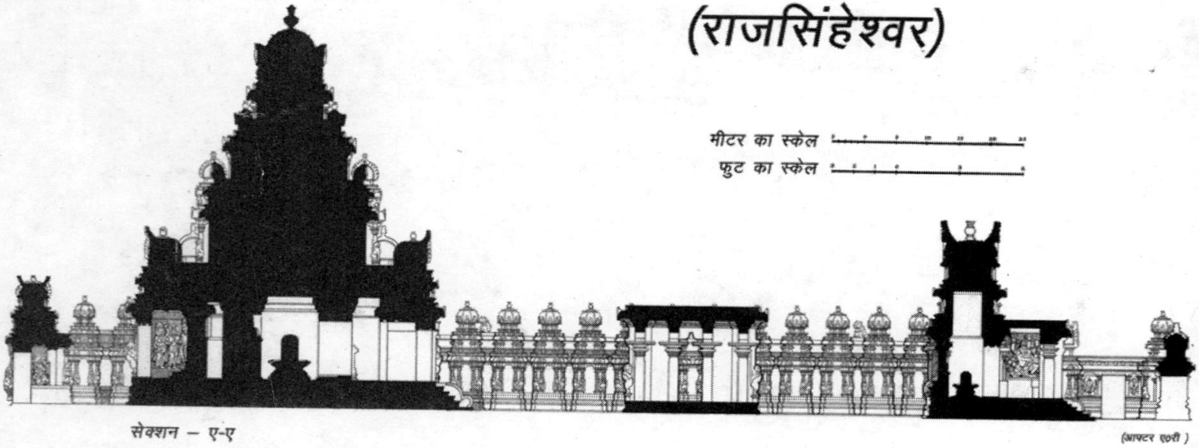

आकृति 4: कैलाशनाथ मन्दिर का सैक्शन

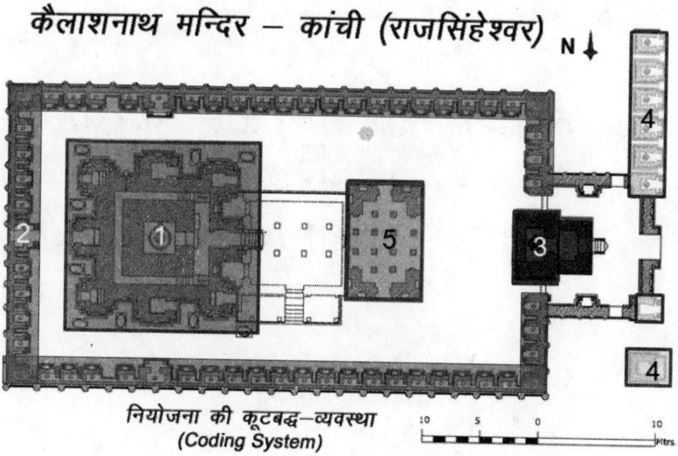

आकृति 5: कैलाशनाथ मन्दिर नियोजना की कूटबद्ध'–व्यवस्था

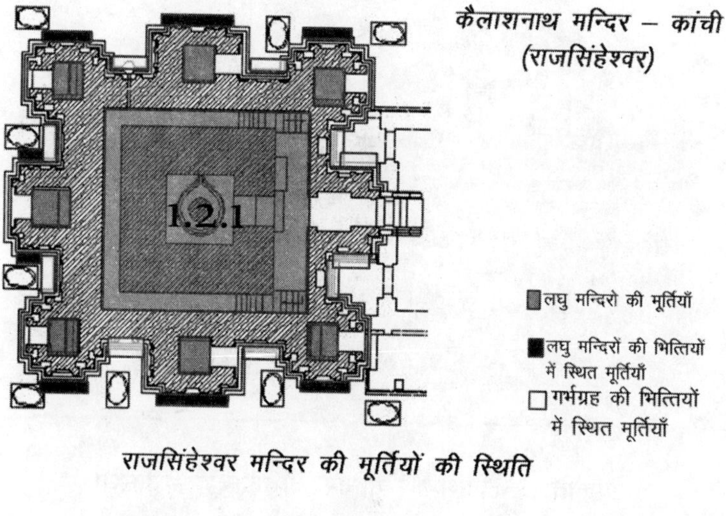

आकृति 6: कैलाशनाथ मन्दिर की मूर्तियों की स्थिति

कैलाशनाथ मन्दिर – कांची
(राजसिंहेश्वर)
की कूटबद्ध–व्यवस्था (Coding System)

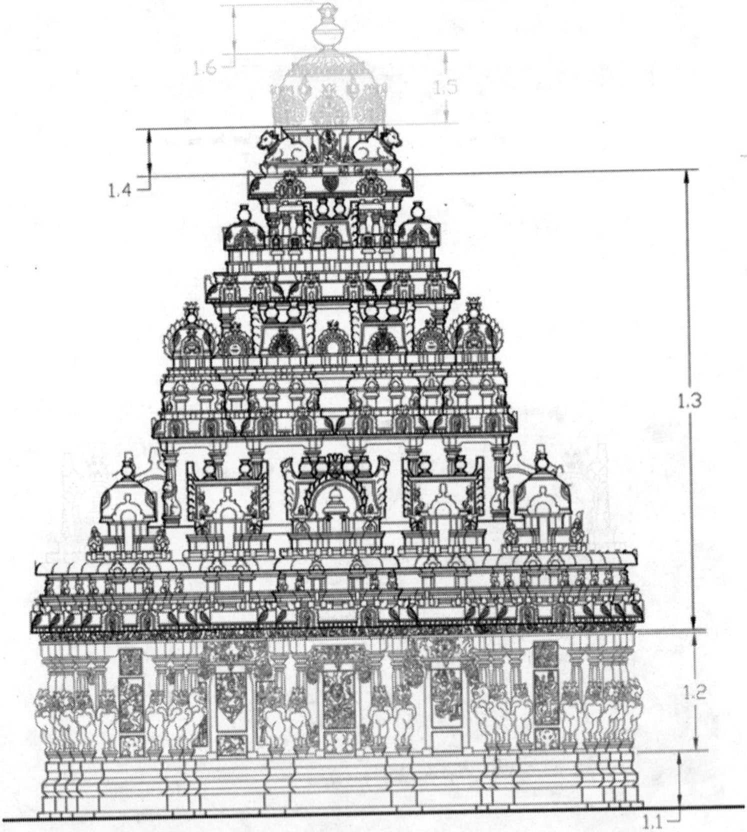

आकृति 7: कैलाशनाथ मन्दिर की कूटबद्ध'–व्यवस्था

अनुक्रमणिका

ख

ग

श

फलक 05.1.1: गुहा मन्दिर सं0 3, बादामी, पश्चिमी चालुक्य

फलक 05.1.2: चर्तुभुज शिव, गुहा मन्दिर सं0 1 बादामी, पश्चिमी चालुक्य

फलक 05.1.3: दसभुज शिव, रावण पहाड़ी गुहा, एहोल, पश्चिमी चालुक्य

फलक 05.1.4: विरुपाक्ष मन्दिर, पट्टदक्कल, पश्चिमी चालुक्य

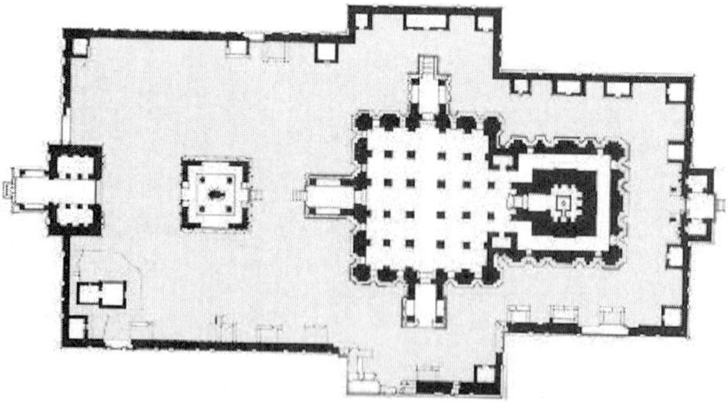

फलक 05.1.4a: विरुपाक्ष मन्दिर की नियोजना
(जार्ज मिशेल द हिन्दु टेम्पल') पट्टदक्कल, पश्चिमी चालुक्य

फलक 05.1.5:
संगमेश्वर मन्दिर,
सामान्य दृश्य,
पट्टदक्कल, पश्चिमी
चालुक्य

फलक 05.2.1:
लक्षिता गुहा मन्दिर,
मंडगपट्टू, विलुपुरम,
पल्लव

फलक 05.2.2:
ललितांकुर गुहा मन्दिर,
त्रिचिरापल्ली, पल्लव

फलक 05.2.3: अपूर्ण गुहा मन्दिर–4, ममण्डुर, तिरुवनामलई,पल्लव

फलक 05.2.4: कलमंडपम् गुहा मन्दिर, कुरिंगनिलमुट्टम, तिरुवनामलई, पल्लव

फलक 05.2.5: महेन्द्र विष्णु गुहा मन्दिर, महेन्द्रवाडि, पल्लव

फलक 05.2.6: कोटिकल मण्डपम्, गुहा मन्दिर, महाबलिपुरम, पल्लव

फलक 05.2.7: अतिरंचद गुहा मन्दिर, सालुवनकुप्पम, पल्लव

फलक 05.2.8: त्रिमूर्ति गुहा मन्दिर, महाबलिपुरम, पल्लव

फलक 05.2.9: वराह मण्डपम् गुहा मन्दिर, महाबलिपुरम, पल्लव

फलक 05.2.10: पंच–पांडव रथ, महाबलिपुरम, पल्लव

फलक 05.2.11: गणेश रथ, महाबलिपुरम, पल्लव

फलक 05.2.12: सुब्रहमण्य मन्दिर, सालुवनकुप्पन, पल्लवों के पूर्व

फलक 05.2.13: मुकुन्दनायनार मन्दिर, महाबलिपुरम, पल्लव

फलक 05.2.14: ऐरावतेश्वरा मन्दिर, कांचीपुरम, पल्लव

फलक 05.2.15: मतंगेश्वरा मन्दिर, कांचीपुरम, पल्लव

फलक 05.2.16: मुकतेश्वरा मन्दिर, कांचीपुरम, पल्लव

फलक 05.2.17: पिरावतनेश्वरा मन्दिर, कांचीपुरम, पल्लव

फलक 05.2.18: शोर मन्दिर, महाबलिपुरम, पल्लव

फलक 05.2.19: वैकुण्ठ पेरुमल मन्दिर, कांचीपुरम, पल्लव

फलक 05.3.1: बृहदश्विर मन्दिर, तंजोर, चोल

फलक 05.3.2: बृहदश्विर मन्दिर, गंगैकोण्डचोलपुरम, चोल

फलक 05.3.3: ऐरावतेश्वर मन्दिर, दारासुरम, चोल

फलक 05.3.4: जवाहरकेश्वर मन्दिर, कांचीपुरम, चोल

फलक 05.4.1: नटराज मन्दिर, चिदम्बरम, पाण्ड्य

फलक 05.4.2: श्रीरंगम् मन्दिर गोपुरम्, श्रीरंगम

फलक 05.5.1: कैलाश मन्दिर, गुहा सं016, एलोरा, राष्ट्रकूट

फलक 05.5.2: कैलाश मन्दिर, गुहा सं016, एलोरा, राष्ट्रकूट

फलक 05.6.1: चिन्नकेशवा मन्दिर, सोमनाथपुरा होयसल

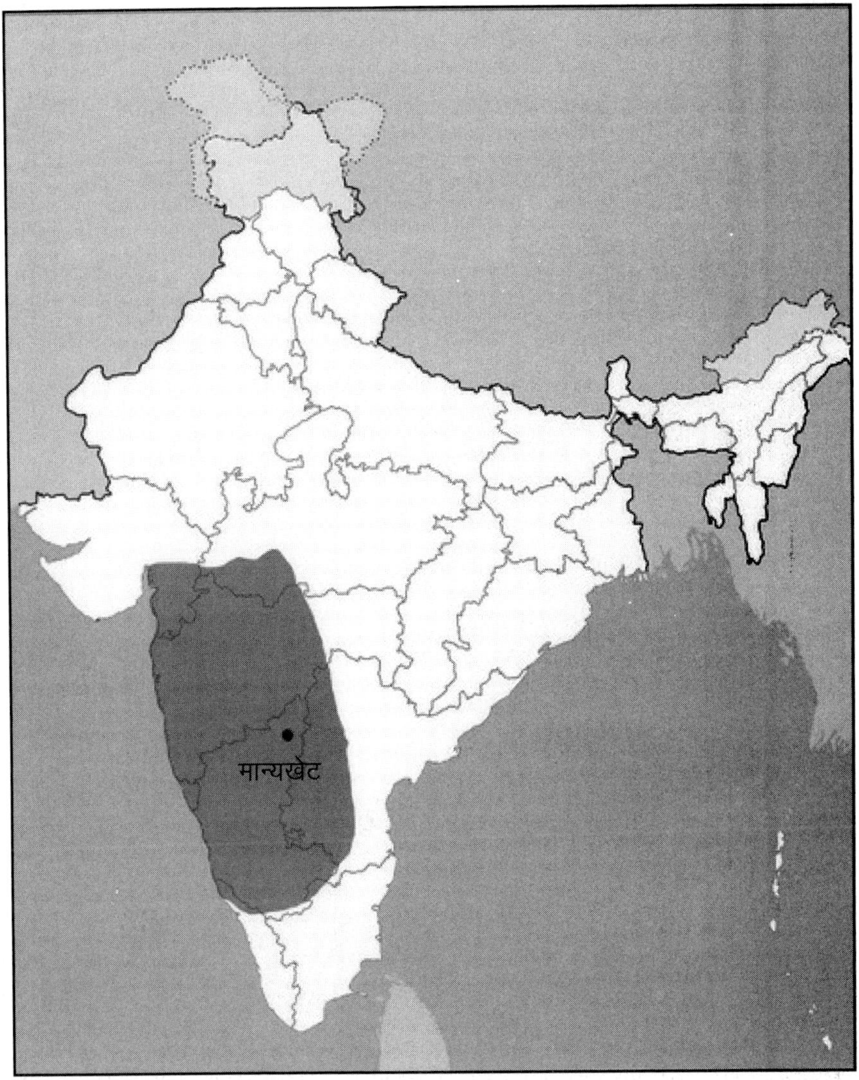

फलक 05.5.3: मानचित्र, राष्ट्रकूट– राज्य सीमा

फलक 05.6.2: विमान का विहंगम दृश्य, चिन्नकेशवा मन्दिर, सोमनाथपुरा होयसल

फलक 05.6.3: लक्ष्मीनारायण मन्दिर, सोमनाथपुरा होयसल

फलक 06.1: कैलाशनाथ मन्दिर का सामान्य दृश्य (पूर्व दिशा से)

फलक 06.0.2: कैलाशनाथ मन्दिर का सामान्य दृश्य (दक्षिण–पूर्व दिशा से)

फलक 06.1.a: राजसिंहेश्वर मन्दिर का सामान्य दृश्य (उत्तरी –पूर्व दिशा से)

फलक 06.1.b: राजसिंहेश्वर मन्दिर का सामान्य दृश्य (दक्षिण –पूर्व दिशा से)

फलक 06.1.c: राजसिंहेश्वर मन्दिर का उन्नयन दृश्य (उत्तर–पश्चिम दिशा से)

फलक 06.3.1: महेन्द्रवर्मनेश्वर मन्दिर का उन्नयन दृश्य (पश्चिम दिशा से)

फलक 06.3.2.1: महेन्द्रवर्मनेश्वर मन्दिर–गर्भगृह मे शिवलिंग व पार्श्व में सोमस्कन्द

फलक 06.3.2.1: महेन्द्रवर्मनेश्वर मन्दिर गर्भगृह – पार्श्व में सोमस्कन्द

फलक 06.3.2.2: महेन्द्रवर्मनेश्वर मन्दिर – उर्ध्व ताण्डव, अन्तराल मे उत्तरी कोष्ठ के अन्दर

फलक 06.3.2.3: महेन्द्रवर्मनेश्वर मन्दिर – भिक्षाटन मूर्ति, अनतराल में दक्षिणी कोष्ठ के अन्दर

फलक 06.3.2.4: महेन्द्रवर्मनेश्वर मन्दिर – व्याख्यान दक्षिणा मूर्ति, दक्षिणी **बाह्य** कोष्ठ के अन्दर

फलक 06.3.2.6: महेन्द्रवर्मनेश्वर मन्दिर – अष्टभुजी शिव, उत्तर **बाह्य** कोष्ठ के अन्दर

फलक 06.3.2.5: महेन्द्रवर्मनेश्वर मन्दिर – चाँवरधारणीयों के साथ छत्र के नीचे बैठे हुए शिव और पार्वती, पश्चिम **बाह्य** कोष्ठ के अन्दर

फलक 06.4.A2.1: प्रवेशद्वार पर स्थित 1ला लघु मन्दिर – सोमस्कन्द मूर्ति बैठे हुए शिव और पार्वती तथा गोद में शिशु स्कन्द, मूर्ति के ऊपर चित्रकला के साक्ष्य

फलक 06.4.0.1: कैलाशनाथ मन्दिर, प्रवेशद्वार पर स्थित आठ लघु मन्दिर – सामान्य दृश्य (दक्षिण –पूर्व दिशा से)

फलक 06.4.0.2: कैलाशनाथ मन्दिर, प्रवेशद्वार पर स्थित आठ लघु मन्दिर – सामान्य दृश्य (उत्तर–पश्चिम दिशा से)

फलक 06.4.C3.1: प्रवेशद्वार पर स्थित 3रा लघु मन्दिर – धारलिंग व पार्श्व में सोमस्कन्द मूति बैठे हुए शिव और पार्वती तथा गोद में शिशु स्कन्द

फलक 06.5.0.1: नन्दी मण्डप का सामान्य दृश्य (दक्षिण दिशा से)